FTA와 아시아통합의 진로

아시아 자유무역론

| 이태왕 · 사토 모토히코 엮음

히올
아카데미

국립중앙도서관 출판시도서목록(CIP)

아시아 자유무역론: FTA와 아시아통합의 진로 /
엮은이: 이태왕, 사토 모토히코 -- 파주 : 한울, 2006
    p. ;   cm. -- (한울아카데미 ; 899)

ISBN   89-460-3623-0 93320
ISBN   89-460-3624-9 93320(학생판)

326.211091-KDC4
382.71095-DDC21   CIP2006002231

머리말

 이 책은 급변하는 글로벌화 속에서 아시아 각국이 동시다발적으로 겪고 있는 국제 무역문제의 하나인 FTA, 즉 자유무역협정에 대해 다각적인 분석을 시도하고 있다. FTA의 영향은 각 산업현장에서부터 국가 기강에 이르기까지 광범위하게 나타나고 있는 가운데, 각국 정부는 2국 간 협정을 거듭하면 장차 아시아 경제통합에 이를 것이라는 기대와 안도감 속에 조심스럽게 FTA 체결에 나서고 있다.

 자유무역 본래의 의미는 역사적인 시대와 지리적인 공간에 따라 변모해 왔고, 그러한 변화된 새 질서가 곧 국제적인 제도로서 각국을 규율하고 조정하여 왔음을 알 수 있다. 자국의 상품이 해외로 많이 수출되어 경제지표가 개선되었을 때 자유무역을 옹호하는 한편, 농산품이나 소재의 수입이 늘어 경제위기를 겪으면 자유무역을 부정하는 등, 우리는 어쩔 수 없이 자유무역에 대해 모순적인 입장을 취하게 된다. 이러한 실리적 행위는 비단 일국에 국한되는 것이 아니라 항상 상대방의 존재라는 현실적인 문제를 동반하는데, 타협이냐 중단이냐 하는 기로에 서서 결국에는 상호의존의 타협의 길을 택하게 된다. 이러한 관점에서 보면 FTA 체결은 주어진 의무가 아니라 오히려 얻고자 하는 의지의 표현이며, 일종의 권리 행사라고도 볼 수 있다.

 2006년 9월 6일, 한국은 시애틀에서 제3차 한미FTA 교섭을 시작하였다. 복잡하게 얽힌 자국의 이해관계를 모조리 짊어진 채 양국의 대표단은 필사의 힘겨루기에 임하고 있었다. 이틀이 지난 9월 8일 ASEM,

즉 아시아유럽회의가 열린 핀란드 헬싱키에서는 일본과 필리핀 사이에 FTA 체결에 관한 서명이 이루어졌다. 이것은 일본이 싱가포르, 말레이시아에 이어 아시아를 대상으로 체결한 세 번째 협정이었다. 그러나 정작 경제적 연관이 어느 곳보다도 긴밀하여 이미 체결되어 있어야 했음 직한 모를 한국과 일본 사이의 FTA는 물론이거니와 한중, 중일의 FTA 체결은 이상과 현실 사이의 혼미를 거듭하면서 긴 시간 싸움을 벌이고 있다.

이와 같이 한중일과 ASEAN에서 벌어지고 있는 정치적인 갈등과 경제적인 협력관계에 관한 종합적인 분석이 시급함을 인식하고, 아이치대학 국제문제연구소(愛知大學 國際問題研究所)는 'ASEAN 플러스 한중일과 FTA 전략'이라는 연구프로젝트를 발족하였다. 2003년부터 2년에 걸쳐 외부의 각계 인사들과 함께 공개연구회 등을 열어 기대했던 이상의 결실을 보게 되었다. 이 연구는 아시아 지역 전반에 걸친 폭넓은 대상 설정과 한국, 중국, 일본 등 아시아 주요 3국의 연구자에 의한 필진 구성 등, 공통된 이해 아래서 다채로운 문제의식이 도출되도록 최대한 배려하였다. 이 책의 제목을 '아시아 자유무역론-FTA와 아시아통합의 진로'로 정한 것도 바로 이 때문이다.

이 책은 접근하는 대상 및 방법론에 따라 제1부는 이론과 구상, 제2부는 전략과 실행, 그리고 제3부는 산업의 사례와 아시아 신구상 등으로 꾸며 엮어 놓았다.

제1부는 자본주의의 다양성과 경제통합 구상을 핵심 테마로 내세워 이 책에서의 논의에 정확한 물길이 트이도록 하였다. 1장의 야마다 교수는 글로벌화로 인하여 세계 자본주의가 반드시 금융주도 체제로 통합되어 가는 것이 아니라 각국 각 지역의 주어진 여건에 바탕을 둔 다양한 자본주의 형태로 이행하고 있음을 입증하고 있다. 조절이론의 세계적인 권위자로서 야마다 교수가 아시아형 자본주의는 일본과 한국

이 이끌고 있다고 확인한 점은 주목할 만한 논점이며 남겨진 과제라할 수 있다. 2장의 히라카와 교수는 아시아공동체가 실질적으로 형성되기 시작했기 때문에 각국 간의 정치적 갈등이 노출되고 있는 것으로분석하였고, 특히 일부 일본의 지식층이 가지고 있는 아시아 경시 풍조를 신랄하게 비판하면서 상호신뢰에 기초한 아시아공동체 구성을 촉구하고 있다. 3장의 이태왕의 글은 한국적 경영과 일본적 경영을 비교하면서 토요타의 현장에서도 한국과 마찬가지로 이미 종신고용의 신화는역사의 뒤안길로 접어둔 채 비정규화가 급속하게 진행되고 있음을 분석하고 있다. 특히 현지화의 이름 아래 아시아 각지에서 위세를 떨치고있는 일본적 경영의 실태와 문제점을 사례를 통해 지적하고 있다.

　제2부에서는 ASEAN과 한중일 3국에서의 FTA 체결의 현황을 검토한 다음 동아시아 지역의 경제통합과 FTA 추진에서 도출된 문제점들과 그에 대한 전망이 기탄없이 펼쳐지고 있다. 4장의 이시카와 교수의글은 ASEAN, 즉 동남아시아 국가연합이 결성에서부터 현재의 역외FTA 체결에 이르기까지 동아시아 지역 경제통합의 이니셔티브를 쥐게된 역사적 배경을 검토하였으며 ASEAN＋한중일의 틀을 추진함에 있어서도 ASEAN이 한중일의 정치적 갈등을 완화시키는 결정적인 역할을 하게 될 것으로 전망하고 있다. 5장의 츠츠미 보좌관의 글은 CGE일반균형계산 모델을 이용한 계량분석을 통하여, 일본이 아시아 각국 및지역과 FTA를 체결하게 되었을 때 과연 어떤 효과가 얻어지는지를 각케이스, 각 산업별로 제시하고 있으며, 산업 부문 간 조정 대책 등 일본정부 측의 공식적인 견해를 뒷받침하는 자료를 넉넉히 제공하고 있다.6장의 곽양춘 교수의 글은 FTA에 대한 한국 정부의 입장과 협정 체결의 경위 등을 면밀히 살펴보았으며, 무역의존도가 높고 대미관계의 중요성이 더욱 커지고 있는 시점일수록 한국이 선택해야 할 대미FTA 전략은 더욱 신중하고 빈틈없이 짜여지고 추진되어야 함을 강조한다.

제3부는 특히 동아시아의 주력 산업이라 할 수 있는 자동차산업의 국제적 연계를 통한 아시아 공동번영의 길을 모색하고 있다. 7장은 Denso 인터내셔널 아시아 전 사장이 집필한 글로서, 토요타 그룹의 세계적인 종합부품회사의 핵심으로서 ASEAN 내부의 부품조달사업을 지휘하면서 얻은 경험과 정확한 전략수립에 대해 서술하고 있다. 8장의 류기천 연구위원의 글은 현대기아자동차 그룹의 글로벌 전략에 대하여 소개하고 있으며, 중국에서의 '현대 속도'나 인도, 미국 등에서의 '그린 필드 어프로치' 등의 해외진출 사례는 어떤 산업을 막론하고 해외전략 수립에 있어 많은 시사점을 던져 주고 있다. 9장의 궈옌칭 교수의 글은 후발 자동차메이커의 발전에 기여하고 있는 토요타, 혼다, 닛산 등 일본 3대 자동차메이커의 대중국 기술이전의 역사에 대하여 살펴보고 있으며 남겨진 과제들을 도출하고 있다. 여기에서는 구미, 일본, 한국의 자동차산업 수준으로 캐치 업 하려는 중국 국영메이커들의 노력을 엿볼 수 있다. 마지막으로 10장의 사토 교수의 글은 아시아 각지에서 대두되고 있는 국제노동력 이동의 현실에 대해 중요한 의미를 부여하여 아시아 공통의 가치관에 입각한 SSN, 즉 사회안전망의 제도 구축을 주창하고 있다. EU의 경험을 참고하면서 개별국의 정책이 아니라 공동체를 형성하는 과정 속에서 동시에 안전망을 구축해야함을 역설하면서 이 책의 대단원의 막을 내리고 있다.

이러한 서술 방법에서 알 수 있듯이, 우리들은 아시아공동체 형성을 위하여 한 가지 유일한 방안으로 결론을 내리지 않았으며 집필진 사이의 상충된 의견을 무리하게 집약하려고도 하지 않았다. 그 이유는 이 연구가 새로운 제도의 본격적인 실행과 시행착오에 대비한 기초적 분석에 머물러 있을 뿐만 아니라, FTA이든 아시아공동체의 구성이든 그 어느 것이나 한국 및 일본의 독자들과 함께 고민하면서 풀어나가야 할 중대한 사안이기 때문이다.

아울러 이 책은 주로 일본에서 이루어진 연구 성과이기 때문에 현실을 보는 시각에 있어 편차가 생길 수 있으며 또 제8장을 제외하고는 모두 번역인 만큼 실수나 오류도 발생할 수 있다는 점에 대해서 독자 여러분들의 넓은 이해를 바라마지 않는다. 책의 전체적인 내용으로 보면 상경계열 대학생의 수준에 맞추어졌지만, 각각의 글들이 모두 독립적으로 쓰여 있으므로 어떤 전공의 학생이든 비즈니스맨이든 일반 독자 누구나 취향에 맞게 골라서 읽을 수 있도록 엮었음을 덧붙여 둔다.

필자와 사토 모토히코는 이들 성과를 한일 동시출판의 형태로 일반 독자에게 선보이기로 기획하고 있었다. 그러나 일본어판 출판은 여건이 여의치 않아 내년으로 미루고 한국어판을 앞서 내기로 하였다.

이 책을 내면서 많은 분들의 지원과 노력이 있었다. 먼저 이 프로젝트 추진을 위해 지원해 주신 아이치대학 국제문제연구소 소장, 미요시(三好正弘) 교수께 감사를 드린다. 미요시 교수가 외부 인사 다섯 분의 강연논문들을 높이 평가하고 연구소 규정의 예외 처리까지 하면서 논문집 게재를 허락하신 일은 잊을 수가 없다. 그리고 연구 멤버인 리춘리(李春利) 교수는 중국 랴오닝대학의 궈옌칭 교수가 연구에 참여하도록 도와주셨다. 아울러 다른 사정으로 이 책에 함께 글을 실지 못하게 되어 매우 안타깝게 생각한다. 한일 동시출판에 일정을 맞추느라 10편의 글 중 9편을 서둘러 한글로 번역해야 했다. 초벌 번역에서는 가나가와(神奈川)대학 강사 임숙희 선생께서 난해한 경제용어까지 샅샅이 찾아가면서 4편의 글을 번역하여 주셨는데 그 노력에 감사를 드린다. 그리고 아이치대학 경제학부 졸업생인 송경훈 군도 글 1편을 번역해 주었음을 기억해 두고 싶다.

끝으로 학술도서의 출판사정이 좋지 않음에도 불구하고 필자의 의향을 헤아리시고 쾌히 출판의 기회를 열어주신 도서출판 한울의 김종수 사장님을 비롯하여 윤순현 대리님께 감사드리며, 특히 한글 맞춤법

8

과 서술이 부드럽지 못했던 원고를 편집과정 끝까지 짚어주시느라 고생 하신 김은현 님께 진심으로 고마움을 전한다.

2006년 10월

이태왕

차례

제 1 부

경제통합과 다양화하는 아시아

.

제1장 **현대 자본주의의 다양성과 비교우위 구조***

■ 야마다 토시오(山田銳夫)

1. 들어가면서

역사의 무대는 1990년대를 전환점으로 한번의 순환을 마치고, '글로벌화'라는 단어가 난무하는 새로운 시대로 접어들었다. 지난날 1950~1960년대에 선진국들이 하나같이 지속적인 성장을 이루었던 구도는, 조절이론(레규라시옹이론)에 의해 '포드주의'라는 개념으로 규정되었다. 그러한 연장선 위에서 1970~1980년대에는, 일본경제가 세계적으로 각광을 받으면서 '토요타주의'라는 말로 이해되기도 했다. 그러나 1990년대 이후 시대적 상황은 급변하여 포드주의, 토요타주의라고 부르던 시대는 멀리 사라져버린 느낌마저 들고 있다. 새로운 글로벌화시대의 특징을 표면적으로 나타내고 있는 것은 IT(정보기술)의 보급·발전과 글로벌 머니의 무모한 확산이며, 이를 배경으로 한 미국경제의 부활일 것이다. 미국의 부활 및 제국화와 더불어 미국형 경제모델의 효율성이 선전됨으로써 세계 각국은 마땅히 이 미국경제를 모방해야

---

* 이 글은 「グローバリズムと現代資本主義の多樣性」, ≪國際問題硏究所紀要≫, 第125號(愛知大學, 2005年, 3月)을 대폭 개정하여 작성하였음.

한다는 말과 논설들로 들끓고 있다. 그뿐만 아니라 시장경제의 '법칙'에 따라 비효율적인 모델은 도태되고 세계는 저절로 효율적인 시장중심형 모델로 수렴해 갈 것이며 수렴하지 않을 수 없다고까지 일컬어지고 있다.

여기서는 이러한 논의를 비판하기 위하여 글로벌화 시대에 진행되고 있는 세 가지의 중요한 사실에 주목하고 있다. 첫째, 부활한 미국경제는 이례적인 성격을 가지고 있는데, 이것을 '금융주의형 경제'로 규정하고 그 성장체제와 조절양식을 찾아내는 것이다(제3절). 둘째, 세계(여기서는 OECD 주요회원국)가 반드시 미국형 모델로 수렴하는 것은 아니며, 오히려 '자본주의의 다양성', '경제시스템의 다양성'이 관찰되고 있는 가운데 세계가 어떻게 다양한지를 확인하는 것이다(제4절). 끝으로, 현대 자본주의의 다양성에 관한 논의가 현재의 각국경제의 비교우위 또는 산업특화에 관해 어떠한 식견을 가져다줄지, 또 이로 인해 각국의 무역 전략에 어떠한 시사점을 던져주고 있는지에 대하여 언급한다(제5절). 이러한 논의를 위한 전제로서 조절이론의 기본적인 인식의 틀과 이에 기초한 포드주의 분석에 대해서 확인해 두고자 한다(제2절). 아래에서는 설명의 편의를 위하여 도표를 활용한다.

2. 조절이론과 포드주의

시장경제 및 자본주의 자체에 자동적인 조절능력이 있다고 보는 것이 신고전파 경제학이고, 이를 거부하는 입장이 조절이론이다. 조절이론에 따르면 시장은 자동으로 조절되는 것이 아니라 사회 속에 포함되어 있기 때문에 사회로부터의 조절이 이뤄지지 않으면 시장은 제 기능을 할 수 없다. 자본주의는 조절(레규라시옹)되지 않으면 안 되며, 경제

〈그림 1-1〉 조절(레규라시옹)의 기본 개념

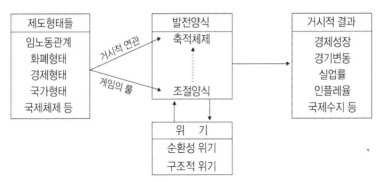

자료: 山田銳夫,「フォーディズムの崩壊と新しい模索」, 北原勇·伊藤誠·山田銳夫,
　　　『現代資本主義をどう視るか』(青木書店, 1997).

의 재생산은 사회로부터의 조절이 이뤄지고 나서 비로소 제 기능을 한
다고 생각하는 것이 조절이론이다. 이것은 그리 특별한 주장이 아니라
아주 당연한 인식이지만, 안타깝게도 주류 경제학의 세계는 그렇지 않
다. 따라서 조절이론의 기초적 개념은 이러한 당연한 인식에 어떻게
살을 붙이고 치밀하게 만드는가와 연관되어 있다.

　<그림 1-1>에서는 조절이론의 사고방식이 요약되어 있는데, 경제
사회를 제도형태들, 축적체제, 조절양식, 위기의 범주로 개념화하여 분
석한다. 먼저 경제사회의 구성을 가능하게 하는 기본은 여러 가지의
'제도'라고 규정한다. 이 제도는 시대나 국민 단위에 따라 다양하게
변할 수 있으며, 이러한 가변성의 관점에서 보면, 제도는 '제도형태들'
로 보아도 된다. 경제적으로 중요한 제도는 임노동관계(주로 노사관계),
화폐형태, 경쟁형태, 국가형태, 국제체제(세계은행, IMF, 그리고 WTO 등
의 제도들을 포함한 것)에 관련된 제도이다.

　이러한 제도형태들이 종합된 총체가 특정 시대, 특정 사회에서 거시
경제적 연관을 형성하고 '축적체제'를 구축하게 된다. 예를 들면 임노
동관계의 방식은 거시적 변수인 노동생산성에 영향을 준다. 그래서 어

떤 제도 아래에서는 생산성이 올라가면 임금이 오르지만, 이와 다른 제도 아래에서는 그렇지 않고 고용이 증가하여 임금이 올라간다. 생산성, 고용, 임금과 같은 거시적 변수들의 상호관계는, 이와 같이 제도의 방식 여하에 따라 시대적으로나 국민 단위로도 변화할 수 있는데, 그러한 거시경제적 관련의 총체가 축적체제(성장 메커니즘)이다. 축적체제는 경제의 기초적 골격을 이루고 있다.

그런데 다른 한편으로, 이러한 여러 가지 제도는 인간의 행동양식을 규정하고 특정의 '행동규범' 또는 '게임의 룰'을 만들어낸다. 제도는 어떤 사회적 합의의 소산임과 동시에, 제도에 의해 인간적 행동을 룰에 맞추게 하고 정형화(定型化)시킨다. 때문에 조절이론이 가장 중요시하는 것은 이 게임의 룰과 거시경제적 연관 사이의 관계이다. 즉, 게임의 룰이 거시의 연관과 잘 결합되면, 그 축적체제나 성장 메커니즘은 잘 돌아간다. 그러나 게임의 룰과 성장 메커니즘이 잘 접합하지 못하면 경제 전체는 어려운 국면에 빠진다. 어떠한 경제라도 순탄한 성장만을 지속할 수 없다는 사실은 누구나 다 알고 있다. 따라서 불가피하게 '위기'라는 개념이 필요하다. 그리고 거시의 체제, 즉 축적체제를 잘 이끌어 갈 수 있을지를 고찰하는 관점에서 본 게임의 룰을 바로 '조절(레규라시옹)양식'이라 부른다. 경제가 중장기적으로 순조로운지 그렇지 않은지의 여부는 조절양식이 축적체제를 잘 조절하고 있는지 그렇지 못한지에 달려있다. 이와 동시에 우리가 통계상으로 접하게 되는 성장률, 실업률, 물가상승률과 같은 여러 가지의 '거시적 결과'는 특정 시대, 특정 국민경제 단위에서 특정의 축적체제와 특정의 조절양식이 상호작용을 하면서 실현시킨 종합적인 결과를 수치로 나타낸 것이다.[1]

다른 경제학과 비교해 보자. 축적체제와 거시경제를 다룬다는 측면

---

1) 山田銳夫, 『レギュラシオン·アプローチ』增補新版(藤原書店, 1994).

에서 조절이론은 거시경제학이라 해도 좋다. 그러나 거시경제학의 배후의 한편에서 '제도'라는 것을 보게 되며, 또 다른 한편에서는 위기를 겪으면서 거시적 체제나 조절양식도 역사적으로 변화하게 되므로 결국은 '역사적 변화'를 보게 된다. '제도형태들'과 '위기', 이른바 '제도의 문제'와 '역사의 문제'를 시야에 둔 거시경제학인 것이다. 최근의 조절학파는 스스로를 '역사적 제도적 거시경제학'[2]이라고도 부르고 있는데, 이러한 표현의 핵심에 있는 문제의식은 조절양식(제도)이 어떤 식으로 축적체제를 이끌어갈(조절할) 것인가 하는 점이다. 이러한 사고방식이 '조절(레귤라시옹)'이라는 문제를 구성한다.

이러한 개념 구성에 입각하여 조절이론이 최초로 착수한 것이 포드주의의 성장과 위기에 관한 분석이었다. 조절이론은 1970년대 중반에 탄생했는데, 그 시대는 닉슨 쇼크(달러의 금 교환 정지)나 석유위기와 같은 사건들이 발생하면서 동시에 선진국들은 모조리 스태그플레이션에 빠져 들었다. 일본에서는 고도성장이라 일컬어지고, 황금 시대로 불렸던 1950~1960년대의 지속적인 성장이 좌절되었던 시기였다. 종래의 경제운영이 완전히 효과를 상실해 버린 이 시기에, 경제계획의 최전선을 지키고 있던 프랑스의 젊은 관료경제학자들은 왜 이런 사태에 이르렀는지, 거꾸로 1950~1960년대는 왜 효과적이었는지에 대해 의문을 갖지 않을 수 없었다. 이러한 경위에서, 위에서 언급한 것처럼 전후적(戰後的), 즉 제2차세계대전 이후의 성장을 '포드주의'로 개념화하려는 시도가 일어났다. 과거에는 전후적인 성장을 케인즈정책, 케인즈주의, 혹은 마르크스주의에서 국가독점자본주의라는 형태로 개념화했었지만, 조절이론은 전후적 성장을 포드주의라는 형태로 규정함으로써 이

---

2) Vidal, J.-F. "Birth and Growth of Regulation School in the French Intellectual Context(1970-1986)," in Labrousse, A, and J.-D. Weisz(eds.). *Institutional Economics in France and Germany*(Berlin: Springer, 2001).

〈그림 1-2〉 포드주의의 전체 구도

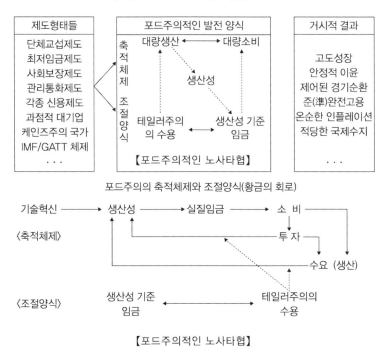

포드주의의 축적체제와 조절양식(황금의 회로)

【포드주의적인 노사타협】

자료: 山田銳夫,「フォーディズムの崩壊と新しい模索」, 北原勇·伊藤誠·山田銳夫,
　　　『現代資本主義をどう視るか』(靑木書店, 1997).

들과 맞섰던 것이다. 여기에는 현대 경제에 대한 설득력 있는 인식이
제시되어 있었다.

　<그림 1-2>는 조절학파가 그리고 있는 전후적 성장의 구도이다.
전후의 새로운 제도로는 단체교섭제도, 최저임금제도, 사회보장제도가,
통화에 관한 제도로는 관리통화제도, 새로운 신용제도로는 소비자신용
등이 생겨났다. 그 결과, 미국, 서유럽에서 대량생산-대량소비에 바탕
을 둔 축적체제가 구축되었다. 일본에 대해서는 그대로 적용하기가 매
우 모호한 점이 있기는 하지만, 그래도 전후 고도성장기에 대량생산-대
량소비형의 경제구조가 형성된 것은 틀림없다. 대량생산-대량소비는

전후의 선진국 경제의 축적체제를 특징적으로 요약한 표현이기는 하지만, 조절이론은 조금 더 세밀한 메커니즘을 추출해내고 있다. <그림 1-2>의 아랫부분에 나타낸 회로도가 그것이다. 즉, 생산성의 상승이 실질임금의 상승에 이어지고, 이것이 소비의 증가로 연결된다. 이 소비가 투자에 자극을 준다. 여기에서는 정부재정과 외국무역은 생략되고 있으며 소비와 투자에 의해 총수요가 형성되어 경제가 성장하게 된다. 그리고 이번에는 총수요의 형성이 수확체증 또는 규모의 경제 효과에 의해서 생산성의 상승으로 이어진다. 정확하게 말하면 축적체제는 이와 같은 회로를 그리고 있었는데 이것을 요약하여 대량생산-대량소비라고 부를 수 있다. 어쨌든 이것이 전후 경제의 특징을 규정하는 축적체제이며 소위 '황금의 회로'인 것이다.

여기서 중요한 것은 이러한 대량생산-대량소비 체제가 시장 속에서 자동적으로 만들어진 것이 아니라는 점이다. 그 증거로 대량생산은 기술적으로는 포드주의라는 이름 그대로 헨리 포드가 이미 20세기 초기에 실행하고 있었다. 그뿐만 아니라 포드는 노동자에 대해서는 일급(日給) 5달러를 지급하는 고임금정책을 채택함으로써 이를 대량소비로 연결시키려고 했다. 최소한 포드는 노동자를 자기 회사의 자동차를 사는 구매자로 기대하고 있었다. 이러한 의미에서 포드는 일개 회사 수준에서 대량생산-대량소비를 시도하고 있었지만, 제2차세계대전 이전에는 대량생산-대량소비가 국민경제 수준의 체제는 아니었다. 전후의 세계가 되어서야 비로소 거시경제 체제로서의 대량생산-대량소비가 형성된 것이다.

그리고 이 체제는 노사 간에 새로운 관계가 성립됨으로써 형성되었는데, 이것이 '포드주의적인 노사타협'이다. 노동자가 '테일러주의'를 받아들이는 대신에 경영자는 생산성이 올라가면 이에 비례하여 임금을 올려준다는 타협이다. 전전에는 생산성이 오르면 주로 이윤으로 흡수되었다. 이에 비해 전후는 어떤 의미에서 경영자가 양보하여 이윤도 상승시켰지만 동시에 임금도 상승시켰다. 결국, '생산성기준임금'이 형성되었다. 한편 테일러주의는 단순노동이며 노동자로부터 목적 설정과 숙련을 박탈하는 지겨운 노동이었기 때문에 노동자는 전전에는 여기에 저항하였지만, 전후에는 그것을 받아들였다. '테일러주의의 수용 대(對) 생산성기준임금의 제공'이라는 노사타협이 새롭게 형성된 단체교섭의 제도 등을 통해 침투하고 있었던 것이다.

　여기서 주목해야 할 것은, 정부의 정책도 시장의 자연적 결과도 아닌 그야말로 노사 간의 새로운 제도, 게임의 룰이며 노사타협이다. 이 타협이 가능해짐으로 해서 <그림 1-2>에 나타낸 것처럼 노동자가 테일러주의를 받아들인 결과, 벨트 컨베이어 방식의 대량생산이 가능해졌다. 대량생산이 가능해지면 생산성이 상승하고, 생산성이 상승하면 생산성기준임금을 지키기로 한 약속에 따라서 임금이 상승한다. 임금이 상승하면 대량소비로 이어지게 된다. 이와 같이 대량생산-대량소비 체제가 테일러주의 대 기준임금의 타협을 매개로 조절되었다. 이렇게 규정하는 것이 바로 조절이론의 '조절'이다. 그리고 이러한 결과로서 이 시대는 OECD평균 4.9%의 성장률, 15~20%의 안정적인 이윤, 평균실업률 2.6%의 준(準)완전고용, 물가상승률 3~4%의 온순한 인플레이션, OECD평균 4.5%의 생산성 상승률에서 나타나는 것처럼 흔히 볼 수 없는 지속적인 고도성장 체제가 만들어졌던 것이다.

　이와 같이 전후 시대에 관한 신선한 자본주의론으로서 조절이론이 등장하였다. 그러나 문제는 이 이론이 생겨난 배경이 1970년대이며 이때의 경제가 순조롭지 못했다는 데 있다. 일본에서 1970년대의 불황은 석유가격의 상승 문제 때문이라고 등한시되는 경향이 있었지만, 조절학파의 견지에서 보면 문제의 근원은 훨씬 깊은 곳에 있었다. 전후적인 성장 메커니즘, 즉 포드주의가 와해되어 버렸다는 것이다. '성공했기에 생긴 위기'이었다.

테일러주의의 원리로 생산하고 그 원리를 바탕으로 다시 노동을 세분화시키면 노동은 갈수록 단조롭게 변해 피로가 늘어난다. 또 벨트 컨베이어 속도를 높이면 피로가 늘어난다. 그리고 세분화를 강화하면서 어떻게 통합시킬까, 어떻게 일을 시킬까 하는 과제가 중대한 관심사가 되어 감독노동이 늘어난다. 한 공정에서 문제가 생기면 전 공정을 정지시켜야 하기 때문에 어떻게 결합시키고 일을 시킬 것이며, 감시할 것인가 하는 조정이 곤란해진다. 요컨대, '테일러주의의 한계'가 보이기 시작했던 것이다. 다른 한편에서는 '임금 폭발'이 발생하였다. 테일러주의가 성공하면서 공업화되고 도시화되는데 도시화의 결과 지금까지는 농촌공동체나 대가족 속에서 연대를 구성해서 이뤄지고 있었던 각종 무상 서비스(보육, 양육, 간호, 간병 등)가 도시에서도 요구되었다. 결과적으로 이러한 것은 조세, 보험, 자기부담 등 여러 가지 형태의 사회보장비용을 필요로 하였고, 이 부분이 임금상승에 반영되지 않을 수 없게 되었다. 또한 완전고용에 가까운 정도에 이르면 노동자의 전투능력이 높아져 임금상승 압력으로 표출된다. 사회보장 관계의 비용이나 임금상승 압력에 의해 임금이 폭발하여 노사 간의 테일러주의의 수용과 생산성기준임금이라는 타협이 붕괴하였고, 이러한 사태가 순조로운 순환을 하고 있던 기존의 축적체제(거시경제의 골격)를 무너뜨렸다. 조절이론은 고성장의 종말과 1970~1980년대 위기를 이렇게 분석하였다. 이와 같은 내용이 포드주의론(論)이며, 조절의 출발점을 이루는 논점이다.

3. 글로벌화와 금융주도형 경제

한편 포드주의의 위기가 확산되었던 1970~1980년대는 미국(재정·무역 적자), 일본(수출대국), 유럽(시장통합)이 대조적인 성과를 표출시키면서, 3자 간에는 치열한 각축과 함께 흥망이 엇갈렸다. 이러한 과정을 거쳐 최종적으로 1990년대 이후, 미국경제는 '뉴 이코노미'적인 부활을 이뤄냈다. 부활한 미국은 확실히 구조전환을 이루고 있었다. 바로 그 '포드주의'의 모국이라 할 수 있는 미국은 이미 어디에도 찾아볼 수 없다. 그 대신에 미국은 '금융주도형 경제'로 틀이 짜졌고, 이에 따라 미국은 '글로벌화'를 선도하고 있었다. 미국경제는 탈공업화하였고 또 금융화되었다. 즉, 산업구조는 2차산업에서 3차산업으로 크게 이행했고, 그리고 서비스산업 중에서, 아니 미국경제 전체에서 금융이 차지하는 역할이 증대하였다. 이러한 배후에는 달러를 발행하는 기축통화국으로서 미국의 특권적 지위는 물론이거니와 IT혁명이 지원하는 금융혁신이 있었다.

이것을 조절이론의 개념에서 새로 규정하자면, 미국에서는 금융주도형이라는 새로운 축적체제가 성립했다고 말할 수 있다. 이에 대한 거시적 구도를 최대한 단순화하여 추출해 보면 <그림 1-3>과 같이 나타난다. 즉, 성장의 순환을 만들어내는 기동력은 '자산가격' 특히 '주가'의 상승이다. 그리고 이 주가 상승이 자기자본수익률을 최대화시키는 그러한 제도들을 매개로 하면서 주주의, 그중에서도 기관투자가의 '금융수익'을 높이고 나아가서는 가계의 '금융소득'을 높인다. 가계의 금융소득의 상승은 자산효과를 창출하여 '소비'를 활성화하고, '주가→금융수익→소비'와 같은 회로가 형성된다. 또 주가의 상승은 소비뿐만 아니라 '투자'에도 자극을 준다. 이렇게 활발해진 소비와 투자가 '수요'를 형성하고 확대된 총수요, 즉 경제성장이 기업에 '이윤'을 가져다준

〈그림 1-3〉 금융주도형 경제의 구도

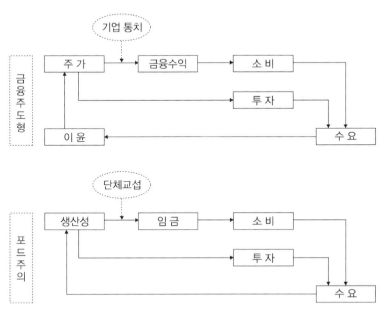

자료: 山田鋭夫,「グローバリズムと資本主義の変容」, ≪経濟科學≫, 第50 巻3号, (2002).

다. 그리고 높은 이윤과 높은 기대이윤이 '주가'를 다시 상승시킴으로써 성장의 호(好)순환이 형성된다. 말하자면 '수요→이윤→주가'의 통로가 만들어지는데, 현대 미국의 축적체제는 이러한 거시경제적 회로를 특징으로 하고 있다.

그런데 조절이론에 따르면 새로운 축적체제는 새로운 '조절양식'을 필요로 한다. 즉, 금융주도형 축적체제는 이에 부합되는 새로운 제도형태들, 게임의 룰, 조절양식의 형태를 갖추지 않고는 존립할 수 없으며, 안정도 이룰 수 없다는 말이다. 그렇다면 새로운 축적체제를 이끌어낸 새로운 제도, 새로운 조절양식은 무엇일까?

<그림 1-3>을 다시 보자. 문제의 핵심은 '주가'를 '금융수익'으로 유도하는 제도에 있다. 주가상승 이익에 길을 트고 높은 자기자본수익

〈표 1-1〉 포드주의와 금융주도형 경제의 비교

	포드주의	금융주도형
지배적인 제도 제도적 계층성 기축적인 제도	노동(임노동관계) 노동→금융·국제 단체교섭	국제·금융 국제·금융→노동 기업통치
기축적인 조절변수 조절양식	임금소득 국민적 임금본위제	금융수익 국제적 금융본위제
지배적 경제이론	경영자 지배론	프린시플-에이전트 이론

률로 이르게 하는 제도가 무엇이냐 하는 것이다. 또한 그 제도는 각국 고유의 제도로 머물지 않고, 기업은 지구 규모의 주식시장에 의해 높은 수준의 금융규범을 강요받게 된다. 그리고 그러한 글로벌 금융시장에 의한 기업지배의 제도가 바로 '기업통치', 즉 '코퍼레이트 거버넌스(Corporate Goverance)'인 것이다. 코퍼레이트 거버넌스 그 자체에는 여러 가지 방식이 있겠지만 오늘날 이 용어가 주로 의미하는 것은 오직 주주의 이익을 위한, 주식시장 측면에서 본 기업의 통치이다. 이러한 특별한 뉘앙스를 띠고 있는 이 코퍼레이트 거버넌스가 최근에 널리 주창되고 있는데, 이것을 달리 말하자면 금융주도형 축적체제의 핵심적인 제도, 아니 핵심적인 조절양식이라고 규정할 수 있다. 그런데 높은 주가는 기업에 있어 자금조달 비용을 낮추기 때문에, 투자를 촉진하고 기업의 성장 동력이 되기도 한다. 이뿐만 아니라 사실은 주가연동형의 새로운 경영자보수제도(스톡옵션)가 도입됨으로써 주가의 상승은 최고 경영자의 입장에서도 유리한 경우가 된다. 현재 거론되고 있는 이러한 형태의 코퍼레이트 거버넌스는 주가상승이나 금융규범에 대해서 기업(경영자)과 금융(주주) 사이에 성립된 새로운 타협이며 새로운 게임의 룰이라고 생각할 수 있다.

과거의 포드주의와 비교해 보자(<표 1-1>). 포드주의에서는 높은 생산성 상승을 높은 임금상승으로 연결하는 결정적인 제도로 '단체교섭'

이 있었다. 단체교섭을 통하여 성립된 '테일러주의 대 기준임금'의 노사타협이 '대량생산-대량소비'의 축적체제를 이끌어내고 이것을 조절하였다. 이러한 의미에서 노사 간의 단체교섭이 그야말로 포드주의의 기축을 이루는 제도였다. 이와 마찬가지로 지금 금융주도형 경제에서는 높은 주가를 높은 금융소득으로 연결시키는 결정적인 제도로서 코퍼레이트 거버넌스가 있다. 이에 따라 고주가 경영이 조장되며 주주 쪽은 높은 자기자본수익률을 획득하고 기업 쪽은 낮은 자금조달 비용과 높은 경영보수를 누리게 된다. 그리고 이러한 과정을 거치면서 촉진된 소비와 투자가 거듭 회전하여 다시 주가를 상승시킨다는 것이 금융주도형 경제의 줄거리이다. 이 때문에 코퍼레이트 거버넌스가 바로 금융주도형 경제를 조절하게 되는 것이다.

현재의 미국은 그러한 금융주도형 경제로서 존재한다. 그리고 그러한 경제에 의한 세계적인 확대 압력이 흔히 말하는 '글로벌화'일 것이다.[3] 이 확대 압력 속에서 세계 각국은 미국화하고 금융경제화하고 있는 것일까? 조절이론의 진단은 '아니다'이다. 즉, 금융주도형 성장체제는 시간적인 지속성에서 의문이 있을 뿐만 아니라 공간적인 보급성 및 보편성에 있어서도 적지 않은 문제가 있다. 오히려 각국에서는 이러한 글로벌화 속에서 독자적인 하이브리드화와 변형을 경험하면서 자본주의의 다양성이 관찰되고 있으며, 다양성에 대한 정의가 재정립되고 있다. 각국은 미국과 다른 것이며 또 각국은 서로가 다른 양상을 띠고 있다. 이 때문에 필요한 것은 미국경제로 향한 수렴론이 아니라 다양성론이다. 다만 각국의 다양성 사이에는 일정한 분류화가 가능할 것이며, 다양성론이 임의의 다채성론이 되어서는 안 된다. 그리고 이 '자본주의의 다양성'론이 최근 조절이론의 논의에서는 앞에서 언급한 금융주도

---

3) 山田鋭夫,「グローバリズムと資本主義の変容」,《經濟科學》, 第50 巻3号, (2002).

형 경제론과 견줄 만한 또 다른 중심적 논점이 되고 있다.

4. 현대 자본주의의 다양성

지금까지의 내용은 다양성과 무역문제를 테마로 하고 있는 본 장과 얼핏 보면 무관한 것처럼 생각되겠지만, 사실은 지금부터 고찰하게 될 다양성론 및 무역론의 불가결한 전제가 된다. 자본주의의 다양성과 새로운 무역구조가 문제로 떠오르게 된 배후에는 역시 1990년대 이후 금융주도형의 미국경제를 추진기반으로 하는 글로벌화의 움직임이 있었다는 점을 빼놓고서는 논의가 되지 않는다. 또 이 금융주도형 경제의 역사적 전제로서 포드주의의 붕괴 이후 미국, 유럽, 일본 사이에 벌어진 격투와 부침의 역사를 무시할 수 없다. 앞에서 언급한 것처럼 오늘날 글로벌화의 외침 아래 미국형 경제모델이 가장 우수하며 각국은 뒤처지지 않기 위해 미국식의 시장경제, 금융경제, 그리고 규제완화를 추진하지 않으면 안 된다고 하는 논의가 횡행하고 있다. 이러한 현상은 오늘날 IMF나 세계은행 경제학자의 논의들에서 찾아볼 수 있다. 과거 철학의 수준에서 후쿠야마(F. Fukuyama)는 사회주의가 붕괴한 직후 '역사의 종말'을 주창하였고 앞으로의 세계는 승리한 자유민주주의 체제, 즉 사실상 미국 모델 일색으로 될 것이라고 선언한 적이 있다.

조절이론은 이러한 수렴론에 대하여 의문을 제기하였고 최근에는 '자본주의의 다양성'론을 펴는 데 노력하고 있다. 다양성론에 대해서는 물론 조절학파가 아닌 다른 쪽에서도 여러 가지 선구적인 업적이 존재한다. 거기에서 얻을 수 있는 시사점은 있겠지만, 그러나 최종적으로는 역시 미흡한 점이 발견되었기 때문에 조절학파는 그러한 선구적인 연구의 한계를 극복하려고 한다. 선구적 업적으로 유명한 것을 예로

들자면, 미쉘 알베르의 『자본주의 대 자본주의』이다.[4]

　이 책은 아마도 최근의 다양성론의 출발점에 위치하고 있다고 볼수 있다. 소련·동유럽 체제가 붕괴하여 '자본주의 대 사회주의'의 구도가 해체되었고 지금부터는 모두가 자유로운 자본주의 체제가 될 것이라고 선전되고 있는 가운데, 알베르는 오히려 '자본주의 대 자본주의'의 대립의 도식을 명확히 하였다. 남아 있는 자본주의는 결코 하나가 아닐 뿐만 아니라 두 가지의 자본주의가 각축을 벌이고 있는 것으로서 현대 세계를 묘사한 것이다. 그에 의하면 자본주의에는 '앵글로색슨형'과 '라인형'이 있다. 전자의 대표는 미국이다. 후자는 라인강을 끼고 있는 독일은 물론 대륙유럽과 나아가서는 일본까지 포함하고 있다. 전자는 시장중심의 자본주의로서 시장에서의 기회는 누구에게나 열려 있으며, 성공도 실패도 그 결과는 모두 개인의 문제로 여긴다. 후자에 있어서는, 개인적인 재난은 누구에게나 일어날 수 있다는 의식에 입각하여 약자를 사회 전체가 구제해야 하며 시장 이외의 경로에 의한 조절과 관리가 중시되고 있다. 그리고 효율의 측면에서나 공정성의 측면에서도 라인형이 우수하다고 하였지만, 그러나 어떠한 연유에서인지 현실적으로는 열등한 앵글로색슨형이 위세를 떨치고 있다. 이러한 역설을 예리하게 문제로 제기한 알베르의 재미 있는 논점이 돋보인다.

　자본주의의 다양성이라는 관점에서 말하면 알베르는 두 가지의 자본주의 모델을 대비시켰던 것이다. 2항 대비 방식은 단순하기에 명쾌하지만 역시 조잡하다. 무엇보다도 일본을 대륙유럽과 동열로 취급했다는 것은 일본인의 입장에서 보면 너무나 무리가 있어 보인다. 알베르와 같은 2항 대비 방식은 홀과 소스키스 등이 제시한 '자유로운 시장경제(Liberal Market Economies: LMEs) 대 코디네이트된 시장경제(Coordinated

---

4) Albert, M. *Capitalisme cotre capitalisme*(Paris: Seuil, 1991).

Market Economies: CMEs)'와 같은 분류법에도 나타난다.[5] 그들에게는 알베르의 경우와 마찬가지로 미국과 독일이 대비의 중심이 되고 있다.

그러나 우선 OECD 주요 회원국에 한정해 보아도 세계에는 정말로 두 가지 자본주의 모델밖에 존재하지 않는 것일까? 또 백보를 양보하여 가령 두 가지가 있다고 하여도 독일과 미국은 그렇게 대조적인 위치에 있는 것일까? 이러한 미국과 독일 중심적인 대비 방식 속에 프랑스, 스웨덴, 혹은 아시아의 일본, 한국은 어디에 위치하고 있는가? 2항 대비 방식의 다양성론은 단순해서 알기는 쉬우나 다양성론으로서의 조잡함을 면치 못한다.

다시 조절이론에 대해서 말하자면 이 이론도 최초부터 다양성론에 관심이 있었던 것은 명백히 아니다. 오히려 당초에는 '포드주의'론을 보면 알 수 있듯이 이것을 전후 시대의 표준적인 보편적 모델이라고 생각했던 적이 있다. 그러한 출발점을 가지고 있지만, 그 후 조절학파 내부에서도 여러 가지의 방법상의 반성이 더해졌고 마침내 1990년대 후반 무렵부터 본격적인 다양성론을 펼치게 되었던 것이다. 이러한 테마에서는 로베르 부아예 등과 같은 제1세대 조절학파도 활약을 하고 있지만,[6] 이들보다도 제2세대인 브루노 아마블의 업적이 주목을 받고 있다.[7]

아마블은 과거의 다양성론, 즉 비교경제 시스템론을 비판하면서 이러한 것들은 결국 소수의 나라(예를 들면 미국, 독일, 거기에 일본 정도까지)밖에 대상으로 하고 있지 않거나 혹은 소수의 영역(말하자면 노동과

5) Hall, P. and D. Soskice. "An Introduction to Varieties of Capitalism" in Hall and Soskice(eds.). *Varieties of Capitalism*(Oxford University Press, 2001).

6) Boyer, R. *Une théorie du capitalisme est-elle possible?*(Paris: Odile Jacob, 2004).

7) Amable, B. *The Diversity of Modern Capitalism*(Oxford: Oxford University Press, 2003).

〈그림 1-4〉 사회적 이노베이션·생산시스템

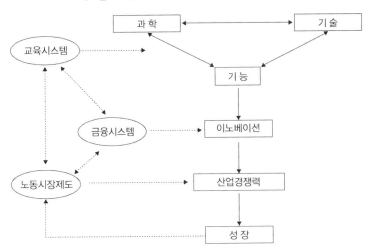

자료: Amable, B., *The Diversity of Modern Capitalism* (Oxford University Press, 2003).

금융)밖에 비교하지 않고 있기 때문에 지극히 단면적인 유형화로 끝나버린다고 말한다. 예를 들면 홀과 소스키스의 경우는 미국과 독일을 대비하고 있고 더구나 기업중심의 비교를 하고 있다. 그러한 단면성의 문제를 극복하고 가급적으로 많은 자본주의 국가를 몇 가지의 제도적인 복합체로 구성된 중간적인 시스템을 통하여 분석하기 위해 '사회적 이노베이션·생산시스템(SSIP)'이라는 개념을 설정하고 있다.

<그림 1-4>를 중심으로 설명을 해보자. SSIP는 국제비교와 다양성을 고찰할 때 분석의 축을 각국의 산업경쟁력의 방식에 두고 시작한다. 산업경쟁력 속에는 각국의 거시적 성과나 제도적인 특징이 반영되어 있다. 그리고 산업경쟁력을 구성하는 것은 과학, 기술, 기능(skill) 사이의 상호작용의 방식이며 이에 따라 생산 분야에서의 이노베이션 능력, 산업경쟁력과 산업특화의 형태가 규정된다. 이것은 말하자면 각국의 이노베이션 특성·산업특화 특성일 것이다. 그리고 이 이노베이션 특성이 효과적으로 형성·유지되기 위해서는 이를 둘러싸고 있는 제도 영역

들 중에서도 교육·훈련시스템, 금융시스템, 노동시장·노사관계제도의 세 가지가 결정적으로 중요하며, 이 3자가 상호보완관계 속에서 검토되지 않으면 안 된다. 요약하자면, 국제비교를 할 때 핵심부분에 두어야 할 일국 또는 일사회의 기본단위로서는 이노베이션 특성(과학·기술·기능)과 제도특성(교육-노동-금융)과의 복합적 시스템을 추출하고 이것을 SSIP로 개념화하고 있는 것이다.

따라서 SSIP의 독자성은 앞의 '제도형태들'과 대비해서 말하자면, 제도형태들에서는 명확하게 위치 정립이 되어있지 않았던 이노베이션 특성(과학-기술-산업특화)을 핵심부분으로 설정한 점, 또 임노동관계(교육·사회보장을 포함), 화폐형태, 경쟁형태 등을 중심으로 하여 이들의 보완적인 총체 속에 제도특성을 관찰하게 된 점 등에 있다. SSIP는 명백히 임노동관계의 관점을 주축에 올려놓고 포드주의를 분석한 제1세대 조절이론의 논의를 넘어섰다. 그리고 오늘날 격화되는 글로벌 경쟁 속에서 무역상의 비교우위를 확보하기 위해 총력을 기울이고 있는 각국의 자본주의와 이로 인한 자본주의의 다양성이라는 현실을 포착하는데 유효한 개념적 틀을 제공해 주고 있다.

이러한 사회적 이노베이션·생산시스템을 기준점으로 놓고 각국경제의 정성적 분석과 정량적 분석이 이뤄진다. 실증분석에서는 1990년대 후반의 OECD자료를 사용하고 주요 21개국에 대해 주요성분 분석과 분류화 분석을 구사하게 된다. 세부적인 논의는 생략하겠지만, 명백해진 각 제도영역의 특성 및 자본주의 유형은 <표 1-2>에 잘 나타나 있다. 요컨대, 아마블은 다섯 가지의 자본주의를 추출한다. 시장중심형, 아시아형, 대륙유럽형, 사회민주주의형, 그리고 지중해(남유럽)형이다. 시장중심형에는 앵글로색슨 나라들이, 아시아형에는 일본과 한국이 들어간다. 대륙유럽형에는 복잡하지만 독일과 프랑스가 대표적이다. 사회민주주의형에는 북구의 나라가, 지중해형에는 스페인, 이탈리아 등

〈표 1-2〉 현대 자본주의의 다섯 가지 모델

자본주의 모델	제도영역					비교우위 산업	대표적인 국가
	제품시장	노동시장	금융	복지	교육		
시장 중심형	규제완화	유연성	시장 중심	자유주의 복지국가 모델	경쟁적 교육 시스템	바이오, 정보, 항공우주	미국, 영국
아시아형	규제라기보다는 '통치'된 제품시장 경쟁	규제된 노동시장	은행 중심	낮은 수준의 사회보장	사립의 고등교육 제도	전자, 기계	일본, 한국
대륙 유럽형	경쟁적이지 않고 약한 규제하의 제품 시장	코디네이트된 노동 시장	금융 기관 중심	코포라티즘 모델	공적교육 제도	특별히 없음	독일, 프랑스
사회 민주주의형	규제된 제품시장	규제된 노동시장	은행 중심	보편주의 모델	공적 교육제도	목재, 건강관련	스웨덴, 핀란드
지중해형 (남유럽형)	규제된 제품시장	규제된 노동시장	은행 중심	한정된 복지국가 모델	교육제도의 취약	섬유, 의복, 피혁	스페인, 이탈리아

자료: Amable(2003)의 표 3.1, 5.2, 5.5에서 재구성함.

이 들어간다. 이와 같은 현대 자본주의의 대표적인 유형은 두 가지가 아니라 일단은 다섯 가지가 있다고 지적할 수 있다.

그리고 결론적으로 현대자본주의의 다양성에 대해 통설과는 다른 새로운 발견, 새로운 시각이 제기된다. 적어도 알베르나 홀과 소스키스의 2개 유형론에서는 볼 수 없었던 새로운 다양성의 구도가 명백해졌다. <그림 1-5>는 계량분석의 결과 중에서 X축에 시장의 자유도를 Y축에 복지국가의 수준을 취해서 각국의 위치를 나타낸 것이다. 여기서는 다음과 같은 점을 알 수가 있다.

① 홀과 소스키스는 앵글로색슨 나라들로 이뤄지는 '자유로운 시장

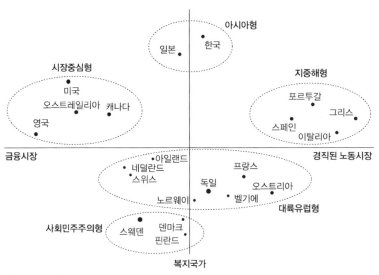

〈그림 1-5〉 현대 자본주의의 다양성

자료: Amable(2003)

경제(LMEs)'와 그 이외의 OECD 주요국으로 이뤄지는 '코디네이트된 시장경제(CMEs)'를 대비시켰지만, LMEs 쪽은 비교적 동질적인 나라들로 모였다고 할 수 있을지 몰라도, CMEs 쪽은 결코 동질적인 나라들로 이뤄졌다고 볼 수는 없다.

② 시장의 유연성이라는 측면에서 보면 '시장중심형'의 반대의 극에 있는 것은 '아시아형', '대륙유럽형', '사회민주주의형'의 어느 것도 아닌 '지중해형'이다. 결국 자본주의 유형론에서 미국, 독일 대비나 미국, 일본 대비를 할 때에는, 그 의의가 어느 한정된 범위 내에서 이해되어야 한다.

③ 복지국가라는 측면에서 '사회민주주의형'의 반대의 극에 있는 것은 '시장중심형'이 아니라 '아시아형'이다.

④ 연구의 역사 측면에서 볼 때, 독일은 '라인형(CMEs)'의 대표로

되어 흔히들 '시장중심형(앵글로색슨형)'과 대비되고 있지만, 일반적으로 독일을 포함한 대륙유럽형은 다섯 가지 모델 중에서도 그 중간점에 위치하고 있기 때문에 상대적으로 중용을 취하고 있는(오히려 특징이 없는) 모델을 이루고 있다.

하여튼 현대 자본주의는 '수렴'한다는 외침과는 딴판으로 다양성이 풍부함을 알 수 있다. 글로벌화 속에서 미국의 금융주도형 축적체제의 확대 압력이 거세지고 있지만, 그러나 자본주의에는 오히려 다양성이 엄격히 존재하고 있는 것이다. 금융 분야에서는 금융이나 자본이동의 자유화 등에 의해서 시장주도형 모델로 이끌려가고 있는 측면이 없는 것은 아니지만, 그러나 그것을 초월하여 각국·각 유형에 고유한 사회적 제도적 구조는 변형과 하이브리드화의 영향을 받으면서도 여전히 존속되고 있을 뿐만 아니라, 이 때문에 현대 자본주의의 다양성이 초래되고 있는 것이다. 이러한 사실은 아마도 세계사를 관철하는 '자본'의 원리와 '사회'의 원리 사이의 갈등이라는 관점에서 아주 쉽게 설명될 수 있겠으나, 여기에서는 깊이 들어가지 않는다.[8] 마지막으로 다음 절에서는 자본주의의 다양성이 각국·각 모델에 무역상의 어떠한 비교우위를 가져다줄 수 있을 것인지에 대하여 간단히 살펴보도록 한다.

5. 새로운 무역형태와 비교제도 우위

이미 앞에서 약간 언급한 바 있는데, 오늘날의 자본주의 다양성론은 무엇보다도 각국 자본주의의 이노베이션 능력을 중심으로 이들의 산업

---

8) 山田鋭夫, 「現代資本主義の多樣性と'社會'的調整」, ≪季刊 經濟理論≫, 第43 卷 1号(2006).

경쟁력 또는 산업특화 형태에 초점을 맞춘 것이다. 아마블의 ‘사회적 이노베이션·생산시스템’론이 그렇게 하고 있을 뿐만 아니라 두 가지 유형론을 전개한 홀과 소스키스도 기업의 코디네이션 특성에 초점을 맞추어 이노베이션 능력의 형태를 고찰하고 있다. 자본주의 다양성론은 한편에 제도 및 제도보완성을 다루고 다른 한편으로는 산업경쟁력을 다룸으로써 여기서 말하는 ‘제도’와 ‘산업특화’의 관계라는 문제의식을 부각시키게 되었다. 이것이 뒤에서 곧 살펴보게 될 ‘비교제도우위’론이다.

그런데 무역이익 또는 비교우위 구조의 문제는, 국제무역론에서는 오랜 역사를 가진 테마이다. 역사를 거슬러 올라가서 리카도의 비교생산비설에 의하면, 자유무역은 각국을 효율이 상대적으로 높은 분야로 특화시킴으로써 어느 쪽의 무역 당사국도 풍요롭게 한다고 설명한다. 그리고 영국의 모직물과 포르투갈의 포도주와의 무역을 그 예로 들고 있다. 시공을 뛰어 넘어 20세기, 헥셔-오린 정리로 유명한 무역이론은, 각국은 상대적으로 풍부하게 부존하고 있는 생산요소(토지, 자본, 노동)를 이용하는 재화의 생산에 특화함으로써 무역의 이익을 얻는다고 설명하고 있다. 이 이론에서는 자본집약재 산업과 노동집약재 산업의 무역을 예로 들어 설명하고 있다. 비교우위설로 알려진 이 국제분업론은 오랫동안 경제학을 지배했지만, 포드주의의 붕괴 이후 국제경쟁의 격화와 함께 새로운 무역형태가 등장했기 때문에 이러한 전통적인 이론은 그 타당성을 급속히 잃어가고 있다.

새로운 무역형태란 산업 내 무역이다. 다국적기업의 발전과 함께 동일한 산업부문 내의 각종제품·반제품의 무역이 급증해 왔는데, 이것은 과거의 비교우위론으로는 설명되지 않는다. 예를 들면 동일한 자본집약재 산업 내에서의 무역은 이 이론에서는 예상하지 못했던 사태였다. 더구나 활발한 국제자본이동은 전통적인 이론의 지위 실추로 이어졌

다. 이른바 경제학의 전제조건에 의하면, 국제자본이동은 각국의 요소
부존이나 생산비를 균등화시키게 되어 있다. 적어도 자본이라는 생산
요소의 부존은 균등화되어야 했다. 글로벌화가 시작되어 자본과 노동
의 국제적 유동화가 진행된다고 한다면, 생산요소의 초기의 부존상태
를 그대로 고정시켜 놓고 비교우위를 논의하는 것은 불가능해진다. 하
여튼 과거의 비교우위론은 무엇보다도 '비교요소우위'론에 지나지 않
았다.9)

　이에 대한 반성에서인지는 모르겠지만 새로운 사태에 대한 설명원
리로서 특정산업을 특정국·특정지역에 집적함으로써 얻는 '수확체증'
이나 '플러스의 외부성'의 효과 등이 제시되었다. 그러나 이때, 수확체
증 효과에 관한 일반적 논의로는 왜 특정 나라는 특정 산업에서 경쟁
력(이노베이션 능력)이 있는 건지를 설명할 수 없다는 데 문제가 있다.
일본은 왜 자동차산업에 강하고 미국은 왜 우주산업에 강한가? 비교요
소우위론은 물론, 수확체증론에 따르더라도 설명될 수 없다.

　최근의 '자본주의의 다양성'론은, 홀과 소스키스와 같은 두 가지 유
형론이든 아마블과 부아예와 같은 다유형론이든 실제로 제도 및 제도
보완성의 다양한 방식을 논증함으로써 각국의 이노베이션 능력, 산업
경쟁력, 산업특화, 비교우위구조에 대하여 참신한 시점을 열어주고 있
다. 한마디로 말해 '비교제도우위(comparative institutional advantage)'라
고 하는 시각을 제기하고 있다. 각국·각 유형에 고유한 제도구조가 바
로 무역상의 비교우위를 각각에 대해 부여한다는 시각이다. 혹은 비교
우위 구조가 요소우위에서 제도우위로 이행하고 있다고 보는 관점이
다. 자본주의 다양성론은 이와 같이 글로벌화에서의 새로운 무역관계
를 설명하고 있는 것이다. 먼저 홀과 소스키스10)에 의거하여 살펴보자.

9) Hall and Soskice, "An Introduction to Varieties of Capitalism" in Hall and Soskice
　(eds.). *Varieties of Capitalism*(Oxford University Press, 2001).

특정의 제도구조는 특정 종류의 생산활동에 이익(우위)을 준다는 점
에서 기본적인 아이디어를 도출하고 있다. 기업이 생산활동을 하기 위
해서는 노사관계, 종업원의 직업교육과 기능육성, 자금조달, 기업 간
관계 등 기업을 둘러싸고 있는 여러 가지 관계와 문제점들을 무난히
코디네이트(처리)하지 않으면 안 된다. 그러나 이러한 기업의 코디네이
션 활동은 각국·각 유형마다 독자적으로 제도 및 보완적 제도 총체(넓
게는 시장도 포함된다)를 만들어내며 동시에 역으로 기업에 의한 코디네
이션의 능력과 형태는 이러한 제도구조에 의해 규정된다. 어느 특정의
제도구조는 어떤 특정의 생산활동에 우위를 가져다준다. 그들의 논의
에서 들고 있는 예를 보면, 자유로운 시장경제(LMEs)에서는 급진적인
이노베이션에 중점이 놓여지는 산업(바이오, 소프트웨어, 항공우주 등)이,
그리고 코디네이트된 시장경제(CMEs)에서는 점진적인 이노베이션에
의거하는 산업(공작기계, 내구소비재, 자동차 등)이 각각 제도의 이익을
얻는다고 하고 있다. LMEs에서는 가격에 민감한 제품의 생산에 강하
고, CMEs에서는 고도의 품질관리를 필요로 하는 제품의 생산에 강하
다는 말도 된다. 이러한 비교제도우위가 기업의 이노베이션 능력을 향
상시키고 제품의 국제경쟁력을 상승시켜, 각국·각 유형의 산업특화를
규정하게 된다. 그들은 독일과 미국의 비교우위산업이 나타내는 매우
대조적인 구도를 그 예로 들고 있다.[11]

한편 아마블과 부아예도 일찍이 이노베이션 능력에 초점을 맞춘 산
업특화를 설명하고 있었는데,[12] 홀과 소스키스가 제기한 비교제도우위
론에 영향을 받은 아마블[13]은 새롭게 이를 주제로 논의를 하게 된다.

---

10) 같은 책.

11) 같은 책, 42~43쪽.

12) Amable, B., R. Barré and R. Boyer. *Les systèmes d'innovation a l'ère de la globalisation.*
　　Economica. Paris(Paris: Economica, 1997).

아마블이 자본주의의 다양성을 두 가지 유형이 아니라 다섯 가지 유형으로 논증하고 있다는 점은 앞에서 살펴 본 바이지만, 이러한 관점에서 비교제도우위나 산업특화를 보면 무엇을 알 수 있을까?

앞의 <표 1-2>에도 나타낸 것처럼, 아마블에게 있어서도 제도구조(사회적 이노베이션·생산시스템)와 비교우위산업과의 관련은 중요시된다. 제도는 특정의 자산(예를 들면 일반적 기능인가 아니면 특수적 기능인가)에 투자하는 인센티브(동기부여)를 정의하고 있으며, 이렇게 형성된 자산은 이노베이션 능력을 규정하고 경쟁우위의 원천을 이루게 된다. 이러한 의미에서 홀과 소스키스의 비교제도우위론에는 타당성이 있다.

그러나 여기서 홀과 소스키스의 두 가지 유형의 자본주의론이 큰 걸림돌이 되어버린다. 그들에게는 LMEs는 급진적 이노베이션이고 CMEs는 점진적 이노베이션이라고 하는 2항 대비 방식밖에 존재하지 않는다. 그렇기는 하나, 급진적 이노베이션은 전혀 앵글로색슨적인 시장주도형 모델에 의해서뿐만 아니라, 거대한 개발프로젝트를 원만히 조정해 거액의 자금조달 능력을 갖춘, 국가주도적이며 미션 지향형적인 시스템(대륙유럽형에 속한 프랑스의 시스템)에 의해서도 추구될 수 있는 것이다. 사실 프랑스는 항공우주 분야에서도 강하다. 자본주의의 다양성을 2개 모델론을 초월하여 이해하지 않으면 이 문제는 풀리지 않는다.

한편, 비교제도우위에 의한 산업경쟁력의 정의는 현대의 국제분업에서 어떤 중요한 부분을 설명하고는 있지만 이것만으로는 역시 각국의 산업특화를 충분히 설명하지는 못 한다. 첫째, 생산요소의 부존, 특히 자연자원의 부존은 또한 여전히 경쟁우위산업을 규정하는 주요 요인이 되고 있다는 사실은 OECD 회원국 중에서도 호주나 노르웨이를 보면 명백해진다. 둘째, 지정학적 요인도 작용하고 있는데 높은 국방지출은

13) Amable, B. *The Diversity of Modern Capitalism*(Oxford: Oxford University Press, 2003).

항공우주나 전자분야의 산업우위를 가져다준다. 미국, 영국, 프랑스와 같은 나라가 해당될 것이다.

　위와 같이 아마블은 제도구조의 문제를 거론하지 않고는 현대의 비교우위를 논의할 수 없다는 문제의식을 공유하면서도, 조금 더 치밀한 산업특화론을 펼치고 있다. 자본주의의 각 모델에 대해서는 <표 1-2>의 '비교우위산업' 열에 잘 나타나 있다. 시장중심형은 바이오·정보관련·항공우주 등에서, 아시아형은 전자·기계 등에서, 사회민주주의형은 건강관련·목재 등에서, 지중해형은 섬유·의복·피혁 등에서 각각 비교우위를 나타낸다. 대륙유럽형에 대해서 보충설명을 덧붙이면 여기에 속하는 독일은 기계·자동차 등에서, 프랑스는 항공우주 등에서 비교우위산업을 가지게 되지만, 그러나 대륙유럽형 모델에 공통되는 비교우위산업은 찾아볼 수 없다는 의미에서 <표 1-2>에서는 '특별히 없음'으로 표기되어 있다. 이유는 대륙유럽형이 다섯 가지 모델 중에서도 중간적인 위치에 있고 모델로서의 두드러진 특징이 존재하지 않는다는 사실과 관계가 있을 것으로 보인다.

6. 맺으면서

　마지막으로 한마디만 덧붙이고자 한다. 아마블이 규정하고 있는 '아시아형'에는 일본과 한국만 포함되어 있다. 그의 분석대상이 OECD 주요 회원국으로 한정되어 있기 때문이다. 적어도 경제적으로는 동아시아 지역의 존재감이 커지고 있는 오늘날, 이와 같은 방식의 다양성 분석과 산업경쟁력 분석에 만족해서는 안 된다. 더 많은 아시아의 나라들을 시야에 두고 다양성 분석을 해야 할 것이며, 그러한 경우 여러 나라를 '아시아형'으로 하나의 동일한 모델 속으로 집어넣는 것은 불가능할지도 모른다.

　동아시아의 자유무역과 경제통합을 향하여 현재 일어나고 있는 태동에 예의 주시하면서 새로운 관점에 입각한 자본주의 다양성론과 비교제도우위론을 모색하고 그 다음에 각국의 무역전략을 구상하는 것이, 우리들에게 맡겨진 다음의 과제일 것이다.

┇참고문헌

山田銳夫. 1994.『レギュラシオン·アプローチ』. 增補新版. 東京: 藤原書店.

_____. 1997.「フォーディズムの崩壊と新しい模索」. 北原勇·伊藤誠·山田
銳夫.『現代資本主義をどう視るか』. 東京: 靑木書店.

_____. 2002.「グローバリズムと資本主義の変容」, ≪經濟科學≫, 第50 卷3
号.

_____. 2006.「現代資本主義の多樣性と'社會'的調整」, ≪季刊 經濟理論≫,
第43 卷1号.

Albert, M. 1991. *Capitalisme cotre capitalisme*. Paris: Seuil.(ミシェル アルベー
ル. 1992.『資本主義 對 資本主義』. 小池はるひ 譯. 東京: 竹內書店新
社).

Amable, B. 2003. *The Diversity of Modern Capitalism*. Oxford: Oxford University
Press.(ブルーノ アマーブル. 2005.『五つの資本主義』. 山田銳夫·原
田裕治ほか 譯. 東京: 藤原書店).

Amable, B., R. Barré and R. Boyer. 1997. *Les systèmes d'innovation a l'ère de
la globalisation*. Paris: Economica.

Boyer, R. 2004. *Une théorie du capitalisme est-elle possible?*. Paris: Odile Jacob.(R.
ボワイエ. 2005.『資本主義 vs 資本主義』. 山田銳夫 譯. 東京: 藤原書店).

Hall, P. and D. Soskice. 2001. "An Introduction to Varieties of Capitalism."
in Hall and Soskice(eds.). *Varieties of Capitalism*. Oxford: Oxford
University Press.

Vidal, J.-F. 2001. "Birth and Growth of Regulation School in the French
Intellectual Context(1970-1986)," in Labrousse, A and J. -D. Weisz
(eds.). *Institutional Economics in France and Germany*. Berlin: Springer.

제2장

경제통합과 동아시아공동체 구상*

■ 히라카와 히토시(平川 均)

1. 들어가면서

21세기에 들어서면서 동아시아 지역에서는 경제통합의 제도화 및 사회통합에 대한 논의가 열기를 띠며 거론되기 시작했다. 1980년대 후반부터 사실상의 경제통합이 급속으로 진행되었다. 또한 그 후 글로벌화에 따른 이른바 제도적인 리스크가 노출된 것이라고 할 수 있는 아시아 외환위기를 계기로 하여, 지역협력의 제도화에 대한 관심이 갑자기 높아졌고 그러한 움직임도 빨라지고 있다. 그러나 이러한 지역주의의 움직임은 EU(유럽연합)와 미국 등 세계경제의 다른 2개 축의 동향에 늦게나마 따라가려는 것으로 판단할 수 있는데, 다양성이 풍부한 동아시아로서는 특히 큰 장애와 난관이 예상되고 있다. 따라서 동아시아 지역사회의 통합을 구체적인 미래상으로 만들어내는 데는 아직도 어느 정도의 시간이 걸릴 것으로 보인다. 다만 경제통합의 현실과 글로벌경제에 대한 인식이 높아지고 있는 가운데 지역협력의 강화 및 미래상

* 이 글은「經濟統合と東アジア共同體構想」,≪國際問題研究所紀要≫, 第126號 (愛知大學, 2005年 10月)을 대폭 개정하여 작성하였음.

에 관해서 인식의 공감이 이뤄지고 있다. 동아시아공동체의 형성이 바로 그것이다.

지역협력이 빠르게 추진되고 있을 뿐만 아니라 동아시아의 경제통합에 따른 급속한 구조 변화를 앞두고 이러한 움직임에 대해 만만찮게 의구심을 품고 있는 사람들이 없진 않지만, 동아시아 역사에 있어 경제영역을 초월한 통합은 점차 현실로 다가오고 있는 것 같다.

이 장에서는 동아시아 경제통합과 지역협력이 동아시아공동체 구상으로까지 발전하고 있는 현실에 대한 이해 아래, 통합의 실태와 이에 대한 제도화의 진척 상황을 확인하고 나아가서는 동아시아공동체의 논의를 어떻게 규정할 것인가에 대해서 검토하고자 한다.

2. 동아시아의 경제통합

1) 사실상의 경제통합

1960년대 이후 동아시아 지역에서는 제도적인 틀이 마련되지 않은 상태에서 경제발전이 이뤄졌고 동시에 통합이 빠르게 진행되었다. 세계은행의 『2005 세계개발지표』에 의하면 일본과 한국, 대만, 홍콩, 싱가포르 등 NIES(신흥공업국) 4개국·지역, 인도네시아, 말레이시아, 필리핀, 태국, 브루나이 등 ASEAN(동남아시아국가연합) 5개국, 그리고 중국의 11개국·지역 합계, 즉 동아시아 지역의 총수출에 차지하는 역내 수출 비율이 2004년에 49.4%에 이르렀다. 1970년 28.9%에서 1980년에 35.6%, 1990년에 39.7%, 2000년에 43.8%로 착실하게 상승하고 있으며 그간 20% 포인트를 넘는 증가세를 보이고 있다.

이와 같은 역내 수출 비율은 오늘날 다른 주요 경제블록과 비교해도 손색이 없을 정도로 증가하고 있다. 2004년에 EU의 역내 수출 비율은 61.1%, NAFTA(북미자유무역지대)는 56.1%이며,[1] 동아시아의 역내 수출 비중은 그 수준에는 못 미치고 있지만 간발의 차이밖에 없으며 앞으로도 순조로운 상승이 예상된다. 또한 세계 GDP 총액에서 동아시아가 차지하는 비율은 2001년 23.3%에 이르렀고, 세계무역 총액에서의 비율도 2002년에 수출 25.5%와 수입 21.2%를 차지하면서[2] 세계의 주요 경제블록의 하나를 형성하고 있다. 특히 동아시아를 구성하는 주요 지역인 ASEAN을 보면, 역내 수출 비율은 1970년에 22.9%와 2004년에 23.0%로 거의 증가하지 않았다. 실제로 이 지역의 역내 수출 비율은 1990년대에는 조금 상승하는 경향을 보이다가 외환위기 때문에 떨어졌고, 23.0%라는 것도 그 후에 회복된 때의 수치이다.[3] ASEAN의 역내 무역은 저수준의 추이를 보이고 있다.

동아시아의 경제통합은 새로운 통합 메커니즘 속에서 실현되고 있으며, 중국을 축으로 추진되고 있다. 동아시아 역내 무역의 구성을 보면 1980년의 수출에서는 일본이 35.7%, ASEAN이 37.1%, NIES가 16.8%, 중국이 10.4%를 차지하고 있었다. 그러나 2002년에는 일본이 13.5% 포인트나 감소하여 22.3%가 되었고, 이와는 대조적으로 NIES와 중국이 각각 32.2%와 19.1%로 거의 2배로 늘어났다. 같은 기간의 수입에서도 일본이 30.3%에서 17.1%로 절반으로 감소한 데 비해 중국은 7.6%에서 22.1%로 거의 3배로 증가하였고 NIES도 29.2%에서 35.4%로 6% 포인트 증가하였다. 한편 ASEAN의 수입 비율은 이 기간에 32.9%

1) World Bank, *2005 World Development Indicators*(Washington DC: World Bank, 2005a).

2) 靑木 健, 「日本と東アジアの關係」, 北原淳·西澤信善 編, 『アジア經濟論』(ミネルヴァ書店, 2004), p.280.

3) World Bank, *2005 World Development Indicators*(Washington DC: World Bank, 2005a).

에서 25.4%로 감소하였다. ASEAN의 감소도 크지만 특히 일본의 감소가 두드러지고 있는 반면에 중국과 NIES가 상승하고 있으며, 이 가운데서도 중국의 상승이 눈에 띈다. 아오키[4]는 이러한 현상에 착안하여 동아시아 무역이 중국을 '자기장(磁氣場)'으로 하여 발전하고 있다고 말하고 있다.

다 알고 있는 사실이겠지만, 동아시아의 이와 같은 역내 무역의 발전은 유럽이나 북미에서의 역내 무역과는 기본적으로 다르다. EU는 1992년에 완전한 시장통합을 달성하였고 1999년에는 공통 화폐인 유로를 탄생시켰다. 북미에서는 미국의 주도권 아래 캐나다, 멕시코의 3개국이 1993년에 NAFTA를 발족시켰다. 이에 비해서 동아시아의 역내 무역은 제도적 틀을 가지지 않고 달성된 것이다. 엄밀하게 보면 동아시아에 제도적인 틀이 없었다고는 할 수 없다. 1993년부터 ASEAN이 AFTA(ASEAN 자유무역지대)의 창설단계로 들어갔고, 2002년에 최초가맹국 6개국은 관세율을 원칙적으로 0~5%로 내리고 있다. 실시 유예를 받고 있는 신규 가맹국(캄보디아, 라오스, 미얀마, 베트남)을 제외하면 ASEAN은 AFTA를 '완성'시켰던 것이다.[5]

또한 역내 투자가 증대하고 또 다국적기업이 역내 국제분업을 추진함으로써 동아시아의 역내 무역구조는 더욱 변화될 것이다. 동아시아의 통합을 '디 펙토(사실상)의 통합'이라고 부르고 있는 와타나베[6]는, 역내 투자가 이를 추진하고 있다는 사실에 착목하여 그것을 '아시아화(化)하는 아시아'로 규정하고 있다. 위에서 언급한 것처럼 ASEAN의

---

4) 青木 健,「日本と東アジアの關係」, 北原淳·西澤信善 編,『アジア經濟論』(ミネルヴァ書店, 2004), p.286.

5) 石川幸一,「AFTAの現狀とASEANの域外とのFTA動向」, 伊藤隆敏 編,『ASEANの經濟發展と日本』(日本評論社, 2004).

6) 渡辺利夫,『東アジア-經濟連携の時代-』(東洋經濟新報社, 2004), p.4.

역내 무역은 낮은 수준에 머물고 있지만, 동아시아에서는 중국을 자기 장으로 하여 '사실상의 통합'이 진행되고 있다고 할 수 있다.

2) 동아시아 경제통합의 제도화

JETRO(일본무역진흥기구)가 2001년 3월에 개최한 국제심포지엄 '아 시아 지역통합의 전망'에서 이마노(今野秀洋, 당시의 일본 경제산업성 경 제산업심의관)는 통상정책을 과거의 "GATT·WTO를 중심으로 하는 다 각적인 자유무역체제를 기본으로 삼고 있다"라고 했지만, FTA(자유무 역협정)를 과거와 같이 지역주의로 규정하여 다각주의와 모순되는 것으 로 이해하지 않고 보완적인 것으로 규정하고 있다고 하는 등, 일본 정부 의 FTA정책의 변경을 명백히 했다.[7] 경제산업성의 『통상백서』 1999년 판에서는 FTA에 대해 호의적인 평가로 바뀌었고, 2000년판에서는 FTA의 실증적인 이론적 고찰을 실시하여 FTA의 이점이 강조되고 있 는 등, 이마노 심의관의 발표는 실직적인 정책전환을 표명한 것이었다. 동시에 이 심포지엄에서 JETRO는 "세계 GDP 상위 30개국·지역 가운 데 어떠한 FTA에도 들어있지 않은 곳은 일본, 한국, 중국, 대만, 홍콩 뿐"이라는 특별 해설이 실린 자료가 배포되었는데 세계주요국과 FTA 참가관계를 나타내고 있었다.[8] 이러한 지역이 그때는 세계적인 지역통 합의 흐름에서 예외적인 지역으로 되어있었기 때문이었다.

실제로 일본, 한국, 중국, 대만, 홍콩 등으로 이루어진 동북아시아

---

7) ジェトロ, 『アジアの地域経済統合の展望-平成12年度アジア経済高度化フォ ーラム開催報告書』[日本貿易振興機構(JETRO)経済情報部, 2001年 3月].

8) JETRO(일본무역진흥기구)가 2001년 6월에 간행한 『FTA참고자료: 쉽게 알 수 있는 FTA-자유무역의 미래-』는 일본경제신문이 같은 해 5월 18일~6월 8일까지 게재한 경제교실기초 코스의 해설 16회분을 모은 것이다. 이 무렵 일본 정부가 FTA 체결에 대해 본격적인 채비를 하기 시작했다는 점을 확인할 수 있다.

〈그림 2-1〉 FTA 체결 건수의 추이

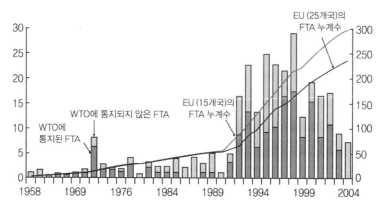

자료: World Bank. *Global Economic Prospects: Trade, Regionalism, and Develpment* 2005
    (Washington DC: World Bank, 2005b), p.29에서 인용.
주: 각 년도의 FTA 체결 건수는 왼쪽 눈금, 누계건수는 오른쪽 눈금.

지역은 동아시아 통합을 추진하는 최대의 주체이지만, 이 지역에서 일
본이 패전한 이후 20세기 후반에 이르기까지 지역주의적인 움직임은
나타나지 않았다. 그럼에도 불구하고 동북아시아 지역은 일본의 경제
성장을 시작으로 1960년대 후반부터는 아시아 NIES, 그리고 1980년
대 말부터는 ASEAN에 이어서 중국이 차례차례로 무역을 통해서 고도
성장지역으로 합류하였다. 또한 이 구조는 일본에서 주로 자본, 원재료
를 수입하여 가공·제조하고 이것을 주로 미국에 수출하는 이른바 삼각
무역 구조였으나, 1990년대 이후는 확실히 역내 무역이 심화되는 구조
로 변하고 있다. 이와 같은 자립화 경향이 보이고 있지만, 그 공급구조
를 검토해 보면 아직 미국시장에 대한 의존이 크고 구조적인 취약성이
확인되기 때문에 곧바로 자립화가 심화되었다고 단정하기는 어렵다.[9]
그러나 경향으로 보아 틀림없이 큰 구조적 변화가 일어나고 있다고 판

9) 平川 均,「東アジア地域協力とFTA」, 渡辺利夫 編,『東アジア市場統合への道』
    (勁草書房, 2004), pp.20~22.

〈표 2-1〉 지역별 FTA 체결 현황

	동아시아·태평양 지역	유럽·중앙 아시아	라틴아메리카·카리브해제도	중동·북아프리카	남아시아	남부사하라·아프리카	선진국	총계
FTA 체결국 수	32	36	39	21	8	48	25	209
선진·도상국의 2국 간								
1국 이상과의 체결국	4	12	6	10	0	2	10	44
1국당 평균 체결건수	2	1	2	1	0	1	4	2
1국당 최대 체결국 수	4	4	4	3	0	1	24	24
기타의 모든 FTA								
1국 이상과의 체결국	24	22	33	20	8	47	10	164
1국당 평균 체결건수	2	6	8	5	4	4	8	5
1국당 최대 체결국 수	3	12	17	12	9	9	15	17
총 계								
1국 이상과의 체결국 수	26	26	35	20	8	48	11	174
1국당 평균 체결건수	2	6	8	5	4	4	11	5
1국당 최대 체결국 수	7	12	19	13	9	9	29	29

자료: World Bank, *Global Economic Prospects: Trade, Regionalism, and Develpment 2005* (Washington DC: World Bank, 2005), p.30에서 인용. 원자료는 WTO데이터.
주: 2국 간 협정은 2개국으로 구성된 FTA를 1개의 FTA로 본다. 선진국에는 OECD 24개국에 리히텐슈타인이 추가되어 있다. 도상국은 기타 모든 국가를 나타낸다.

단된다.

그런데 왜 다각적 자유무역주의와 대립한다고 해서 경계하였던 FTA 가 자유주의 원칙을 보완하는 것으로서 수용될 수 있었던 것일까? 동아시아 역외로 눈을 돌려 보면, 1980년대 후반부터 선진국 이외에도 라틴 아메리카, 유럽·중앙아시아, 아프리카 등에 걸쳐서 FTA가 급격히 증가하고 있음을 알 수 있다. <그림 2-1>과 <표 2-1>은 FTA 체결

건수의 추이와 지역별 건수 등을 나타낸 것인데, 1980년대 후반부터 급증하고 있음을 확인할 수 있다. 아시아에서 상대적으로 건수가 적은 것은 세계적인 FTA의 흐름에 뒤처져 있었기 때문일 것이다. 이러한 사실은 접어두고 세계에서 현재 실효 중인 FTA는 1990년의 50건에서 2004년에는 230건으로 증가하고 있다.[10]

이러한 움직임에 민감하게 대응한 곳이 ASEAN이었다. 그러나 일본의 전후처리가 미해결인 채로 남아 있는 동북아시아 나라들에게는 신뢰관계 조성이 늦어졌을 뿐만 아니라 경제발전 그 자체가 순조롭게 진행되었기 때문에 FTA에 대한 필요성이 인식되지 못했다고 할 수 있다.

아시아 외환위기 이후부터 이러한 상황은 변하게 되었다. 1997년 7월 태국의 화폐 바트(Baht)의 폭락을 계기로 발생한 아시아 외환위기는 경제의 글로벌화에는 커다란 불안정성이 함께 내포되어 있다는 점을 입증시켜 주었다. 그러한 결과로서 성립된 지역협력의 틀과 병행하는 형태로 동아시아가 FTA 체결의 세계적인 흐름을 뒤좇아가게 되었다.

동북아시아에서 일어난 최초의 움직임은 외환위기에 빠져있던 한국이 일본에 대해 경제협력을 제안하면서 비롯되었다. 다만 일본에 대해 FTA 체결을 최초로 제안한 나라는 멕시코였다. 블랑코 멕시코 무역장관이 1998년 8월 당시 통산심의관이었던 하타케야마(畠山 襄)에게 멕시코와 FTA를 체결하자는 이야기를 전했고 경제산업성 안에 연구팀이 조직되었다. 그러나 같은 해 11월 에르네스토 세디요 대통령의 방일 이전에 보고서가 완성되지 않아[11] 협의 준비가 마련되지 못했다. 결국 그해 말에 개최되었던 한일각료회의에서 한국의 제안을 받고 일본은

---

10) World Bank, *Global Economic Prospects: Trade, Regionalism, and Develpment 2005* (Washington DC: World Bank, 2005), p.28.

11) Noboru Hatakeyama, *Japan's Movement toward FTAs: Chairman's Speech at Columbia Business School*, 16 October 2003(Japan Economic Foundation, 2003).

양국의 연구기관을 통한 공동연구를 개시하게 된 것이다.

한편, 한일 FTA의 연구결과는 2000년 5월에 공동발표문 형태로 발표되고 2002년 3월에는 산학관 공동연구가 발족되었다. 2003년 12월부터 정부 간 교섭이 시작되었지만, 교섭은 2004년 말부터 중단상태에 들어갔다. 참고로 한국은 그 후 2002년 10월에 칠레와 FTA를 타결하였고(2004년 4월 발효), 싱가포르와도 교섭하여 2004년 11월에 타결하였으며, ASEAN과는 2003년 10월에 교섭 개시에 합의하였다. 2005년에 들어와서 한국은 미국, 캐나다와의 예비교섭을 개시하였다.

한국의 제안을 받고 움직이기 시작한 일본에 대해 조준을 맞춘 나라는 싱가포르이다. 싱가포르는 1999년 12월 일본에 대해 FTA를 제안하였고, 2002년 1월에 체결되어 같은 해 11월 일본·싱가포르 신시대 경제연계협정(Economic Partnership Agreement: EPA)이 발효되었다. 싱가포르는 또 1999년에 칠레, 2000년에는 캐나다, 멕시코, 미국, 호주 등과 교섭을 시작하였으며 뉴질랜드와 같은 해 8월에 합의, 11월에 FTA를 체결하였다. 미국과는 2003년 5월에 체결하였다.

싱가포르 다음에는 중국이 움직이기 시작했다. WTO 가맹 일정에 윤곽이 잡히면서 중국의 주룽지(朱鎔基) 당시 총리는 2000년 11월 ASE-AN과의 정상회의에서 ASEAN에 대해서 FTA를 제안하였고 WTO에 가맹하자 곧바로 2001년 11월 ASEAN 정상과의 회의에서 10년 이내에 FTA를 체결하기로 합의를 이끌어냈으며 또한 2002년 11월의 정상회의에서는 경제협력 기본협정에 조인하였다.[12] 그동안 ASEAN+한중일 정상회의 때는 한국과 일본에 대해 FTA 교섭을 제안하기도 했다.

---

12) ASEAN이 중국의 제안에 응하였고 일본을 ASEAN과의 FTA정책으로 끌어들일 수 있었던 것은, ASEAN이 AFTA에 관한 경험을 가지고 있었기 때문일 것으로 생각된다. 이 책의 제4장 이시카와(石川)의 글에서도 AFTA가 '동아시아의 FTA를 선도'했다고 지적하고 있다.

〈표 2-2〉 일본의 FTA·EPA 진척 상황

	사전 검토	산학관 공동연구회	정부 간 교섭	협정서명
싱가포르	1999년 11월(차관급회담)	2000년 3~9월	2001년 1~10월	2002년 1월 (11월 발효)
멕시코	1999년 2월~2000년 4월(JETRO/상공성)	2001년 9월~2002년 7월	2002년 11월~2004년 9월	2004년 9월 (2005년 4월 발효)
한국	2001년 3월~2002년 1월(비지니스포럼)	2002년 7월~2003년 10월	2003년 12월~*2004년 말부터 중단	
태국	2002년 9월~2003년 5월(실무회의)	2003년 7~11월(실무반)	2004년 2월~2005년 9월(대략 합의)	
말레이시아	2003년 5~7월(실무회의)	2003년 9~11월	2004년 1월~2005년 5월(대략 합의)	2006년 7월 발효
필리핀	2002년 10월~2003년 7월(실무회의)	2003년 9~11월(합동조정팀)	2004년 2월~11월(대략합의)	2006년 9월 서명
ASEAN	2003년 3월~(정부 간 위원회) 2003년 10월 기본합의: 2005년 초부터 교섭개시를 목표로 하여 2004년 초부터 실시원료 예정	협의를 개시. 2012년까지는	2006년 4월~ 주1)	
인도네시아	2003년 9~12월(정부 간 예비협의)	2005년 1월~2005년 4월 (공동검토팀)	2005년 7월~	
칠레	2000년 5월~2001년 6월(JETRO/외무성)	2005년 1월~		
인도	2005년 7월~(공동연구회) 주2)			
대만	2002년 6월~(동아경제인회의의 검토회)			

자료: 농림수산성 국제조정과(2005) 자료 「경제연계협정(EPA)·자유무역협정(FTA)를 둘러싼 상황」, 2005년 7월을 일부 수정하여 인용. 《마이니치신문》 전자판, 2006년 9월 9일 기사 참조.

주1: 베트남, 미얀마, 라오스, 캄보디아, 브루나이 등 5개국과의 교섭은 ASEAN 전체와 교섭을 하는 가운데 개별적으로 2개국 간에 이뤄지고 있다. 당초는 2005년 4월에 개시되었다.

주2: 경제관계의 포괄적인 확대를 위해 EPA의 가능성도 검토되고 있다.

중국의 이러한 움직임에 자극을 받은 일본에서는 고이즈미(小泉純一郎) 총리가 2002년 1월 싱가포르에서 경제연계협정(EPA)에 조인하고 아울러 ASEAN 각국에 대하여 EPA를 제안하였고, 2002년 11월의 정상회의에서 10년 이내 가능한 빠른 시기에 경제연계를 연결하는 포괄적 경제연계(Comprehensive Economic Partnership: CEP)에 관하여 공동성명을 발표하였다. 그리고 2003년 11월의 정상회의에서는 'CEP 프레임워크'에 조인하였다. 동시에 <표 2-2>와 같이 ASEAN 각국을 중심으로 FTA 체결에 대한 검토를 개시하여 필리핀과는 2004년 11월에, 말레이시아와는 2005년 5월에 대략적인 합의에 이르렀으며, 말레이시아와는 2006년 7월에 발효되었다.

그런데 2000년 중국이 ASEAN에 제시한 제안이 당시의 ASEAN＋한중일 정상회의의 의장국인 싱가포르의 고촉통(吳作棟) 전 총리로 하여금 동아시아 자유무역투자권을 제안하게 했고 이 제안은 한국의 김대중 전 대통령의 제안으로 설치가 결정되어 있었던 동아시아 스터디 그룹(EASG)에서 검토하기로 되었다. EASG의 최종보고서는 2002년 11월의 제6차 ASEAN＋한중일 정상회의에 제출되었고, 이 보고서에서는 동아시아 FTA는 장래의 목표로서 명기되었다.[13] 태국도 적극적인 자세로 돌아왔으며 2002~2003년 사이에는 기타 ASEAN 각국도 대부분 FTA 교섭 쪽으로 움직이기 시작했다. 참고로 ASEAN 및 ASEAN 각국에 대해서는 제4장의 이시카와 글이 지적하고 있는 것처럼 역내는 물론 인도나 미국 등과도 FTA 교섭을 하고 있으며 이러한 경향은 한국의 경우와 닮은 점이 있다. 이 점에 관해서는 뒤에서 언급할 것이다.

동아시아의 FTA의 움직임을 요약하자면 외환위기에 빠진 한국에서부터 행동으로 옮겨졌고 이어서 싱가포르가 적극적인 자세를 보이는

---

13) 平川 均,「地域統合の意義と課題－東アジアの地域統合を中心に－」, 北原淳·西澤信善 澤編,『アジア経濟論』(ミネルヴァ書房, 2004), pp.204~205.

가운데 일본의 정책전환이 명백하게 된 것이다. 여기에 결정적인 추진
력을 가져다준 것은 WTO 가맹을 달성한 중국이 ASEAN에 대하여
적극적으로 영향력을 미쳤다는 점이다. ASEAN이 그러한 제안을 받음
으로써 일본은 중국의 주도권에 대항하기 위해 ASEAN에 FTA를 제안
하였고 ASEAN을 축으로 동아시아에서의 FTA 교섭이 확대되었다. 이
리하여 당초 FTA에 경계심을 늦추지 않고 있던 다른 나라들도 이러한
흐름에 동참하게 되었고, 이에 따라 세계적인 FTA 흐름에 동아시아가
늦게나마 합류하게 되었던 것이다.

3) 동아시아의 FTA 추진 배경

   무엇이 동아시아 각국·지역을 FTA 추진 쪽으로 전환시켰을까? FTA
가 1990년대에 부각된 이유는 일반적으로 WTO에 의한 다각적 무역
교섭이 난항하고 있었기 때문이라고 할 수 있다. 2005년 2월 현재
WTO에 가맹한 나라는 148개국에 달하지만 만장일치 방식을 채택하
고 있는 WTO가 다각주의 방침 아래 합의를 이끄는 것은 지극히 어려
워졌고, 이 때문에 무역자유화를 추진하려고 하는 나라들이 FTA를 통
하여 특정 국가·지역만으로 자유화를 추진하기 시작했다고 한다.[14] 혹
은 동아시아에서는 특히 WTO의 다각적 무역시스템이 정체되어 있는
것이 문제가 아니라, 1997년 11월에 캐나다 밴쿠버에서 열린 APEC정
상회의에서 합의를 본 바 있는 EVSL(분야별 조기·자주적 자유화)가 진척
되지 않은 실망감에 영향을 받아 FTA 쪽으로 기울어졌다고 한다.[15]

---

14) C. F. Bergsten, "Globalizing Free Trade", *Foreign Affairs*, Vol. 75, No.3. May/June
    (1996), p.106.
15) Robert Scollay and John P. Gilbert, *New Regional Trading Agreements in the Asia
    Pacific? Institute for International Economics*(Washington DC, 2001), pp.7~8; 宗像

또한 1980년대 후반부터 시작된 이러한 지역주의의 특징은 단순히 무역의 자유화 조치에 그치지 않고 투자의 자유화, 사람의 이동, 공통의 통상규칙 등을 포함하는 광범한 영역에 이르고 있으므로 EPA가 적합하다고 설명하는 경우도 있다.

지역통합에 대해서 말하자면, 이른바 WTO 정합성 문제가 있으며 GATT 24조의 규정에 따라서 ① '실질상의 모든 무역'에 관하여 관세 등의 제한적 통상규칙을 폐지할 것, ② 비가맹국에 대해서 FTA의 체결 이후 관세 인상 등 차별적 조치를 취하지 않을 것, ③ 타당한 기한 내에 성립시킬 것 등의 세 가지 조건이 붙여져 있다. 그러나 지역통합은 비가맹국에 대하여 새로운 제한적 조치를 동반하지 않고서도 가맹국 간의 제한이 철폐된다. 이 때문에 비가맹국과의 거래가 가맹국 간의 거래로 전환되는 무역전환 효과가 나타난다.

일본경제단체연합회[16]가 멕시코와의 FTA 체결에 적극적이었던 것은, 체결하지 않음으로써 발생하는 '관세를 비롯한 경쟁상의 여러 가지 핸디캡을 떠안고 있는 일본기업의 손해는 연간 4,000억 엔'으로 추산하고, 북미시장에서 일본기업의 경쟁력에 미치는 영향을 무시할 수 없었기 때문이다. 한편 체결을 했을 때 역내에서 관세 인하 등에 의한 무역 촉진효과도 기대할 수 있다. 멕시코와의 FTA 발효를 앞두고 신문들은, 체결을 통해 일본의 실질 GDP를 3,000억 엔(0.06%) 상승시키는 효과가 생긴다는 내각부의 추산을 보도하였다.[17] 이와 같이 지역통합은 관련 국가에 연쇄적인 체결 압력을 가하게 된다. 일본과 중국이

直子,「日本の地域経済統合政策の生成」, 宗像直子 編,『日中関係の転機－東アジア経済統合への挑戦－』(東洋経済新報社, 2001), pp.98~99.

16) 日本経団連(日本ブラジル経済委員會),「日伯経済連携協定(EPA)に関する政府間の早急な検討開始を求める－日伯EPAに関する報告書」, 2004年 5月 19日.
17) ≪日本経済新聞≫, 2005년 3월 31일.

ASEAN과의 FTA 체결에서 서로 경합을 벌이고 있는 것은 정치적인
주도권 쟁탈로 볼 수 있겠지만, 이러한 측면도 무시할 수 없다. 실제로
한국과 중국의 FTA 효과를 분석한 한국 대외경제정책연구원의 연구보
고에 따르면, 한중 FTA가 필요한 근거로서 체결하지 않았을 경우의
손실이 강조되고 있다.[18) 역외 국가와의 FTA에서는 이 점이 특히 큰
이유라고 말할 수 있을 것이다. 그리고 구조조정이 정치적 과제의 중심
이 되고 있는 일본에서는 산업구조 고도화 효과 및 경쟁촉진 효과 등
도 지적되었다. 그러나 동아시아에서의 FTA의 관심은 외환위기 이후
에 높아졌다. 이러한 의미를 가볍게 다뤄서는 안 될 것이다. 한국이
외환위기의 영향으로 경제가 파탄했던 1998년 가을, 일본에 경제협력
에 관한 공동연구를 제안하였고 이것이 한일 FTA 공동연구가 되었다
는 사실에는, 제6장 곽양춘의 글에서 지적하고 있는 것처럼 한국이
FTA에 의한 구조조정 효과를 기대했었다고 하는 측면도 있기는 하지
만, 세계경제에서 일국의 힘으로는 글로벌화의 불안정성에 대처할 수
없다는 인식이 깔려있었기 때문이라고 생각된다. 실제로 일본의 산업·
금융계도 외환위기에 의한 동아시아 경제의 침체로 인하여 큰 타격을
받고 있었다. 관계국이 협력을 하면서 경제의 재건을 도모하는 것이
당연한 것으로 받아들여졌던 것이다. 다음 절에서 살펴보겠지만, 이때
동아시아에서 지역협력의 기운이 급속히 높아졌다.

그렇지만 FTA가 왜 경제협력일까? FTA를 통한 연계 강화가 통합을
통하여 경쟁력을 강화시키고 동시에 대외적으로 정치적·경제적 강화를
가져다주는 측면이 기대되기 때문일 것이다. 이것은 WTO의 자유화를
보완하자는 흐름과는 다르며, 개발도상국이 FTA에 접근하는 방법이라
고 해석할 수 있다. 지역협력의 제도화로서 형성된 ASEAN+한중일

18) Hongshik Lee, Hyejoon Im, Inkoo Lee, et al. "Korea-China FTA and Policy
    Implications(Ⅰ)"(Seoul: KIEP, 2005).

정상회의와 일련의 회의에서 동아시아의 FTA가 경제협력의 일부로서 추진되고 있다는 사실도 이러한 의미를 입증하고 있다. 특히 일본 정부는 FTA라는 호칭보다는 EPA(경제연계협정)의 사용을 선호한다. FTA가 '특정의 국가나 지역 사이에서 상품의 관세나 서비스무역의 장해 등을 삭감·철폐하는 것을 목적으로 하는 것'인 데 비해서, EPA는 '특정의 2개국 간 또는 복수국 간에 역내의 사람, 상품, 자본의 이동을 더욱 자유롭게 원활화하기 위해 국제 간 및 국내의 규제의 철폐, 각종 경제제도의 조화 등을 실행하는 것'이기 때문이라고 한다. 그러나 중국과 ASEAN이 2002년에 체결한 협정은 '포괄적 경제협력기본협정(Frame-work Agreement on Comprehensive Economic Cooperation)'이며, ASEAN과 인도가 2003년 10월에 체결한 협정도 '포괄적 경제협력기본협정'이다. 중국과 ASEAN의 경제협력기본협정은 "양국 간의 장벽을 최소화하고 경제연계를 심화시킬 것, 역내 무역과 투자를 증대시킬 것, 경제효율을 향상시킬 것, 양국 간의 사업에 대해 더 큰 기회와 더 큰 경제규모를 창출할 것, 그리고 자본과 재능을 가진 사람에 대하여 양국이 자국의 매력을 촉진시킬 것"을 목표로 하고 있지만, FTA는 '동아시아에 있어서 협력을 강화하고 경제의 안정성을 지원하기 위한 중요한 메커니즘을 제공할 것을 굳게 믿는다'고 주장하고 있다. FTA는 외환위기를 발판으로 하면서 경제협력의 주요 형태의 하나로서 받아들여지고 있으며 또 추진되고 있다고 규정할 수 있을 것이다.

그러나 FTA는 경제협력의 한 가지 측면을 가지고 있기는 하지만 경제협력 그 자체는 아니다. 경제협력의 측면을 가지고 있지만, 기본적으로 시장경쟁에 경제를 맡기는 측면이 강하다. 실제의 FTA 교섭 과정에서 특정산업의 자유화에 관해 큰 문제가 되는 것은 이 때문이다. 동아시아에 있어서는 그러한 측면을 무시할 수 없다.

3. 경제협력과 동아시아공동체

1) 외환위기에서 지역협력으로

　동북아시아와 동남아시아를 합한 동아시아를 하나의 지역으로 통합하려는 가장 큰 시도는 제2차세계대전 이전에 일본에 의해 주창된 '대동아공영권'일 것이다. 그러나 일본이 패전하고 또 명분과는 달리 미국이 일본을 점령하여 지배함으로써 개념상의 '대동아'는 폐기된 이후 긴 공백이 이어졌다.

　전후에 동아시아를 그룹으로 묶으려는 움직임이 있었다. 1960년대 초에 지역협력의 기운이 높아지는 가운데 국제연합 아시아극동위원회(ECAFE)에 의해서 '아시아경제협력기구(an Organization for Asian Economic Cooperation)' 구상이 제안되었다. 그러나 신생독립국이 국가주도적인 발전정책을 중시하는 경향이 있었고 또한 역내 대국에 대해 소국들이 불신하고 있었으며, 일본은 미국을 배려하고 재정 부담에 대해 경계하고 있었기 때문에, 이 구상은 받아들여지지 못했다.[19] 이후에 주목을 받은 것은 1990년 말레이시아의 마하티르 당시 수상에 의해 제창된 동아시아경제그룹(EAEG)이다. 그러나 이 시도는 한 해 전에 만들어진 아시아태평양경제협력체(APEC)를 분열시킨다는 미국의 강한 반발에 부딪혀 동아시아경제협력체(EAEC)로 명칭을 변경했지만 좌절되고 말았다. 그 후에도 그룹으로 묶으려는 움직임은 계속되었지만,[20] 명확한

19) ワイトマン・デービット, 『アジアの経済協力の展望－エカフェ活動の評価と展望－』, 日本エカフェ協會譯(東洋経済新報社, 1965), pp.325~335; 経済評論編集部, 「今月の問題　OAECへは『前向きの足踏み』」, ≪経済評論≫, 1962年 4月号(1962), pp.2~4.

20) 平川 均, 「東アジア共同体と自由貿易協定(FTA)」, ≪経済科學≫, 第52巻 第4号 (2005), p.36.

형태로 햇볕을 받게 된 것은 외환위기 이후이다.

외환위기가 발생한 1997년은 우연히도 ASEAN 창립 30주년이 되던 해였다. 외환위기의 와중이었던 그해 말에 30주년을 축하하는 정상회의가 열렸다. 쿠알라룸프르에서 열린 이 회의에는 ASEAN이 초대한 한중일의 정상이 참가하고 있었고 외환위기가 주요 의제로서 검토되었다. 당시 외환위기는 아시아의 연고주의(crony capitalism)에 의한 당연한 귀결이라고 미국과 IMF가 비난하고 있었기 때문에 위기를 맞은 동아시아 각국의 고립감은 더해갔다. ASEAN+한중일 정상회의는 동아시아 각국이 스스로의 의제를 가지고 깊이 있게 검토하는 유일하게 동정 어린 회의로서 받아들여지고 있었던 것이다.[21]

다음 해인 1998년에 ASEAN의 초대를 받아 다시 하노이에 모인 ASEAN+한중일 정상은 정상회의를 정례화하기로 합의했다. 회의에서는 또 한국의 김대중 전 대통령이 제안한 미래의 동아시아협력의 가능성과 방향을 모색하는 동아시아 비전그룹(EAVG)을 설치하기로 결정하였다. 1999년 제3차 ASEAN+한중일 정상회의에서는 '동아시아에서의 협력에 관한 공동성명'이 채택되었다. 이 성명은 역사상 최초의 동아시아 정상에 의한 공동성명이며, 경제·사회 분야에는 무역, 투자, 기술이전, 정보기술과 전자거래, 산업·농업협력, 중소기업 지원, 관광, 메콩강 유역개발, 자본이동에 대한 감시, 기업통치의 강화, 금융시스템의 강화 등의 협력에 대해 또한 정치 분야에는 안전보장을 위한 대화·조정·협력 등에 대해 공동의 노력을 기울일 것을 주창하였다. EAVG는 보고서의 타이틀을 「동아시아공동체를 향하여」로 정하고 2001년의 정상회의에 제출하였다.[22] 2000년의 제4회 정상회의에서 결정된 EASG

21) Hitoshi Hirakawa, "East Asia and the Development of Regionalism" in C. Lapavitsas and M. Noguchi(eds.), *Beyond Market-Driven Development*(London and New York: Routledge, 2005), p.205.

는 앞으로 동아시아 정상회의로 발전시킬 것과 동아시아 FTA를 창설할 것을 제안하는 최종보고서를 2002년 11월의 정상회의에 제출하였다.[23] 이리하여 2004년 11월의 제8차 ASEAN＋한중일 정상회의는 2005년에 동아시아 정상회의를 개최하기로 결정하였다.[24]

그런데 우리는 지역협력이 무엇 때문에 ASEAN＋3의 틀이 되었는지를 확인해 볼 필요가 있다. 우선 ASEAN이 지역주의의 주도권을 잡으려고 할 때, 동아시아에서 정치경제의 강대국으로 간주되고 있는 일본과 중국 두 나라를 더하지 않고서는 대외적으로 지역을 대표할 수 없거니와, 급속으로 성장하는 중국과 저성장 상태이지만 압도적인 경제력을 가지고 있는 일본 등 양국을 참가시킴으로써 역내의 정치적 균형을 취하려고 했기 때문이라 볼 수 있다.[25] 한국의 경우에도 이와 같은 요소가 보이는데, ASEAN이 초대하는 형태로 성립한 ASEAN＋3의 협력 틀 속에서 자국의 존재감을 표시하려는 의도가 추구되었다. 일본과 중국의 입장에서도 세계적으로 지역주의가 진행되는 가운데 아시아와의 협력은 불가결했으며, 무엇보다도 경제통합이 가속되고 있는 상황이 이러한 협력 틀을 뒷받침해 주고 있었던 것이다.

사실 상대적으로 소국에 지나지 않는 ASEAN과 한국이 동아시아 지역협력에서 주도권을 발휘하고 있는데, 그 이유는 상대적으로 소국이기 때문에 가지고 있는 구조적인 압력이 존재하고 있기 때문이라 생각

22) EAVG, "Towards and East Asian Community: Region of Peace, Prosperity and Progres," *East Asian Vision Group Report*(2001).

23) EASG, "ASEAN＋3 Summit. Phnon Penh. 4 November," *Final Report of the East Asian Study Group*(2002).

24) The 8th ASEAN＋3 Summit, "Chairman's Statement of the 8th ASEAN＋3 Summit," *Vientiane*. 29 November(2004).

25) 平川 均, 「東アジア地域協力とFTA」, 渡辺利夫 編, 『東アジア市場統合への道』 (勁草書房, 2004), p.14.

된다. 동시에 역설적으로 말하면, ASEAN＋3, 그리고 동아시아의 정상회의 개최 등에서 ASEAN은 주도권을 잡는 데 지극히 민감한 반응을 보이고 있고, 또 인도나 미국 등 역외의 나라와 FTA 관계를 강화하려고 할 때에는 양 지역의 이러한 균형 감각이 힘을 발휘하게 된다. 여하튼 세계적인 지역주의의 흐름 속에서 ASEAN과 한국은 동아시아 지역주의에 큰 공헌을 하고 있다.

한편, 동아시아에서 ASEAN＋3 정상회의를 축으로 지역협력의 틀이 형성되면서 금융협력이 순조롭게 추진되고 있다. 외환위기가 심각한 상황에 이르렀던 1997년 가을, 위기에 빠진 나라들에 대한 통화공급을 위해 일본이 제안했던 아시아 통화기금(AMF)은 미국과 IMF의 반대로 좌절되었다. 그러나 총액 300억 달러에 상당하는 엔을 공급하자는 지원방안으로서 신(新)미야자와 구상이 1998년 10월에 제안되었으며, 이것은 아시아 각국에서 기대감과 함께 받아들여졌다. 2000년 5월의 ASEAN＋3 재무장관 회의에서 2국 간 통화스왑 체결을 치앙마이 이니셔티브(CMI)로 승인하였다. 2005년 4월 현재, 각국 간의 통화스왑 협정에 의한 체결 총액은 395억 달러에 이르고 있다.[26]

역내의 저축을 투자로 연결시키기 위해 역내 채권시장의 육성도 계획되고 있다. 2003년 8월에 ASEAN＋3 틀 안에서 아시아 채권시장 이니셔티브(ABMI)가 개시되었다. 이 밖에도 동아시아·오세아니아 중앙은행 임원회의(EMEAP)에서 달러 베이스의 아시아 채권기금(ABF1)을 2003년 6월에 창설하였고 2004년 12월에는 현지통화 베이스의 아시아 채권기금(ABF2)을 창설하려는 움직임을 보였다. ABF2는 현재 운용 단계에 들어갔다.[27]

ASEAN＋3 장관회의는 1999년부터 재무장관 회의, 2000년부터 외

26) 일본 재무성, 「치앙마이 이니셔티브에 기초한 통화스왑 체결 등에 관한 현황」.
27) EMEAP Press Release:2 June 2003, 16 Dec. 2004, 12 May 2005.

무장관 회의, 경제장관 회의, 2001년부터 노동장관 회의, 농림장관 회의, 2002년부터는 관광장관 회의, 자원·에너지장관 회의, 환경장관 회의 등으로 확대 설치되어 현재에 이르고 있다.

2) 동아시아공동체의 서곡

외환위기가 발생한 이후 지역협력이 빠르게 진행되면서 동아시아공동체(an East Asian Community)가 거론되기 시작했다. 동아시아 지역에 생산거점을 옮겨 생산을 확대해 온 일본에서는 동아시아에 대한 관심이 강하게 나타났다. 오쿠다 히로시(奥田 碩) 토요타자동차 당시 회장을 단장으로 하는 외무성의 동아시아재생(再生)대표단은 1999년 8월에 동아시아 각국을 순방하고 동아시아를 '운명공동체(a community with common fate)'로 규정하였다. 이 보고서는 일본의 산업계를 대표하는 토요타의 회장이 단장을 맡고 있는 만큼 산업계의 의향이 진하게 반영되어 있다고 볼 수 있다.

경단련(経団連)과 일경련(日經連)이 통합하여 2002년 5월에 발족한 일본경제단체연합회는 반년이 지난 2003년 1월 1일에 「활력과 매력이 넘치는 일본을 지향하며」라는 의견서를 발표하였다. 그리고 "지역적으로나 경제적으로나 관계가 깊은 동아시아 각국과 함께 '자유경제권'을 구축하여 동아시아 전체가 연계하여 글로벌 경쟁에 도전해 나가자"라고 하면서 늦어도 2020년까지는 동아시아 자유무역권을 완성시킬 것을 목표로 내걸었다.[28] 정재계와 긴밀한 관계에 있는 재단법인 일본국제포럼도 반년 후인 2003년 6월에 「동아시아 경제공동체구상과 일본의 역할」이라는 정책제안을 발표하고, ① 2015년까지 개별적인 FTA

---

28) 日本経団連, 「活力と魅力溢れる日本をめざして」, 2003年 1月 1日.

를 통합하여 동아시아 FTA로 함과 동시에 관세동맹을 결성하며, ②
2025년까지 공통 화폐를 탄생시킨다는 목표를 세웠다.

　ASEAN＋3 정상회의에서 설치한 EAVG는 앞에서 설명했듯이 2001
년에 「동아시아공동체를 향하여」라는 보고서를 제출했고, EAVG나
EASG의 제언에 좇아 설치된 '동아시아 싱크탱크 네크워크(NEAT)'와
'동아시아포럼(EAF)'의 제1차 회의가 2003년 9월과 12월에 각각 베이
징(北京)과 서울에서 열렸다. EAF는 2002년의 ASEAN＋3 정상회의에
서 한국이 제안했고, NEAT는 2003년 5월의 ASEAN＋3 외무장관 회
의에서 중국이 제안했으며, 양국이 각각 설립을 희망하여 승인된 회의
체였다.

　일본 정부는 일본 측 국내조정기관으로 지정한 일본국제포럼을 이
러한 회의에 참석시켰다. 이 포럼은 그 회의에서 "다른 지역에 뒤지지
않는 지역통합의 동력을 동아시아에서 창출하지 않으면 안 된다는 출
석자 전원의 강한 의지의 공유"에 충격을 받고 귀국 후에 '동아시아공
동체 평의회'를 결성하기에 이르렀다. 그리고 2004년 5월 일본국제문
제연구소, 국제금융정보센터, 국제경제교류재단, 세계평화연구소, 종
합연구개발기구 등 11개의 싱크탱크와 신일본제철, 도쿄전력, 토요타
자동차, 미츠이물산, 마츠시타전산 등 13개 기업, 40명의 지식인이 참
가하는 '동아시아공동체 평의회'를 발족시켰고 회장에는 나카소네 전
총리가 취임하였다.[29]

　일본 정부 쪽에서는 고이즈미 총리가 2002년 1월에 싱가포르에서
행한 정책연설에서 ASEAN과 지속적인 협력을 거론하였고 이러한 협
력의 하나로 '함께 걸으며 함께 전진하는 공동체(a community that acts
together and advances together)'를 제창하였다. 그의 연설은 25년 전에

---

[29] ≪일본국제포럼회보≫, 제40~43호.

후쿠다 타케오 총리가 마닐라에서 행한 후쿠다 원칙 중에서 '마음과 마음의 만남'을 의식하여 '공동체'보다는 '함께 걸으며 함께 전진하는' 것을 강조한 것같이 보이지만, ASEAN에서는 '동아시아공동체'의 제창으로 이해되고 있다. 고이즈미 총리는 또 2003년 12월에 일본·ASEAN 특별정상회담을 동경에서 열고 동아시아동공체를 진척시키기 위하여 ASEAN과 협력을 강조한 동경선언을 발표하였다. 그뿐만 아니라 일본 정부는 2004년 5월의 ASEAN+3 고급실무자회의(SOM)의 논의를 바탕으로 하여 그해 6월 동아시아공동체(발표문), 기능적인 협력, 동아시아 정상회의 등 3개항에 관한 논점 보고서를 작성했다. 동아시아공동체 형성을 위하여 ① 기능적인 협력을 촉진하고, ② 지역규모의 제도적 결정기구를 장차 도입하며, ③ 공통의 가치관과 원칙에 바탕을 둔 공유 가능한 일체감의 창조를 포함한 '커뮤니티 의식' 등 세 가지 접근법을 제안하고 있다.[30]

그러나 고이즈미 총리가 공동체를 역설한 2002년 1월의 정책 강연에서나, 2003년 12월의 동경선언을 발표한 회의에서나 동아시아공동체의 중요한 멤버임에 틀림없는 중국과 한국의 정상은 보이지 않았다. 이러한 의미에서 고이즈미 총리의 동아시아공동체 구상은 말에 대한 실천이 결여되어 있다.[31] 하지만 고이즈미 총리의 입에서 나온 공동체 구상은 일본경제의 장래가 동아시아와 불가분의 관계 속에 있음을 꾸밈없이 나타내고 있지 않은가?

실제로 ASEAN의 '공동체'에 관한 움직임이 동아시아공동체 구상에 많은 영향을 미치고 있다. ASEAN은 1997년의 제2차 비공식 정상회의

---

30) http:www.mofa.go.jp/mofaj/area/asia/e_asia#top
31) 平川 均, 「視点 東アジアの経済統合と日本のイニシアティブ」, ≪東アジアレビュー≫, 2004年 10月号(2004); 谷口 誠, 『東アジア共同体』(岩波新書, 2004), p.39.

에서 2020년까지 ASEAN공동체를 실현시키기로 하는 'ASEAN 비전 2020'을 채택하고 있었다. 2003년 10월의 제9차 ASEAN 정상회의에서는 이를 더욱 발전시켜 제2 ASEAN 협조선언(「발리 콘코드2」)을 채택하였고, ASEAN공동체를 ASEAN안전보장공동체(ASC), ASEAN경제공동체(AEC), ASEAN사회·문화공동체(ASCC) 등 세 가지의 공동체를 형성하여 실현시키기로 주창하였다.[32] 그리고 앞에서 설명했듯이 2004년 11월에 열린 ASEAN 정상회담에서는 비엔티안(Vientiane) 행동 프로그램을 채택하고 공동체 형성의 구체적인 조치에 합의함과 동시에 역내의 격차를 해소하기 위한 ASEAN 통합 이니셔티브(IAI)의 강화를 약속하였다.[33] 앞서 말한 일본 정부의 논점보고서는, 동아시아가 공유하는 공통의 가치관과 원칙에 대하여 "이 점에 관해 우리들은 명확한 답을 가지고 있지 않다. 우리들은 공유 가능한 일체감을 추구하는 노력을 계속할 필요가 있다. 「발리 콘코드2」는 이러한 목적에 유익한 시사점을 주는 문구가 많이 있다. 작년 12월의 일본과 ASEAN 특별정상회담에서 발표된 「동경선언」도 또 그와 같은 노력에 대한 이정표를 제공해 주고 있다"라고 적고 있다.

동아시아공동체는 이러한 의미에서 ASEAN과 불가분한 관계에 있으며, ASEAN의 확대판으로서 창조되려고 한다. ASEAN에서 시작하여 외환위기를 계기로 구체화된 ASEAN+3의 틀에 의한 지역협력이 지금은 동북아시아 3개국을 엮어놓고 있으며, 여기에다 일본의 정재계의 기대가 일치하면서 동아시아공동체 구상으로서 크게 움직이고 있다고 말할 수 있다.

---

32) ASEAN, *Declaration of ASEAN Concord II*(Bali Concord II, 2003). http:www.aseansec.org/15159.htm.

33) ASEAN, Vientiane Action Programme(2004).

4. 경제·사회통합을 위한 과제들

1) FTA 시뮬레이션 분석의 결과

  FTA에 관한 논의는 일반적으로 FTA 체결을 통하여 사회 전체의 경제적 후생이 증가하기 때문에 합리적이라고 하는 전제에서 이뤄진다. 국내외를 막론하고 소득 분배에 미치는 영향은 고려되지 않는다. 그러나 실제의 경우는 그러한 경제적 문제뿐만 아니라 정치적 요인이나 사회적·역사적 요인 등에서 많은 장애가 발생한다. 더욱이 동아시아 사회의 현실은 문화, 역사, 소득 등 모든 측면에서 다양하며 공통의 정치적 제도도 가치관도 갖춰져 있지 않다. 따라서 경제통합의 제도화만이 현실적인 문제가 되고 공동체 구상은 몽상에 지나지 않는다는 의견도 만만치 않다. 실제로 동아시아 FTA가 발효할 때까지는 물론이거니와 발효하고 나서도 많은 난관이 예상되고 있다. 여기서는 이러한 문제점들에 대해서 검토해 보고자 한다.

  경제통합의 경제적 효과를 측정하기 위해서는 일반적으로 일반균형계산모델(CGE)에서 세계무역분석프로젝트(Global Trade Analysis Project: GTAP) 데이터를 이용한 시뮬레이션 분석을 하게 된다. 대부분의 경우, GDP의 성장수준을 FTA가 없는 경우와 있는 경우로 나누고 경제적 후생의 크기를 나라별로 추산하고 있다.[34] GTAP를 이용하여 동아시아의 6가지 종류의 FTA권 형성이 일본경제에 미치는 영향을 산업별로 추산한 제5장의 츠츠미의 글은 산업별 영향을 지적했을 뿐만 아니라 이익을 얻는 산업과 손해를 보는 산업 간의 조정을 고려한 정책적 아이

---

34) Robert Scollay and John P. Gilbert, *New Regional Trading Agreements in the Asia Pacific?* Institute for International Economics(Washington DC., 2001. May); 浦田秀次郎·日本經濟研究センター, 『日本のFTA戰略』(日本經濟新聞社, 2002).

디어까지 언급하고 있다. 츠츠미의 추산에 의하면, 일본의 무역상대국
별로 본 FTA의 효과는 한중일에 홍콩과 ASEAN을 더한 FTA에서 가장
큰 플러스 효과가 나왔다. 일본 이외에서 FTA가 성립되어 있는 경우는
마이너스 효과가 나왔다. 산업별로 농업은 일반적으로 마이너스이지만,
수송기계나 전기기계는 대조적인 결과가 나오고 있다. 동아시아 FTA에
서 수송기계는 플러스, 전기기계는 마이너스의 효과가 나온다. 츠츠미
는 그의 글에서 FTA 추진의 과제로서 이익을 얻는 산업에서 손실을
보는 산업으로의 보전을 제안하면서, 산업조정에 따른 자본과 노동의
이전이 순조롭게 진행될 것이라는 전제에 대해서는 이전의 곤란성을
지적하고 있다.

　츠츠미가 GTAP모델에 의한 시뮬레이션에서 일본의 산업조정문제
를 검토하였듯이, 동아시아 각국도 똑같은 문제에 직면하게 된다. 중국
에서는 농촌의 대규모의 과잉노동력이 지적되고 있는데, FTA를 통하
여 동아시아 각국의 각 산업은 어떻게 될 것인가? 최근 일본의 아시아
에 대한 FTA 교섭이 교착상태에 있다고 보도되고 있다. 태국과의 교섭
에서는 철강, 자동차부품 등 공산품의 자유화에서 태국의 반대가 심하
다고 한다. 한국과의 교섭에서는 한국 측에는 자동차부품과 기계공업
의 중소기업 등에서 강한 반대가 일어나고 있고 일본의 농산물 자유화
가 충분하지 않다는 불만이 불거져 2004년 11월 이후 교섭이 중단되
기도 했다. 같은 해 11월에 기본합의에 이른 필리핀과의 FTA는 간호
사, 간병사의 수용인원의 조정을 둘러싸고 난항하여, 예정하고 있던
2005년 9월의 서명이 2006년 9월까지 지연되었다.[35] 산업조정이라는
것은, 경쟁력이 없는 산업·기업이 도태되고 강한 산업·기업이 발전할
수 있는 기회를 차지하는 것이다. 그러나 살아 있는 사람들의 생활에

35) ≪일본경제신문≫, 2005년 2월 12일, 6월 19일, 6월 30일; ≪마이니치신문≫
　　전자판, 2006년 9월 9일.

직결되는 산업조정을 추진한다는 것은 그렇게 쉬운 일이 아니다. 국내
의 조정은 물론이거니와 국가 간에도 마찬가지이다. 일반적으로 경쟁
력이 강한 나라나 산업이 FTA에 적극적인 데 비해 후발국이나 경쟁력
이 약한 산업·기업은 신중해진다. 지역 전체로서 균형 잡힌 발전이 보
장되는 틀을 고찰하지 않으면 안 된다. 츠츠미의 글이 제시한 국내적
보상방안은 당연히 지역적인 차원에서도 검토되어야 할 제안이라고 생
각한다.

　시뮬레이션에 의한 후생 변화에 관한 분석은 각국이 FTA 전략의
순서를 검토할 때 참고가 된다. 내각부의 추산에 의하면, 일본의 실질
GDP는 동아시아 FTA가 체결되면 GDP가 0.8% 증가하고 그 규모는
세계적인 자유화 이익의 80% 이상이 된다. 또 실질GDP 증가율이 가
장 높아지는 FTA 상대국은 중국이며, 그 효과는 0.5%에 이른다.[36] 아
시아에서 FTA의 효과의 크기는 태국, 한국의 순서이다. 그렇다면 일본
은 왜 중국과의 FTA를 진지하게 고려하고 있지 않을까? 일본의 농산
물 자유화문제, 산업조정문제, 중국과의 상호불신감, 그리고 일본과 중
국의 통합이 가져다줄 정치적·경제적인 효과를 둘러싼 미국에 대한 일
본의 배려가 문제로 나타나고 있다.

　역외에 대한 관계도 참고가 된다. <그림 2-2>는 아시아태평양 지
역의 FTA가 미국에 미치는 경제적 효과를 나타낸 것인데, 동아시아의
FTA는 어느 경우든 마이너스이고 특히 동아시아 FTA에서 마이너스
효과가 크다. 미국은 세계 전체의 자유화에서도 엄청난 규모의 마이너
스 효과를 입는 것으로 예상된다. 미국이 정치적 이유에서 동아시아의
통합에 경계심을 나타내는 것은 당연하겠지만, 경제적 효과의 관점에
서도 동아시아의 FTA에 주목하고 있다. 반대로 미국이 동아시아 각국

---

36) 內閣府 編, 『日本21世紀ビジョン』(國立印刷局, 2005), pp.271~272.

〈그림 2-2〉 아시아태평양 지역의 FTA가 미국의 후생에 미치는 영향

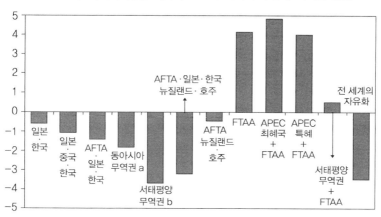

자료: Robert Scollay and John P. Gilbert, "New Regional Trading Agreements in the Asia Pacific?," *Institute for International Economics*(Washington DC., 2001), p.140에서 일부 인용.

주: AFTA(ASEAN 자유무역지대), FTAA(남북아메리카 자유무역지대), APEC(아시아 태평양 경제협력체), a(AFTA, 일본), b(AFTA, 일본, 한국, 중국, 호주, 뉴질랜드).

과의 FTA에 편승하는 것은 미국의 헤게모니를 유지하기 위하여 정치적·경제적 효과를 감안한 당연한 귀결일 것이다.

　FTA 체결에는 국내적·지역적·역외의 문제들을 해결해 나갈 결의가 필요하겠지만, 각국이 국내조정에 소요되는 비용의 부담 방법을 고려해야 하며, 더욱이 경쟁력이 약한 나라들에 대한 배려와 대미관계의 조정이 향후의 과제로 남아 있다.

2) 통화·금융협력의 배경과 전망

　앞에서 설명한 것처럼 외환위기 이후 통화·금융협력의 제도적 틀이 강조되었다. 1999년 동아시아협력에 관한 공동성명에 기술된 '동아시아의 자조·지원 메커니즘'의 강화에 부응하여 치앙마이 이니셔티브

(CMI)가 실현되었다. 그러나 2005년 5월의 ASEAN＋3 재무장관 회의 공동성명은, 국제금융시장에서의 취약성이 여전히 남아 있기 때문에 이러한 단기 유동성 문제에 대처하기 위하여 ① 역내 경제에 대한 감시와 CMI 틀과의 통합과 강화, ② 스왑 발동 프로세스의 명확한 규정 및 집단적 의사결정 메커니즘의 확립, ③ 규모의 대폭적인 확대, ④ 스왑인출 메커니즘의 확대, 즉 IMF 프로그램 없이도 발동이 가능한 스왑 상한액을 현재의 10%에서 20%로 인상하는 것 등을 명기하고 있다.[37]

동아시아 각국이 단기자금의 유동성문제를 자조·지원 메커니즘으로 해결하자는 명확한 의사를 확인하고는 있지만, 이것은 당연히 역내 경제에 대한 감시와 병행해서 강화하지 않으면 안 된다. 더구나 이 과제는 점점 중요해지고 있다.

2005년 7월 21일, 중국인민은행은 달러에 대한 위안 환율을 2% 절상하여 사실상 달러 고정환율제에서 통화바스켓 제도로 이행하게 되었다. 위안 절상 폭이 작았기 때문에 일본계 현지기업의 충격은 적었지만, 중국이 통화바스켓 제도로 이행하게 되어 중국에만 생산을 집중하고 있던 기업은 리스크 분산이 시급해졌다. 그러나 복수의 생산거점을 가지고 복수의 현지 화폐를 필요로 하는 동아시아의 다국적기업으로서는 리스크의 관리 부담이 늘어났다. 투기적인 자본의 활동기회도 더욱 커졌다. 각국 정부는 단기자본의 이동에 민감하게 반응해야 하며 통화스왑협정은 과거보다 더 중요해졌다. 또한 역내 각국 경제에 대한 감시 강화도 불가피해졌다. 각국의 정책협조의 필요성도 점점 높아지고 있다.

따라서 FTA에 의한 경제통합은 통화의 안정을 요구하면서도 통화문제를 일으킨다. 카와이[38]는 다음과 같이 말하고 있다. 일본, 한국, 대만,

---

37) http://www.mof.go.jp/jouhou/kokkin/as3_170504.htm
38) 河合正弘, 「經濟敎室 通貨バスケット制が有効」, 《日本經濟新聞》, 2005年 7

싱가포르, 말레이시아, 태국 사이에는 실질GDP·개인소비·고정자본투
자의 성장률에 관한 각국 간의 상관관계는 높고 경기변동의 동조성도
관찰되고 있으며, "환율의 역내 안정이 바람직하다. 현재의 EU 역내에
비해 뒤떨어지지 않을 정도로 '최적통화권(Optimum currency areas)'의
조건을 갖추고 있어, 상호 간의 환율을 안정시키는 코스트가 적어졌
다." 또 "정치적 관계가 성숙되어 있지 않으며 당국자의 생각도 일치되
지 않고 있는" 동아시아 각국이 통화를 안정시키기 위해서는 EU형의
긴밀한 금융정책 협조를 통한 환율안정화가 아니라, "각국이 공통의
화폐(또는 바스켓)에 대하여 환율을 안정시킴으로써 역내 화폐의 상호안
정을 도모하는 것이 현실적이다." 일본 이외의 각국은 엔, 달러, 유로의
통화바스켓 제도로 이행하고 그 바스켓과의 느슨한 환율정책 협조를
통하여 역내에서는 상호 간에 화폐단위를 안정시키고 대외적으로는 유
연하게 대응하는 제도로 연결될 가능성을 가지고 있다. 먼저 아시아통
화 단위(ACU)를 만든다. "동아시아의 화폐통합은 20~30년을 내다보
고 생각한다면 결코 꿈같은 이야기만은 아니다"라고 한다.

　카와이의 글은 중국의 환율정책의 변경 직전에 쓰인 것이다. 중국
이외의 주요 아시아 각국에 대한 동조성은 작다고 하더라도 동아시아
각국과의 경제관계는 긴밀해지고 정치적 관계를 중시하는 중국이 통화
바스켓 제도 안에서 협조할 가능성이 높다. 또한 동아시아 경제가 달러
의존에서 벗어날 첫걸음이 될 가능성이 있다. 그러나 이러한 정책협조
는 정치적 의사가 반영되지 않으면 안 된다. 동아시아에서 상호신뢰와
공통의 일체감을 조성하려는 노력이 없으면 공통 화폐단위의 실현은
어렵다.

月 15日(2005).

3) 상호신뢰와 동아시아공동체

아시아 외환위기 이후 동아시아의 협력의 틀은 예상을 초월한 발전을 하고 있다. 그러나 동북아시아 지역은 경제의 통합이 진행되고 있음에도 불구하고 이른바 '정치는 냉담, 경제는 과열(政冷経熱)' 상태 속에 있으며 신뢰관계는 더욱 더 거꾸로 움직이고 있는 것처럼 보인다. 일본에서는 동아시아공동체를 제안한 고이즈미 총리가 야스쿠니 신사를 참배하였고 이것이 계기가 되어 중국, 한국과의 정치관계에는 골이 깊어지고 있다. 일본과 중국, 한국 사이에는 야스쿠니신사 문제 외에 '새로운 역사를 만드는 모임'의 역사교과서 문제, 영토 문제, 동중국해 중일 경계부근의 가스전 개발 문제, 대만 문제 등 정치적 문제가 많이 남아 있다. 야스쿠니신사 문제, 역사교과서 문제는 물론, 2004년 8월 베이징의 아시아축구대회에서 일어났던 반일소동, 2005년 4월 중국 각지에서 일어났던 반일운동 등, 동북아시아 각국에서 민족주의가 득세하면서 타국을 배려하지 않는 이기적 경향이 짙어지고 있다. 일본의 국제연합 상임이사국 참여에 대하여 중국과 한국은 반대 의사를 명백히 표명하고 있다. 이런 불신감은 매우 심각한 상태이다.

왜 '정치는 냉담한' 상태일까? 특히 일본과 중국 사이의 불신감은 왜 생겼을까? 21세기가 시작되면서 중국의 경제적 위상에 대해 일본에서는 중국공포론이 생겨났다. 그 후 수습된 것같이 보였지만 지금도 일본인 중에는 중국공포론이 잠재되어 있지 않은가? 특히 일본의 근대화는 '탈아입구(脫亞入歐)'사상에 따라 이룩되었다. 외교관이었던 타니구치는 "일본이 지금까지 동아시아의 지역통합의 흐름에 본격적으로 발을 들여놓지 못했던 최대의 이유는 미국에 대한 배려와 아직도 일본인 엘리트 가운데서 사라지지 않고 남아 있는 '탈아입구'의 정신구조가 아닐까"라고 말한다.[39] 경제산업성의 관료였던 츠가미[40]는 "일본

은 지켜야 할 '긍지'와 함께 뒤떨어진 아시아를 '깔보는' 경향이 있었
다. …… 과도한 비관이 옳지 않은 것처럼, 모든 면에서 일본이 더욱
아시아의 선두에 서서 다른 나라에게 가르침을 내리고 은혜를 베푸는
입장이라고 과신하는 것도 또한 옳지 못하다"라고 말하며 일본인은 대
등해지고 있는 현실 그대로의 아시아에 뿌리를 내리고, '마음의 준비'
를 해둘 필요가 있다고 한다. 한편 중국에서는 경제가 발전함에 따라
사람들은 자신감을 되찾았고 전후처리의 방식을 대수롭지 않게 여기는
일본 총리의 행동에 강한 분노를 느끼고 있으며 불신감을 더해가고 있
다. 긴 역사에 근거한 중화사상이 사람들의 행동을 더욱 격하게 하고
있는지도 모른다. 일본과 중국이 안이한 민족주의에 치우치지 말고 마
음을 넓게 열고 자신들이 속해 있는 동아시아 지역의 발전을 위해 협
력할 필요가 있다고 생각한다. 이를 위한 인적 교류, 정보의 교류가
극적으로 쉬워지고 있으므로, 양국 사람들이 서로 협력하는 조건은 어
떤 의미에서 역사상 가장 잘 갖춰지기 시작한 때가 아닐까?

  신도[41]는 공동체 형성에 대하여, ① FTA만으로도 좋다, ② 동아시
아는 사실상 통합되어 있다, ③ 동아시아공동체는 대중화권에 집어삼
켜지고 만다는 이야기가 있다고 했다. 그러나 "제3의 산업혁명으로서
의 정보혁명과 이것이 만들어낸 글로벌화에 대한 대응책으로서 오늘날
의 지역통합이 대두되고 있다고 보는 관점이 이러한 논의에서 공통적
으로 결여되어 있다"라고 지적한다. 그리고 정보혁명의 진행, 국제분
업의 네트워크화, 금융자유화에 따라 카지노 글로벌리즘이라는 환경의

---

39) 谷口 誠, 『東アジア共同体』(岩波新書, 2004), p.ⅸ.
40) 津上俊哉, 「東アジア經濟關係の現狀: 中國台頭と地域都合ブーム」, 渡辺利夫
    編, 『東アジア市場統合への道』(勁草書房, 2004), p.41.
41) 進藤榮一, 「經濟敎室 相互依存深化 制度化促す」, ≪日本經濟新聞≫, 2005年
    7月 8日.

변화가 초래되었고 이러한 가운데 "경제의 상호의존이 진행됨으로 해서 생기는 '파급효과'로서 제도화는 필연적으로 이뤄지고 있다"라고 말한다. 그는 "대중화권에 집어삼켜진다는 설은 근대 이전의 중화제국의 계보에서 비롯된 군사팽창주의에 근거를 두고 있는데, 이러한 현상이 현저해진다고 해서 그렇게 단순화시켜서는 안 된다"라고 지적하고 있다. 실제로 필자가 이 글에서 확인한 것처럼 글로벌화가 만들어낸 불안정성에 대응하기 위해서 동아시아의 지역주의가 구체화되고 강화되었던 것이다. 지역통합의 움직임은 더 높은 수준의 제도화를 요구하고 있으며, 또 상호보완하면서 새로운 지역사회, 동아시아공동체의 창조를 향하고 있다.

다만 동아시아가 하나의 동일성을 창조할 수 있을까? "1986년 필리핀에서는 대중의 힘에 의한 마르코스 정권 타도, 1987년 대만에서의 계엄령 철폐, 1987년의 한국의 민주화선언, 1992년의 태국의 군정타도 등 동아시아에서 진행되고 있는 민주화의 물결은, 개인의 정치적 자유를 존중하는 서양의 인권·민주주의 관점에 바탕을 둔 전개가 아니라, 각국의 실정에 부합되면서 사회·공동체의 안정을 중시하고 경제발전에 따른 중산계층의 점진적인 정치참가를 추진하는 형태의 민주화이다"라는 자부심이 동아시아 각국에는 존재한다고 후나바시는 말한다.42) 동아시아의 사회변동은 구미 각국의 압력을 수용하는 것이 아니라 자각과 스스로의 역사적 궤도 아래에서 일어난 발전일 것이다. 시민들이 사회적 영향력을 행사하여 사회를 전진시키는 역사이다. 중국은 공산당이 지배하는 사회여서 경제의 시장화와 정치체제 사이의 화해는 불가능하다는 주장도 있다. 그럴지도 모르지만 사회적 대변동에 중국은 대담하게 대응하면서 발전을 계속하고 있다. 공산당정권은 사람들

---

42) 船橋洋一, 『日本の對外構想－冷戰後のビジョンを書く－』(岩波新書, 1993), p.24.

의 힘을 오판하지 않도록 신경을 곤두세우게 되었다. 이것도 동아시아의 현실인 것이다.

글로벌화에 대응하여 동아시아가 지역협력의 틀을 강화하고 아울러 경제통합을 달성해 나간다면, 각국의 사회는 서로 영향을 주고받으면서 자각을 거듭하여 공통의 동아시아 사회를 향한 점진적 발전의 길을 개척할 수 있지 않겠는가? 그러나 이를 위해서는 동아시아가 소위 구심점을 강화하려는 배려를 게을리해서는 안 된다. 지역의 협력을 통한 발전의 의미를 더욱 중요시해야 한다. 일본과 중국은 ASEAN+3라는 지역협력을 강화시키는 과정에서 이니셔티브를 크게 발휘한 ASEAN과 한국의 역할에 대하여 충분한 배려를 하고, 또 빈곤과 후발 지역에도 충분히 배려하면서 발전을 위한 역할을 다해야 할 것이다. 동아시아공동체의 방식에 대하여 더 깊은 고찰이 필요하겠지만, 개별 FTA에서 동아시아 FTA로의 이행은 경제협력과 동아시아공동체 구상과 발걸음을 맞춤으로써 비로소 질적인 수준의 실행이 가능하지 않을까? 이 두 가지를 별개의 것으로 분리시킨다면 결국 글로벌화하는 세계경제 속에서 동아시아의 지속적인 발전이 위협받게 될 것이다.

❖ 참고문헌

靑木 健. 2004.「日本と東アジアの關係」. 北原淳·西澤信善 編.『アジア經濟論』. 京都: ミネルヴァ書房.

平川 均. 2004a.「東アジア地域協力とFTA」. 渡辺利夫 編.『東アジア市場統合への道』. 東京: 勁草書房.

_____. 2004b.「地域統合の意義と課題-東アジアの地域統合を中心に-」. 北原淳·西澤信善 澤編.『アジア經濟論』. 京都: ミネルヴァ書房.

_____. 2004c.「視点 東アジアの經濟統合と日本のイニシアティブ」,≪東アジアレビュー≫, 2004年 10月号.

_____. 2005.「東アジア共同体と自由貿易協定(FTA)」,≪經濟科學≫, 第52卷 第4号.

石川幸一. 2004.「AFTAの現狀とASEANの域外とのFTA動向」. 伊藤隆敏 編.『ASEANの經濟發展と日本』. 東京: 日本評論社.

ジェトロ. 2001.『アジアの地域經濟統合の展望-平成12年度アジア經濟高度化フォーラム開催報告書』. 日本貿易振興機構(JETRO)經濟情報部, 2001年3月。

河合正弘. 2005.「經濟教室 通貨バスケット制が有效」,≪日本經濟新聞≫, 2005年 7月 15日.

經濟評論編集部. 1962.「今月の問題 OAECへは『前向きの足踏み』」,≪經濟評論≫, 1962年 4月号.

宗像直子. 2001.「日本の地域經濟統合政策の生成」. 宗像直子 編.『日中關係の轉機-東アジア經濟統合への挑戰-』. 東京: 東洋經濟新報社.

內閣府編. 2005.『日本21世紀ビジョン』. 國立印刷局.

日本經団連(日本ブラジル經濟委員會). 2003.「活力と魅力溢れる日本をめざして」. 2003年 1月 1日.

_____. 2004.「日伯經濟連携協定(EPA)に關する政府間の早急な檢討開始を求める-日伯EPAに關する報告書」. 2004年 5月 19日.

進藤榮一. 2005.「經濟教室 相互依存深化 制度化促す」,≪日本經濟新聞≫, 2005年 7月 8日.

谷口誠. 2004. 『東アジア共同体』. 東京: 岩波新書.

津上俊哉. 2004. 「東アジア経濟關係の現狀: 中國台頭と地域都合ブーム」. 渡辺利
　　夫 編 . 『東アジア市場統合への道』. 東京: 勁草書房.

浦田秀次郎・日本経濟硏究センター. 2002. 『日本のFTA戰略』. 日本経濟新聞社.

船橋洋一. 1994. 『日本の對外構想－冷戰後のビジョンを書く－』. 東京: 岩波新書.

渡辺利夫. 2004a. 『東アジア市場統合への道』. 東京: 勁草書房.

＿＿＿. 2004b. 『東アジア－経濟連携の時代－』. 東京: 東洋経濟新報社.

ASEAN. 2003. *Declaration of ASEAN Concord Ⅱ*(Bali Concord Ⅱ)(http:www.
　　aseansec.org/15159.htm).

＿＿＿. 2004. Vientiane Action Programme.

Bergsten, C. F. 1996. "Globalizing Free Trade." *Foreign Affairs*, Vol. 75, No.3.
　　May/June.

EAVG. 2001. "Towards and East Asian Community: Region of Peace, Prosperity
　　and Progress." *East Asian Vision Group Report*.

＿＿＿. 2002. "Final Report of the East Asian Study Group." ASEAN＋3 Summit.
　　Phnon Penh. 4 November.

The 8th ASEAN＋3 Summit. 2004. "Chairman's Statement of the 8th ASEAN＋3
　　Summit." Vientiane. 29 November.

Hatakeyama, Noboru. 2003. "Japan's Movement toward FTAs: Chairman's
　　Speech at Columbia Business School." 16 October 2003. Japan Econo-
　　mic Foundation.

Hirakawa, Hitoshi. 2005. "East Asia and the Development of Regionalism."
　　in C. Lapavitsas and M. Noguchi(eds.). *Beyond Market-Driven Develop-
　　ment*. London and New York: Routledge.

Lee, Hongshik, Hyejoon Im, Inkoo Lee, et al. 2005. "Korea-China FTA and
　　Policy Implications(I)." Seoul: Korean Institute for International
　　Economic Policy(KIEP).

Scollay, Robert and John P. Gilbert. 2001. "New Regional Trading Agreements
　　in the Asia Pacific?." *Institute for International Economics*. Washington

DC. May.

Wightman, David. 1963. *Towards Economic Cooperation in Asia*. Yale University(ワ
　イトマン・デービット. 1965.『アジアの経済協力の展望－エカフェ活
　動の評価と展望－』. 日本エカフェ協會 譯. 東洋経済新報社).

World Bank. 2005a. *2005 World Development Indicators*. Washington DC: World
　Bank.

_____. 2005b. *Global Economic Prospects: Trade, Regionalism, and Develpment 2005*.
　Washington DC: World Bank.

제3장

기업시스템의 한일비교와 아시아 현지화 경영의 과제

■ 이태왕(李泰王)

1. 들어가면서

구조개혁이 마무리 단계에 들어갔다는 낙관적인 관측 속에서 증권시장의 불상사가 잇달아 발생하고 있다.[1] 제2차세계대전 이후 기업시스템이 재편되고 또 모색되고 있는 와중에 일어난 사건인 만큼 막 받아들여지기 시작했던 주주본위경영과 그 확산의 붐에 찬물을 끼얹는 격이 되어 일본사회에 충격을 던져주었다. 기업통치의 새로운 형태인 주주본위경영의 도입에 대해서 거부감을 품고 있었고 또 과거와 같은 일본적 경영의 장점을 강조하는 경영자나 연구자에게는, 이와 같은 사건이 유익하게 쓰일 재료가 될 것 같다. 한국의 재벌기업의 도산이나

---

[1] IT기업의 총아로 각광을 받고 있던 라이브도어(LiveDoor)그룹의 호리에(堀江貴文) 사장이 2006년 1월 18일, 결산 분식의 용의로 증권거래소 및 검찰의 조사를 받았다. 결국 이 회사는 증권거래법 위반으로 종가 94엔을 최후로 동년 4월 13일 상장폐지 처분을 받았다. 또 무라카미 펀드(MAC 에셋 메니지먼트)사에 의한 닛폰방송 주식의 대규모 매집 및 한신전철 매수문제는 2006년 6월 5일, 내부거래에 의한 증권거래법 위반으로 무라카미(村上世彰) 대표의 체포로 이어졌다. 그는 고급관료 출신으로 '옳은 말 하는 주주'를 상징하는 인물이었다.

미국 엔론(Enron)사의 파탄 등 기업통치에 관련된 사건이 세계 도처에서 확산되고 있다.

특히 아시아에서는 1990년대의 일본경제의 버블 붕괴와 한국의 외환위기와 같은 두 가지의 변동은 기업시스템의 구조적 변화를 노출시키는 것으로 생각되어 이 장에서는 이와 관련된 한일 2개국 분석을 시도한다. 일본과 한국의 기업시스템은 아시아에서 압도적인 영향력을 과시하고 있다는 사실에서 시작하여 상호 간의 유사점과 각각의 특징을 명백히 함으로써 아시아적 경영에 대한 다양성 분석의 실마리를 찾고자 한다.

먼저 한국과 일본 기업시스템의 조직상의 유사점으로서 재벌의 문제를 거론하여 이들의 서로 다른 역사적 경위를 살펴본 후, 양국의 고용형태의 변천과정을 반영하고 있는 일본의 '현장제조지향' 경영과 한국의 '시장지향' 경영이라고 하는 2대 모델을 제기한다. 아시아적 경영을 상징한다고 생각되는 일본의 토요타시스템과 한국의 '현대시스템'[2]의 차이를 부각시켜 현장중심인가 아니면 시장중심인가 하는 방향성을 추출한다. 그 다음으로 대립의 양상이 극심한 한국적 노사관계의 독자성을 재규정한다. 또한 한국의 노동시장 및 현장에서 두드러지게 나타나고 있는 노동분할의 사태에 주목하면서, 한국과 일본의 기업시스템에서 일어나고 있는 현장붕괴의 실태를 명백히 하고자 한다. 끝으로 자유무역협정(FTA)의 체결과 동아시아공동체 구상에 있어서 고려하지 않으면 안 될 아시아 현지화 경영의 문제들을 지적할 것이다.

---

2) 한국형 경영방식의 체계화를 시도한 필자의 정의이다. 상세한 내용은 李泰王, 『ヒュンダイ・システムの研究－韓國自動車産業のグローバル化』(中央經濟社, 2004)를 참조 바람.

2. 현장제조지향 경영 대 시장지향 경영

1) 한국과 일본의 기업시스템과 계열 · 재벌론

한국의 기업시스템이 재벌경영을 중심으로 구축되었다는 점에는 이의가 없다. 이와 관련해 일본의 재벌이 어떠한 재편을 거쳐 과거의 재벌구조가 질적·구조적인 변화를 이룰 수 있었는지, 또 한국에서의 기업의 재벌화가 일본의 경우와 비교하여 어떠한 경로를 거쳐 왔는지에 대해 검토할 것이다. 재벌의 출현을 발전이 뒤떨어진 경제가 공업화를 추진하는 과정에서 발생되는 현상이라고 규정하는 것은, '아시아는 뒤떨어져 있다'는 전제에서만 가능한 해석이다. 사실 부지런한 기업가가 나타나 그의 친족을 중심으로 근대적인 기업을 세운다거나, 대규모 기업군을 형성하는 등의 사례는 결코 아시아적인 경향이 아니라 보편적인 것으로 볼 수 있다. 다만 이와 같은 기업군으로부터 주식의 상호보유나 사업의 다각화를 바탕으로 한 소유와 경영을 결합시킨 재벌이 생겨나게 되는 측면은 흔히들 아시아적이라고 간주되어도 마땅할 것이다. 창업자 친족의 경영권계승, 지주회사의 존재, 업종 다각화, 계열사 사이의 내부거래에 의한 시장독점, 등이 재벌이라고 부를 때의 그 요건이 된다.[3]

경제민주화의 기치 아래 1947년 연합군사령부(GHQ)의 지시에 의해서 패전 이전의 일본 재벌은 강제적으로 해체되었다. 이때 친족경영자에 대한 숙청이 실시되었지만 계열이라는 기업 간 관계는 유지되었다. 경제재건을 조기에 달성하기 위해서라도 와해되어 버린 기업체 조직을 결속하는 정책을 채택하지 않을 수 없었다. 그러나 전쟁의 책임을 지는

---

3) 下谷政弘,「東アジアの經濟發展と'財閥'」, 東アジア地域研究會·中村哲 編,『講座東アジア近現代史Ⅰ現代からみた東アジア近現代史』(靑木書店, 2001), pp.178~181.

형태로 이뤄졌던 재벌의 해체를 보완하기 위하여 행정지도라는 미봉책
이 강구되었기 때문에 전쟁 전과 후의 단절은 피할 수 있었다. 이와
같은 경위가 횡단적인 기업 그룹과 수직통합적인 계열을 연결시키는
결정적인 역할을 하게 되었고, 일본의 기업시스템이 계열의 강화로 기
울게 되는 배경이 되었다. 계열화된 기업그룹의 형성을 정당화함으로
써 이것이 시장주의나 주주본위경영의 조기도입 등을 요구하는 구미
각국의 압력에 저항할 수 있는 유력한 방패의 역할을 했다고 생각된다.
이러한 의미에서 계열이라는 개념의 사용법은, 하청계열의 존재에 대
한 당위성을 대변하는 것으로서 1991년 무렵의 버블 붕괴 때까지 유효
하게 사용되었다.

　위기에 처한 일본의 기업시스템을 재생시키려는 움직임은 1997년의
「독점금지법」 개정으로 나타났다. 말하자면 '재벌은 안 되지만 재벌의
유제(遺制)인 지주회사는 괜찮다'는 목소리가 널리 퍼져 있었다. 지주
회사 금지는 임시방편적인 정책에 지나지 않았다고 하는 현실인식의
변화에 힘입어, 재벌의 형식이 반세기의 세월을 두고 지주회사 금지를
해제하는 방법으로 부활하였던 것이다. 결국 전후 일본의 기업시스템
은, 1947년 지주회사 금지(재벌 해체) → 계열화(기업그룹의 대두) →
1997년 지주회사 금지의 해제(재벌형태 부활의 조짐) → 구조개혁(기업
간 얼라이언스 붐과 2002년 동법 개정에서의 지주회사 용어의 삭제)의 순서
로 변모해 오고 있다.[4] 이러한 이행과정은 2006년 현재의 증권시장
사건과 깊은 관계를 가지고 있다. 즉, '옳은 말 하는 주주'를 긍정하는

---

4) 여기서 말하는 얼라이언스(alliance)는 우호적인 기업합병, 적대적 매수, 주식의 공
　개매입 등 전략적인 기업결합을 포괄하는 의미로 쓰고 있다. 재벌화로 복원하려는
　압력에 대하여 반 재벌화의 움직임, 즉 주주본위경영 옹호자의 저항, 그리고 그들
　의 패배로 이르는 과정에 바로 라이브도어 문제와 무라카미 펀드 문제가 등장했
　다고 볼 수 있다.

여론이 확산되는 것을 경계하고 있던 경제계에 사법이 손을 들어준 것으로 해석할 수도 있다는 말이다. 전전의 일본형 재벌의 원형은 완전히 소멸된 것이 아니라, 사실상 기업시스템의 하나의 형식으로 받아들여지고 있었던 것이다.

한편 한국의 기업시스템으로서 재벌의 위치는 외환위기 시대의 뜻하지 않은 일시적 수렴현상을 제외하면 일본의 경우와 다른 경로로 변해 왔다. 여기서 수렴이라는 것은, 1999년의 「공정거래법(독점규제 및 공정거래에 관한 법률)」 개정으로 한국이 일본과 거의 같은 시기에 지주회사 금지를 해제시킨 현상을 말한다. 그러나 한국과 일본은 제도를 개선하는 일환으로서 실시한 시책이었음에도 불구하고, 그 목표의 사정권은 선명하게 갈라졌다. 즉, 재벌의 생성·발전·변화의 시점, 배경, 방향 등이 반드시 일치하지는 않았다.

재벌의 형성 시기를 보면, 일본이 메이지(明治) 시대 말기에서 1920년대까지이고, 한국은 경제개발이 시작되었던 1960년대에서 1970년대까지로 반세기의 시간적 단층이 보인다. 그리고 한국의 「공정거래법」이 제정된 이유는, 전쟁 책임을 묻는 형태로 실시된 일본의 경우와 그 배경에 있어서 달랐던 것이다. 한국은 정부 스스로가 재벌기업의 발전을 위해서 각종의 지원을 아끼지 않았던 바로 그 시대인 1980년에 「공정거래법」을 제정하였다. 물론 중화학공업화의 시책에 특혜를 입고 재벌기업이 속속 대두하고 있었으며 시장경쟁의 혼란이 두드러졌기 때문에 이에 대한 시정을 촉구하고 거래관행의 건전화를 도모하는 것을 명분으로 하고 있었다. 이것은 군비증강에 가담한 군산(軍産)복합체로서의 재벌을 해체하기 위해 친족지배의 온상이었던 지주회사를 금지시킨 경우가 아니었다. 전전의 일본과 같은 지주회사 형태의 재벌은 「공정거래법」 제정 당시의 한국에는 존재하지 않았을 뿐만 아니라, 지주회사를 금지하는 조항이 추가된 1986년의 동법 개정 당시에도 있지 않았다.

또한 지주회사 금지를 해제시킨 이념에 있어서도 친족경영의 지배력을 배제하려고 했던 김대중 좌파정권의 한국과 재벌 부활의 소질을 시장에 부여하여 산업의 통폐합을 활성화하려는 자민당 우파정권의 일본은 서로 명백히 달랐다. 이와 같이 독점금지법의 변천에 비춰보았을 때 한국의 재벌과 전후 일본의 계열은 이질적인 기업시스템으로 발전해 왔음을 알 수 있다.

계열화된 산업조직과 하청 분업관계를 규명한 연구에 의하면,[5] 일본의 기업시스템은, '계층적 시장-기업 연계'라는 공간적 위치에 존재하고 있으며, 재벌 본래의 다각적인 사업 전개에 대신하는 하청계열을 중핵으로 하여 구성되어 있다. 한편 한국에서는 '시장-정부-기업 연계'[6]의 다양한 변화에 부응하면서 수평적 계열화가 진행되었기 때문에 하청계열의 철저한 구축은 유보되었다.

2) J형 기업과 K형 기업

패전 후 경제재건을 마친 일본에서는 호경기에 힘입어 대량의 노동력이 흡수되었다. 파업 등 노동쟁의의 발생을 금기시하는 전전의 동원체제의 경향은, 고도성장의 풍요로움에 젖어 안정을 바라는 사회적인 컨센서스와 맞물리면서 노동현장에서 쟁의를 일으키는 것을 점차 곤란하게 했다. 이러한 결과 집단으로 채용된 종업원들은 장기고용을 필요로 하는 개별적인 욕구를 경쟁과 협동의 틀 속에서 일하면서 실현시키지 않을 수 없었다. 개별적인 해고를 피하는 방법은 엄격한 노동규율에 순응하는 것밖에 없었다. 이리하여 형성된 연공서열적인 기업사회는

---

5) 山田銳夫·R. ボワイエ 編, 『戰後日本資本主義』(藤原書店, 1999).

6) 李泰王, 『ヒュンダイ·システムの硏究－韓國自動車産業のグローバル化』(中央経濟社, 2004), p.119.

고도의 유연성을 기업 내에 장착시켰고 또 가장 경직적인 노동시장을
구축했다.

　이와 같은 토대 위에서 일본적 경영이 번영을 누릴 수 있었다. 여기
서 일본 기업의 우수한 인적자원 관리는 숙련(기능)형성, 종신고용, 내
부노동시장 등 여러 가지로 규정되어 왔고 이러한 용어가 학계의 표준
이 된 지 오래다. 아래에서는 일본과 미국의 기업관리방식을 설득력
있게 분석한 아오키 모델[7]을 확장하여 이것을 한일비교에 응용해 보기
로 한다.

　일본형 기업(J형 기업이라고 부르자)은 종업원이 가지고 있는 능력을
최대한 끌어내기 위하여 생산관리, 즉 일하는 과정에 대한 운영 권한을
하부로 위임하여 일정한 자립성을 현장에 부여한다. 그러한 가운데
OJT(실무훈련), 배치전환, QC서클 등의 장치를 심어놓고 장기에 걸친
인재 활용을 제도화한다.[8] 직무의 구분이 애매한 까닭에 종업원들은
현장에서의 경쟁과 협동이라는 구조적인 틀에 편성되어 장기간의 육성
과 일에 몰두하게 되었다. 아오키는 이와 같은 연공서열적인 인센티브
의 부여와 권한 위임의 직무수행을, 각각 집권적(연공서열적)인 인사관
리와 분권적(분산적)인 생산관리로 부르고 있으며 J형 기업의 전형적인
특징으로 보고 있다. 한편 이 J형 기업과 반대의 극에 위치하고 있는
것이 미국형 기업(A형 기업이라고 부르자)이다. 업무 내용이 명확하고 각
현장의 권한이 독립되어 있기 때문에 세분화된 기능과 기술의 종류·수
준에 따라 종업원을 배치하여 각자의 업무의 전문화를 꾀하고 있다.

7) Masahiko Aoki, "The Nature of the Japanese Firm as a Nexus of Employment
　　and Financial Contracts: An Overview" *Journal of the Japanese and International
　　Economies*, Vol.3. No.4(1989).
8) 李泰王, 『ヒュンダイ·システムの研究ー韓國自動車産業のグローバル化』(中
　　央経濟社, 2004), pp.84~85.

가능한 한 협동이나 중복을 배제시키고 상부의 관리층으로 정보를 집중시키는 경향이 강하게 나타난다. 적재적소의 배치는 중간 관리층의 권한에 위임되는 경우가 많고, 따라서 이와 같은 기업은 노동시장과의 유연성을 최대한 활용할 수 있으나, 전문화된 개별적인 업무 사이에서 발생하는 혼란은 통합과 감독을 통해 조정한다. 노동시장과 깊게 접합되어 있다는 것은 종신고용의 경향과는 이율배반의 관계에 있음을 알 수 있다. 분권적(분산적)인 인사관리와 집권적(시장지향적)인 생산관리의 결합에 A형 기업의 특성이 존재한다.

그런데 한국형 기업(K형 기업이라고 부르자)에서는 어떠한 생산·정보 결정 시스템과 동기부여 시스템이 관찰되고 있을까? 먼저 고용의 특징으로서 공업화의 초기단계에서는 섬유·봉제·전자산업 등과 같은 여성중심의 직장이나 기계·조선·자동차산업과 같은 남성중심의 직장에서 노동력이 대량으로 흡수되었다. 종업원은 시장의 상황이 허용하는 범위에서 고용이 보장되었고, 테일러주의적인 직무에 배치되었다. A형 기업에 가까운 고용형태였지만, 노동시장의 유연성은 원활한 이동에 의한 것이 아니었다. 기술축적이 결여된 무역재 제조업에서는 중간 경력자의 노동이 미국에서만큼 풍부하게 존재하지 않았기 때문이다. 종업원에게 가장 중요한 모티베이션은 안정된 보수였으며 종신고용의 보장은 부차적인 항목이었다. 적어도 1980년대까지는 대졸의 화이트칼라에 대한 체계적이고도 집권적인 관리 및 기능직 종업원에 대한 현장수준의 분권적인 관리가 2원적으로 이뤄지고 있었다. 이것을 집권적인 생산관리와 분권적인(실제는 2원적인) 인사관리의 결합으로 규정할 수 있다.

이러한 형태의 기업은 개발도상국에 진출한 과거의 일본계 기업이나 현재의 한국계 현지기업의 공장관리에서 일반화되고 있는데, 구상(경영)과 실행(제조)의 분리가 확실한 것이 특징이다. 그러나 1987년의 대규모 노사쟁의와 민주화선언이 인사관리에서의 2원적 관리에 큰 변화를 가져다주었다. 노동자의 반란에 직면한 경영자 측은 장기고용의 인센티브를 부여하지 않을 수 없었다. 따라서 인사관리가 집권화하는 쪽으로 경사되었기 때문에 오히려 과거의 톱다운 식의 경영은 더욱 강화되었다. 이것이 인사관리와 생산관리가 동시에 집권화하는 K형 기업의 전형적인 특징이다. 이와 같은 기업이 사업의 다각화를 거듭하면서 재벌의 군상들을 만들어냈던 것이다.

J형 기업과 K형 기업의 차이점을 정리해 보면 아래와 같다.

첫째, 밀도 높은 유연성이 힘을 발휘하고 있는 J형 기업의 현장과, 목표달성 및 직무의 세분화에 철저를 기하는 K형 기업의 현장은 명백한 차이를 보인다. 한국이 경제개발 단계에 있었던 시기에는 산업 발전의 격차 때문에 생긴 차이점으로 간주되었지만, 현재와 같은 글로벌화 시대에는 격차나 우열의 차원의 문제가 아니라 기업시스템의 유형의 다양성에 의한 것으로 간주된다. 정보산업 분야에서는 이 두 가지 형태가 기능적으로 결합되는 경우도 있는데, 상호 간의 부정합으로 인하여 IT버블 등의 문제가 일어나고 있다. 이러한 분별에서 필자는 '현장제조지향' 경영과 '시장지향' 경영이라는 가설을 설정하기로 하였다.

둘째, 장기적 기대수익을 종신고용의 형태로 보장하는 J형 기업의 인센티브와, 단기적 이익배분에 기울고 있는 K형 기업의 인센티브의 차이도 존재한다. 종업원이 단순히 고용계약상의 당사자에 머무는 것이 아니라 이해당사자의 입장을 획득하려는 자세에서도 한국과 일본의 기업시스템 간에는 차이가 난다. 한국의 노동조합은 독일과 같이 노동자 대표를 경영 결정에 참가시킬 정도까지는 발전하고 있지는 않지만 노동조합에 의한 경영 규제를 통해 경영참가에 대한 시그널을 전달하고 있다. 한편 일본에서는 노동조합의 활동이 기업의 존속과 개인의 육성 및 고용을 동일시하는 '종업원주권형 기업'9)의 풍토 속에 함몰되어 있어서 직접적인 경영참가의 형태는 존재하지 않는다.

셋째, 업무의 권한을 위임하는 J형 기업의 하청분업과, 정보의 통합 관리에 특화하는 K형 기업의 병렬적인 기업 간 결합에서도 차이가 난 다. 이러한 특징은 일본의 계열과 한국의 재벌이 성립해 온 과정에서 유래된 것으로서, 지주회사의 이행이 일본에서는 비교적 빠르게 진행 되고 있는 반면, 한국에서는 금융부문 이외는 진척이 잘 되지 않는 이 유 중의 하나이다.

넷째, 한국과 일본의 경영방식은 어느 것이나 글로벌화 시대의 현지 화 경영에서 현지에 여러 가지의 혼란을 초래할 수 있는 위험성을 내 포하고 있다는 것이다. J형 기업과 K형 기업은 장차 실현될 것으로 보이는 아시아공동체에서 아시아적 경영의 주도적인 모델로서 상당한 영향을 미치게 된다. 그때 현지화 및 본사관리가 동시에 존립하는 새로 운 기업시스템의 장치가 구축되어 있지 않으면 진정한 현지화 경영은 실현되기 어려워진다.

위의 각 항목은 어디까지나 상징적인 요소에 대한 분석에 지나지 않는다. 일본에는 J형 기업만 존재하고 또 한국에는 K형 기업만 존재 한다고 규정하는 것은 아니다.

3) 아시아적 경영의 두 가지 유형 : 현장지향인가 아니면 시장지향 인가?

배치전환이 수월하기 때문에 업무 밀도가 높은 J형 기업으로 토요타 자동차가 흔히 지적되고 있다. 노사 간의 상호신뢰 관행이나 세습적인 카리스마 경영의 전통을 계승하고 있는 토요타의 사례를 한걸음 깊이

---

9) 奥野正寬,『バブル經濟とその破綻處理』, 松村岐夫·奥野正寬 編,『平成バブル の研究』(東洋經濟新報社, 2002), p.51.

들어가서 분석해 보자.

토요타자동차 노동조합은 1946년에 결성되어 투쟁적인 활동에 들어 갔고 1950년에는 쟁의에 돌입하였으나, 이후 노사신뢰의 각서가 체결 된 적이 있다. 1962년에는 '노사선언'을 채택함으로써 노동조합이 패 배하였고, 이때부터 토요타 생산방식이 정착되면서 토요타그룹의 고속 성장이 시작된 것이다. 1974년에 체결된 노사협약에서는 노사협의회 에서의 평화적인 문제해결이 합의되고 투쟁적인 노사관계가 폐기되기 에 이르렀다.[10] 노동조합이 사실상 경영권에 대한 규제력을 상실한 것 을 계기로 하여, 노동운동은 고도성장의 위세에 가려지게 되면서 생산 성 향상 운동으로 변질되었던 것이다.[11]

그런데 JIT(Just in Time: 적시 공급)나 간판방식을 중핵으로 하고 있는 토요타 생산방식은 연공서열·종신고용·기업별 노동조합과 같은 요소 들을 특징으로 하는 일본적 경영과 동일하지 않다는 점에 유의할 필요 가 있다. 사실 토요타가 일본적 경영을 만들어낸 것이 아니라 일본적 경영의 토대 위에서 토요타 생산방식이 구축되었다. 바꿔 말하면 토요 타의 현장에서 일본적 경영의 각 요소들이 현저하게 나타나는 것은 토 요타의 기업시스템이 시장과 깊게 결합되는 과정에서 일본적 경영의 요소들이 내부로 침투했다는 것을 의미한다.

일본적 경영이 다듬어진 체제로서 완성된 것은 제1차 석유위기 이후 이다. 다만 여기서 1975년을 정점으로 일본의 자동차산업의 상징이었 던 닛산자동차의 신차 등록기준 시장점유율이 급격히 떨어져 왔다는 점에 주목해야 한다.[12] 같은 해의 토요타와 닛산의 점유율은 각각

10) 勞働政策研究·研修機構,「勞働關係の変化と法システムのあり方」,『勞働政策 研究報告書』, No.55(2006), pp.261~273.

11) 願興寺胪之,『トヨタ勞使マネジメントの輸出』(ミネルヴァ書房, 2005), p.60.

12) 日刊自動車新聞社,『自動車年鑑昭和60年版』, 1985年.

33.5%, 27.3%로, 양사 간의 시장에서의 실적 격차는 그렇게 크지 않았다. 그 후 양사 사이가 명암이 엇갈리는 사태로까지 발전하였다는 사실을 종합해 보면, '일본적 경영=토요타시스템'이 아님이 명백해진다. 극단의 표현을 쓰자면 일본적 경영 위에 토요타 생산방식이 편승하고 있다고 말하는 것이 더 정확할지도 모른다.

제1장의 야마다의 글에서 밝혀진 바와 같이 미국형 포드주의가 노사타협 등의 경직성 때문에 고전을 면치 못하고 있을 때에, 토요타자동차는 10년이나 먼저 현장지향의 생산성 향상 체질로 이행하였다. 이리하여 비용이 많이 드는 포드주의의 한계를 극복하면서 기업단위의 마이크로 코포라티즘이라 할 수 있는 '토요타주의'를 확립시켰다. 그런데 이 단계의 일본경제에서는 기업의 내부에 머물러 있던 테일러주의적인 '현장제조(모노츠쿠리)'의 규범이 국민경제의 범주에까지 확산되었다. 제조업 대기업을 중심으로 기업 측은, 해고규제를 확인시킨 1975년의 이른바 '노사화해'에 따라, 노동자 측이 실질임금의 상승을 자제하는 대신에 고용보장과 제품가격 상승률의 억제라는 타협을 모색함으로써, 노동자 측의 노력을 더욱 강요하게 되었던 것이다. 오쿠노[13]가 지적한 바와 같이, 해고에 관해 "사용자의 해고권의 행사도, 그것이 객관적으로 합리적인 이유를 결여하고 있고 사회통념상 도저히 용납할 수 없는 경우에는, 권리의 남용으로 무효가 된다"라고 판시한 1975년의 최고재판소의 판례[14]를 계기로 해고권 남용금지 법리가 정착되었으며, 이 것으로 곧 장기고용의 법적 근거가 마련되었다. 특히 무역재 산업은 기업 내의 노동조합 활동을 대중노선에서 분리시켜 노동자들에게 JIT

13) 奧野正寬,『バブル経済とその破綻處理』, 松村岐夫·奧野正寬 編,『平成バブルの研究』(東洋経済新報社, 2002), p.55.
14) 「日本食塩製造事件」의 판례에 관해서는 管野和夫,『勞働法第七版』(弘文堂, 2005), pp.420~421를 참조.

라고 하는 가치관을 침투시켰고, 또 비용 절감의 압력을 하청 협력관계의 강화로 전가시키지 않을 수 없었다. 이러한 배경을 가지고 있는 토요타의 제조 현장에서 일본적 경영이 다른 어느 곳보다 두드러지게 나타나는 것은 당연한 결과일 것이다.

이와 같은 J형 기업의 경영을 필자는 '현장제조지향' 경영이라 부르고자 한다. 토요타는 1950~1960년대에 기업의 내부결속을 강화한 후, 1970년대 이후에는 수출지향 정책을 취해 왔지만 1980년대는 대미수출에서 본격적인 자주규제의 압력에 직면하게 되었다. 1990년대 이후의 글로벌화 시대에서는 패자 기업을 따돌리고 현장제조 지향을 극한까지 추구하고 있다. 실태를 엄밀하게 설명하지는 않지만 '일본적 경영 ≥J형 기업≥토요타 시스템'의 부등식을 세울 수 있는데, 이 세 가지 개념에 공통된 토대는 현장제조에서의 합리화(운동)였다.

한편 개발도상국에서 선진공업국에로의 추격에 성공한 한국의 K형 기업은 어떠한 장치에 의해 성립되어 있을까? 과거의 한국의 기업은 기술개발, 기능향상 및 인재육성, 조직력, 그리고 시장의 확보 등 많은 과제를 안고 있었다. 이를 J형 기업과 비교하면 다음과 같은 차이점을 가지고 있다.

첫째, 기술의 도입과 동시에 제조기술의 국산화를 달성한 이후는, 기술의 체계화가 큰 과제로 남게 되었다. 따라서 엘리트를 확보하고 그들을 현장 수준에까지 접목시키는 이른바 기술경영을 경영전략의 우선과제로 삼았다. 주요 기술도 그 기술이 응축되어 있는 제조현장도 충분히 갖추지 못했던 당시의 한국 기업은 기술무역과 자본투입의 최적화 등을 통해 경영 패러다임의 전환을 시도하였고 지금은 글로벌 기업으로까지 성장할 수 있었다.[15]

---

15) 기술경영의 개념을 경영전략의 주축으로 설정하게 되면 '선진-후진'이라는 구조적인 기술격차의 한계가 상당한 수준까지 해소될 수 있을 것으로 생각된다.

둘째, 기능향상의 문제에서는 Off-JT(Off the Job Training: 현장 밖 훈련) 등과 같은 집중적인 육성방식에 중점을 두면서 기술경영이 현장에까지 침투되도록 힘을 기울였다. 현장의 합리화를 추진할 만한 여유를 갖지 못한 채 서둘러 노동시장과 밀착된 고용정책을 취하였는데, 인재제일주의를 표방하고 있는 삼성재벌과 마찬가지로 현대자동차에서도 현장 합리화와 직결되고 있는 기능형성의 향상과 동시에 엘리트 사원의 육성에 역점을 두게 되었다.

셋째, K형 기업은 재벌이라는 수평적인 그룹관계사를 서로 연계시킴으로써 인재, 자본, 정보를 자유롭게 공유할 수 있게 되었다. 이리하여 현장제조에 철저를 기하는 J형 기업과 같은 하청분업의 바탕을 갖추지 못함으로써 발생하는 문제점들을 상쇄시킬 수 있었다. 주식의 상호보유는 시장집중이라는 중대한 부작용을 일으키면서도, 다른 한편으로 계열회사 간의 거래를 용이하게 했기 때문에 거래비용을 절감하는 효과를 얻을 수도 있었다.

넷째, 구조개혁과 재벌개혁을 겪는 과정에서 과거의 재벌구조가 훨씬 평편한 조직으로 변모하고 있다. 예컨대 현대자동차는 1998년에 창업자와 그의 친족에 의해 운영되어 왔던 현대재벌에서 분리되었고, 1999년에는 도산의 위기에 빠진 기아자동차를 인수하였다. 제8장에서 소개되는 바와 같이 현재는 자동차생산 '400만 대 클럽', 즉 글로벌 톱 5 메이커의 대열에 진입하는 목표가 더욱 현실로 다가오고 있다.

흔히 한국경제의 문제점으로서 관련 중소기업의 경영능력이 지적되고 있다. 이 중소기업의 취약성이 한국의 기업시스템의 보틀넥이 되고 있는 것은 부정할 수 없지만, 그러나 <표 3-1>에서 나타낸 것처럼 이러한 점이 반드시 마이너스 작용만 하는 것은 아니다. 새로운 경영전략을 구사하여 제약조건에서 또 다른 돌파구를 개척한 사례가 많이 보고되고 있다.[16]

〈표 3-1〉 현장제조지향 경영과 시장지향 경영

	현장제조지향 경영(일본)	시장지향 경영(한국)
기술개발의 유형	기술 이노베이션	기술 매니지먼트(기술경영)
인재육성의 목표	숙련 형성	엘리트 육성
합리화의 특성	현장편향의 합리화	시장편향의 합리화
기업 간 분업구조	계열 및 하청분업 관계	재벌 내 수평분업 관계
시장전략의 차이	노동분할·일본모델의 수출 (일본화)	시장분할·한국모델의 수정 (현지화)
자동차산업의 사례	토요타자동차	현대자동차

주: 여기서 말하는 기술 매니지먼트(기술경영)란, 자사의 기술개발뿐만 아니라 선택 가
   능한 기술에 대한 구매전략 등을 포괄하는 개념이다.

　토요타는 현장에서의 이익추출을 중요시하는 반면, 현대자동차는 시장의 개척과 확대에 주력할 수 있는 경영능력을 갖추어 왔다. 현장제조를 기초로 하고 있는 '현장제조지향' 경영에 대하여, 위와 같은 대조적인 특징을 가지고 있는 한국의 경영방식을 '시장지향' 경영이라고 규정하고자 한다. 이렇게 함으로써 한국과 일본의 기업시스템의 차이점이 더욱 선명해질 뿐만 아니라 아마도 '현장제조지향' 경영과 '시장지향' 경영 사이의 보완관계의 가능성을 도출할 수 있을 것으로 보인다.

---

16) 한국은 중소 가공공업 및 하청부품 공업의 기반이 일본의 경우에 비해 확실히
　　떨어진다고 한다. 그렇다고 해서 한국의 제조업의 발전 요인을 추출할 때에는
　　대기업 조직의 기업 간 분업관계를 바탕으로 한 전략적인 네트워크의 기동력과
　　그 효율성이 평가 절하되어서는 안 될 것이다. 의사결정의 속도 및 실행에 있어
　　서의 기동력은 프로덕트 라이프 사이클(Product Life Cycle)의 계기적인 창출을
　　가능하게 했고, 따라서 시간의 낭비를 배제시키는 역할을 하게 된다. 이것이 긴
　　사이클에서 발생하는 조직(혁신)의 경직성을 타파하는 수단이 되기도 했다.

3. 한국과 일본의 현장붕괴와 아시아 현지화의 과제

1) 한국의 노사균형 모델과 노동시장의 분할

경영권과 노동규율은, 게으름에 대한 엄격한 제재, 즉 해고라고 하는 리스크 예지 시스템과 이에 결합되는 종업원의 여러 가지 대응, 즉 대항 또는 타협의 형태로 집약되어 나타난다. 기업경영의 가장 원시적인 것은 자영업인데, 사업규모가 확대되면서 경영자와 종업원의 관계가 충성이냐 아니면 대항이냐 하는 양극단 사이에서 균형점을 찾게 되는 것으로 생각된다. 아래에서는 고용관계에서 신분의 구속이 장기에 걸쳐 유지되었던 일본의 경우에 주목하면서 한국적 노사관계에 대하여 살펴보도록 한다.

먼저 일본의 경우는, ① 구 재벌의 초창기에 나타났던 자영업의 번영과 연고적인 점포 전개의 관습에서 협력·참가형의 노사관계의 원형을 찾아낼 수 있다. ② 순종적인 노동규율은 전전의 국가동원체제, 즉 '산업보국회(産業報國會) 체제'[17)에 의해 회사와 국가에 대한 충성주의로 균일화되었다. 패전 이후는 ③ 노동자들의 실력행사는 사회의 죄악으로 비쳐지는 등 위기를 맞게 된다. 이뿐만 아니라, ④ 1970년대의 석유위기 때에는 무역재 제조업의 노동자들은 조합의 패배라는 비제도적인 압력에 강요되어 현장 합리화에 철저하게 내몰리게 되었다.

한편 한국은 일본과 그 경위가 다르다. 조선 시대 말기에는 식민지 수탈에 의해 상업의 근대화가 저해되어 ① 자영업에 종사하는 기숙 종업원의 고용형태가 새롭게 발전하지 못한 채 해체되었다. 해방 이후의 한국에서는, ② 노동자들은 국가주도의 공업화에 동원되었지만 경

---

17) 勞動政策硏究·硏修機構, 「勞動關係の変化と法システムのあり方」, 『勞動政策硏究報告書』, No.55(2006), pp.44~45.

영자와의 관계에서 완전한 포섭에 이르지 못하였고, 지배와 피지배의 대립구조의 골이 깊어졌다. ③ 단체행동은 1987년의 노동쟁의 이후 노동조합의 실력행사에 의한 경영규제로 기울었고, 이러한 가운데 노동자들은 종신고용을 획득하게 된다. ④ 외환위기가 발생한 1997년 이후, 노동조합은 정리해고라는 새로운 압력을 수용하면서 과거와 마찬가지의 경영규제를 지속하고 있다.

결국 참가·협력형 노사관계를 이끌어내는 요소로서 일본의 경우는 네 가지의 경험을 들 수가 있고, 또 한국의 경우는 대항·절충형의 노사관계의 윤곽을 그려볼 수 있었다. 노동조합이 패배한 대가로 부여된 일본적인 종신고용과 한국에서처럼 조합규제의 강화로 쟁취된 종신고용의 형태는 그 성격의 측면에서 확연히 다르다. 1990년대까지만 해도 이 두 가지의 차이점이 현장 편향적인 일본적 경영 및 시장 편향적인 한국적 경영이 만들어내는 거대한 성과, 즉 매출액과 시장지배력에 가려져 마치 한 가지로 수렴하는 것같이 보이기도 했다.

그렇다면 한국의 노사관계의 변모에 대해서 상세하게 살펴보자. 어용조합 시대의 과거를 청산하고 다시 태어난 한국노총(한국노동조합총연맹)에 이어, 1995년에 제2의 전국조직인 민주노총(전국민주노동조합총연맹)이 새로 결성되었다. 1996년에는 한국이 OECD그룹에 가맹하였고 1997년에는 외환위기에 처하면서 한국사회는 새로운 전환점을 맞이하게 된다. 김대중 전 대통령은 노동자단체·경영자단체·노동당국으로 구성되는 3자연합의 협의체를 만들어 대륙유럽형의 코포라티즘을 염두에 둔 '노사정위원회'를 발족시켰다.[18] 이것은, 정리해고의 법제화 등 구조개혁의 강행을 보면 알 수 있듯이 작은 정부에서 거대정부로의 이행을 나타낸 것이며, 민주화선언 이후 대략 10여 년 만에 정부가 시

---

18) 朴昌明, 『韓國の企業社會と勞使關係』(ミネルヴァ書房, 2004), p.153.

〈표 3-2〉 한국의 노사균형 모델의 전개

		[본원적 테일러화] ~1980	[주변부 포드주의] 1980~1987	[현대주의의 발전] (Hyundai System) 1987~2000	[사회민주의화] 2000~
사회적 제조건		[사회적 지불능력의 한계] ·빈곤해소에 대한 사회적 공감 ·정변에 의한 정치되기	[고도성장] ·대량생산·대량소비 ·소득수준의 향상 ·세계경제질서의 변화	·재벌화 ·경제의 성숙(OECD 가입)	·금모았화 ·구조조정 ·사회복지의 확충
제도적 특징	정부	·경제개발 [국가에 의한 시장개입]		·문민정권의 등장 ·기업주도에 의한 [메조 코포라티즘]	·노사상 조정에 의한 [매크로 코포라티즘] ·좌파적 시책의 추진
	노사 관계	·엄격한 노동규율 ·가부장적인 주종관계 [교섭없는 노무관리]		[단체교섭과 노사대항] ·대폭적인 임금인상과 고용보장 ·노동조합의 경영규제	[노사균형 모델]
	기업 체제	·대량생산체제 [분권적 인사관리] [집권적 생산관리]		[집권적 인사관리] [집권적 생산관리]	[하이브리드 시스템]
이행의 계기	노동자	·힝그리정신의 테일러화	·단조로운 노동에 대한 반발 ·테일러주의의 한계	·매쟁이와 단체적교섭 ·조합규제에 따른 합리화 저지	·노동시장의 분화 ·산별과 기업별 노조의 혼합
	경영자	·개발독재→장업자지배의 확산	·수출자유규제→내수확대	·민주화선언→외환위기	·기업통치를 둘러싼 혼란

자료: 李泰王, 「東アジア自動車産業の轉換局面分析に關する一試論─比較生産システム論序説」, 森久男 編, 『東アジア自動車産業のグローバル展開 ─日本・中國・韓國三國の自動車産業の國際比較』(愛知大學中部産業研究所, 2006b).

장으로 다시 등장한 것이었다. 3년이라는 짧은 기간에 구조개혁을 성
공시켰다고 널리 선전되었음에도 불구하고 국민적 통합을 가로막고 있
는 메조 코포라티즘의 속성을 한번에 매크로 코포라티즘으로 끌어올리
는 데는 성공을 거두지 못했다.

　매크로 코포라티즘과 같은 전국 수준의 사회적 조정이 이뤄지지 못
했고, 현대자동차 등의 거대 단위노동조합은 실리의 귀속 여하에 따라
서는 전국조직을 배제시켜 버리는 것도 드문 일이 아니었다. 또한 정부
부문이 규제완화 및 시장개입을 동시에 추진한 것도 국민적 조정의 장
을 매크로와 마이크로 사이를 오가게 했던 원인의 하나였다. 이와 같은
메조 코포라티즘 관행에서 알 수 있듯이 기업별 노동조합의 방식에 있
어서는, 독립성이 강한 한국의 경우와 춘투 등 절차에 익숙해져 있는
일본의 경우가 대조적이었다. 따라서 협력·참가형의 노사협조 모델이
아닌 <표 3-2>에 요약한 것과 같은 대항·절충형의 '노사균형 모델'이
성립되었다고 볼 수 있다.[19)]

　한국기업의 왕성한 경영마인드와 금융비용의 절감을 위한 글로벌경

---

19) 제2차세계대전 이후 한국의 노사관계는, 민중 지배의 정치체제에 대항하는 민주
　　화운동과 불가분의 관계를 가지면서 변모해 왔다. 1950년대 이후의 학생운동,
　　1970년대에 확산된 이념논쟁, 1980년대를 휩쓸었던 노동쟁의, 그리고 1990년대
　　이후의 정치투쟁에 이르는 일련의 민주화 운동 속에서 노사관계가 규정되어 왔
　　다. 이러한 배경 때문에 기업 수준의 노사관계와 국민경제 수준의 정치과정이
　　혼합되어 있다. 고도성장의 기세에 눌려 영향력이 저하되어 있는 것처럼 보였던
　　이념논쟁은 다양한 분파를 겪으며 현장으로 침투되었다. 2000년에 결성된 민주
　　노동당이 4년 후에 국회로 진출함으로써 현재는 그 세력들이 정치개혁의 각 방
　　면에서 각각의 목적을 달성할 수 있게 되었다. 이러한 움직임이 좌파정권의 사회
　　적 조정 속도를 가속시켰고 불균형과 격차의 시정 쪽으로 정책의 변경을 유도하
　　였다. 결국 한국이 민주적인 노사균형 모델로 이르게 된 것은 비유럽사회에서는
　　실현된 적이 없는 '아래로부터의 시민혁명'의 역사적인 성취를 대변해 주고 있다
　　고 해도 지나치지 않을 것이다.

영의 가속화는 구조조정의 조기 달성을 가능하게 했고 또 메조 코포라티즘의 특성에 내재하고 있는 '비효율적인 측면'을 상쇄시켰다고 생각된다.

앞의 제1장 야마다의 글에서 이미 지적된 바와 같이, 브루노 아마블[20]은 세계자본주의의 다양한 형태들을 유형화하기 위하여 상세한 변수분석을 시도했고 다섯 가지의 자본주의의 특징을 명확히 하였다. 즉, 시장주도형, 사회민주주의형, 유럽대륙형, 지중해형, 그리고 아시아형으로 나누었다. 특히 '사회적 이노베이션·생산시스템(SSIPs)'이라고 이름붙인 분석에 의하면, 메조 코포라티즘 양식의 아시아형 자본주의로는 일본과 한국을 들고 있다. 이와 같은 흥미로운 분석은 시사하는 바가 크지만 한국과 일본의 기업시스템의 분별에 있어서는 명확한 언급이 되어있지 않았다. 적어도 아시아적인 경영의 다양한 전개에 대해서도 충분한 검토가 필요할 것으로 생각된다.

여기서 다시 '노사균형모델'론으로 돌아가보면, 이 모델의 도달점으로서는 노동조합의 패배도 아니며 동시에 경영자의 주도권 탈환도 아닌 중립적인 영역에 위치하는 타협의 균형만을 들 수가 있다. 그렇지만 글로벌화한 시장경쟁에 돌입하게 되면, 노동시장 내에서뿐만 아니라 기업 내부의 현장노동에서 분할이 불가피해진다. 이와 같은 변화는 일본적인 '노사협조 모델'에서도 일어나고 있다. 보장받는 종업원과 그렇지 못한 종업원과의 분할이 널리 확산됨으로써 고용의 안정화가 새로운 과제로 부각되고 있다.

먼저 한국의 일례를 들어보자. 현대자동차의 노사는 2000년 6월 12일에 전격적인 '완전고용합의서'를 체결하였다. 이것은 노사정 3자의 협의가 난항하여 좌초한 그 무렵의 일이며 기아자동차를 산하로 인수

---

20) Bruno Amable, *The Diversity of Modern Capitalism*(Oxford: Oxford University press, 2003).

한 때의 사건이었다. 노사투쟁이 종결된 이후, 사상 최대의 경영이익을 갱신하고 있는 와중에서 '분담과 안정'을 주제로 했던 이 새로운 합의는 한국의 노동시장에 매우 중대한 영향을 미치게 되었는데 한국의 노동현장에서 진행되고 있었던 현장붕괴[21]를 공론화하는 결과를 초래하였다. 전문에는 '종업원의 완전고용을 보장하기 위해 아래와 같은 제반 원칙들을 제정하고 신의와 성실로써 준수할 것을 합의한다'[22]고 명기한 다음, 기능직 정규종업원에 대한 해고 회피를 위한 가일층의 노력이 강조되어 있다. 현대자동차는 현장의 노동편성에 있어서 비정규 종업원의 비율을 1997년 8월 이전의 수준(16.9%) 이내로 하기로 합의함에 따라, 정규종업원의 종신고용 및 비정규종업원에 대한 권리 보장이라는 직장내부의 노동분할을 제도화하기에 이르렀다.

1998년 2월부터 파견근로가 합법화된 것을 계기로 하여 한국의 고용노동자에 차지하는 비정규종업원의 비율은 <그림 3-1>에 나타낸 것처럼, 1999년에 50%를 넘은 다음, 2000년을 정점으로 낮아지는 추이를 보이고 있다. 한국의 하청기업의 고용실태에 대해서는 별도의 기회에 다루기로 한다. 다만 현대자동차의 경우 모회사에서의 비정규종업원의 비율이 20%에 가깝다는 사실에 비춰본다면 자회사나 하청 기업에서의 비율은 그 크기를 짐작하고도 남을 것이다.

국회 환경노동위원회는 2006년 2월 27일 비정규노동자의 고용보호에 관한 법률을 채택함으로써 4년간 계속되어 온 쟁점이 대단원의 막을 내릴 것으로 보인다. 노동부 자료에 의하면 2005년도의 비정규종업

---

21) 현장붕괴라는 의미는 장기고용으로 안정되어 있던 대기업 블루칼라 노동자의 고용형태의 다양화를 나타내고 있으며, 정규종업원의 비정규화로의 교체가 사원 일동이라는 기업공동체 문화를 해체시키고 있음을 표현하기 위해 필자가 사용한 용어이다.

22) 현대자동차 노동조합, 「현대자동차노동조합 제13차 회계연도 사업보고: 1999년 9월 1일~2000년 12월 31일」, 451~453쪽.

〈그림 3-1〉 한국과 일본의 고용형태의 변화(비정규종업원의 구성비)

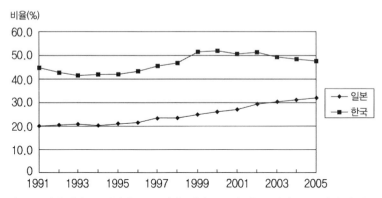

자료: 통계청, 『한국통계연감』 2005년판; 일본 노동성, 『노동백서』 1998년판; 후생노
      동성, 『노동경제백서』 2005년판; 총무성, 「노동력조사」, 각 자료에서 작성.

원의 임금 수준은 정규종업원의 62.6%로 추산하고 있다.[23] 2년간을
연속적으로 일하게 되면 별도의 계약을 체결하지 않더라도 고용이 유
지되고 정규종업원과 동등한 임금을 받게 된다는 내용의 이 법률이 현
장붕괴를 어느 정도까지 멈추게 할 수 있을지 그 귀추가 주목된다.

2) 일본적 경영과 현장붕괴의 실태

일본의 고용노동자에 차지하는 비정규종업원의 비율은 <그림 3-1>
의 추이에서 본 바와 같이 1992년에 20%대를 넘은 이후 2003년에는
30%를 돌파하였다. 이러한 기세는 거침없이 2005년 3월기에는 32.3%
를 기록하였다. 이와 같은 노동의 유연화는 노동편성의 변화와 직결되
는 문제이며 현장붕괴의 실태를 간접적으로 표현하고 있는 것으로 여

---

23) ≪중앙일보≫, 2006년 2월 28일자에 의함. 일본의 『노동경제백서』에 의하면,
    일본의 정규종업원에 대한 비정규종업원의 평균임금 수준을 60% 정도로 보고하
    고 있다.

〈표 3-3〉 토요타그룹 각 사의 종업원 고용상황

모회사	관 계	회사의 명칭	비정규종업원 비율(%)	입 지	조사시점 등
토요타 자동차(주)	본사직할 공장	토요타L공장	28	아이치 현	2006년 3월
	본사 전체		26		2005년 3월 결산
	자회사	토요타B사(주)	36	후쿠오카 현	2003년 8월
X부품회 사(주)	본사직할 공장	미실시		아이치 현	
	본사 전체		29		2005년 3월 결산
	자회사	X부품B사(주)	70	구마모토 현	2004년 12월

자료: 필자의 현지조사 및 각사 『有價證券報告書總覽』 2005년판에 의거하여 작성.
주: 비정규종업원에는 기간제, 시간제, 아르바이트, 촉탁·파견사원이 포함됨.

겨진다. 이하에서는 <표 3-3>와 같이 관련 각사의 유가증권보고서 및 필자의 조사 데이터에 의거하여[24] 토요타와 토요타의 관련기업에서의 노동편성의 실태에 대해서 살펴보기로 한다.

토요타자동차는 1990년 7월에 규슈의 후쿠오카(福岡) 현과 규슈법인 설립에 관한 협정을 체결하고 버블 붕괴가 한창이던 1992년 12월에 생산을 개시하였다. 토요타의 발상지인 중부 지역 아이치(愛知) 현으로 부터 원격지에 위치하고 있는 토요타B사는 토요타의 생산체제의 일부분이면서 별도법인 형태의 관련회사이다. 2003년 8월 현재의 종업원 수는 약 3,000명 규모이며 그 가운데 기간제·시간제·아르바이트·촉탁·파견 등의 비정규종업원이 36%를 차지하고 있다. 여기서 주목할 점은, 토요타에 앞서 같은 후쿠오카 현과 1973년 3월에 투자협정을 맺고 본사 직할의 규슈 공장을 건설한 닛산자동차와 비교해 보면, 토요타의

24) 필자는 아이치대학 모리(森 久男) 교수 그룹의 동아시아 자동차산업 공동연구프로젝트에 참가하여 수차례의 현장조사를 실시하였다. 그때 필자가 모은 자료의 일부를 본고에서 사용하였고 이 점에 대해서 모리 교수를 비롯한 동료 멤버들에게 감사의 뜻을 표하고자 한다.

제조전략은 이례적이었다는 것이다.

이어서 토요타그룹의 최대 계열회사로서 트랜스미션 등의 주요부품을 가공·조립하고 있는 X부품회사는, 1993년 4월 이 지역에 자회사 X부품B사를 설립하였다. 필자의 현지조사에 의하면 토요타B사와 동반해 진출한 X부품B사는 아이치 현에 있는 모회사와는 완전히 다른 별도의 기업체계를 꾸리고 있었다. 구마모토(熊本) 현 주변의 풍부한 노동력과 20%나 값싼 임금수준을 노린 '규슈 사양'의 인적자원관리가 이뤄지고 있었다. 2004년 12월 현재의 비정규종업원의 비율은 70%를 넘고 있으며, 사원·준사원·기간제·시간제·아르바이트 등 다양한 종류로 구성되어 있다.

일본의 『노동경제백서』를 보면, 규슈 지역 고용 실태의 심각함이 역력하게 나타나 있다. 규슈 지역은 홋카이도(北海道)와 더불어 최하위 그룹에 속해 있으며, 1989년에는 최하위였다. 또 버블 붕괴 이후는 긴키(近畿) 지역이 합류하여 하위 3 그룹에 들었고 2002년에는 전국평균 5.4%를 밑도는 실업률을 기록하였다.[25]

최소한 이 두 가지 사례에서 노동의 유연성을 지역적으로 분할하는 고용정책에 따라 생산거점을 공간적으로 배치했던 사실이 판명된다. 이와 같은 토요타의 공장편성에 관한 실태파악을 보강하기 위하여 토요타 본사의 직할공장인 L공장을 방문하여 실태를 조사하였다. 이 공장은 1979년에 건설되었고 수출전략차를 생산하는 거점으로서 현재는 렉서스(Lexus) 등의 고급차를 주력으로 생산하고 있고, 설립 당시부터 토요타의 최신예 모델공장으로서 높은 평가를 받고 있다. 이 공장에서

25) 일본 후생노동성 편, 『勞働経濟白書』 2005년판에 따르면, 이와 같은 높은 실업률, 즉 풍부한 노동력을 노리고 공장의 규슈 진출이 러시를 이룬 결과, 1988~1998년간은 사원모집경쟁률(취업희망자 일인당 기업의 구직회수) 최하위 사태를 면할 수 있었지만, 이 기간 외는 0.4~0.3배 수준의 추이를 보이고 있었다.

〈그림 3-2〉 토요타 그룹 각 사의 공장별 정규종업원 구성비

자료: 필자의 현지조사 및 『有價證券報告書總覽』 2005년판에 의거하여 작성.
주: 비정규종업원에는 기간제, 시간제, 아르바이트, 촉탁·파견사원이 포함됨.

의 비정규종업원의 비율은 2006년 3월 현재 최대 28%까지의 추이를 보이고 있었다.

필자는 앞에서 계열의 문제 및 J형 기업과 J형 기업에서의 현장제조 지향 경영의 특징에 대하여 분석하였다. 거기서의 핵심적인 내용은 내부노동시장에서 고도의 유연성이 운용되고 있고 또 장기적 고용이 보장된다는 것이었는데, 과연 현실은 어떠한지를 살펴보자. <그림 3-2>에서 나타난 수치는 매우 중요한 의미를 가지고 있다. 토요타가 의도한 대로의 결과였는지 아니면 생각지 못했던 변화였는지는 명확하지 않지만, 이와 같은 공장배치 및 노동편성의 실태는 틀림없는 현상이다. 이 점에 대해 특별히 몇 가지 해석을 덧붙일 필요가 있다.

첫 번째 논점은, 토요타가 본거지인 아이치 현에 본사를 두면서 규슈, 홋카이도 등지에 별도 법인의 관련회사를 설립했다는 점에 대한

고용정책의 속내를 어떻게 해석할 것인가이다. 닛산자동차는 이 지역
에 본사직할의 지방 공장을 지은 데 비해서 토요타는 별도 법인을 세
웠던 것이다. 이러한 사실을 제조전략 및 판매전략 차원의 차이에서
비롯되었다고 간주하는 것은 너무나 단락적인 해석이다. 요약하자면
닛산은 전국을 통일적인 인사제도로 통합하고 있지만 토요타는 분사화
에 박차를 가하고 있으며, 이와 같은 방향성의 차이를 기업경영의 효율
의 측면과 사회적 정의의 측면으로 나누어 고찰할 필요가 있다.[26] 분사
형식을 취하는 가장 유력한 이유는 노동시장의 분할을 통하여 노무관
리상의 코스트 절감 효과를 얻는 것 말고는 없을 것으로 생각되며, 이
점에 있어서 토요타의 노무관리가 철저하고 교묘함을 알 수 있다.

두 번째 논점은, 같은 토요타그룹 계열사인 X부품회사 쪽에서도 이
지역에 별도의 법인을 만들었고 모회사에 해당하는 토요타의 공장배치
방법을 그대로 답습하고 있다는 점이다. 비정규종업원 비율은 토요타B
사 36%의 거의 2배에 가까운 70%의 비율을 실현하고 있다. 이것은
일본적 경영 혹은 J형 기업의 전형을 뒷받침하고 있었던 하청분업의
구조가 1990년대에 벌써 변화하고 있었음을 간접적으로 입증해 주고
있다. 모듈화 또는 업무절충형의 능력을 예찬하는 일부의 일본적 경영
맹신풍조에는 이와 같은 현실 파악이 결여되었거나 무시되었을 가능성
이 높다. 기술혁신 부분을 제외하면, JIT방식의 추구에 따라 한계생산
성이 영에 도달한 단계에서의 토요타시스템의 강화는 필연적으로 노동
시장의 분할로 연결될 것이다.

---

26) 참고로 오카야마(岡山) 현 구라시키에 있는 미츠비시자동차 미즈시마 제작소는
    경승용차를 전용으로 생산하고 있는데, 정규종업원의 비율은 2004년 1월 현재
    71.7%였다. 이것은 아이치 현에 있는 토요타 L공장이나 X부품회사의 정규종업
    원 비율 71~72%에 맞먹는 수치이고, 지역 간의 차이를 두지 않는 미츠비시자동
    차의 인사정책에서 비롯된 결과로 보인다.

　세 번째 논점은, 토요타 본사공장에서 조차 비정규종업원의 비율이 30%에 육박하고 있는 현실에 대해 이를 어떻게 받아들여야 하는가 하는 문제이다. 장기적 고용의 보장과 교환하여 누려왔던 고도의 유연성의 운용 및 숙련형성을 위한 노동력의 동원, 이에 따른 생산성의 확보, 그리고 연공서열이라는 근로의욕의 고취 등의 이점은 어디까지나 학설상의 맥락에서만 자기증식을 거듭하고 있는지도 모른다. 위에서 살펴 본 현장붕괴의 실태를 정확히 분석하고 이해하는 노력이 최우선 과제 중의 하나가 아닐까 생각된다.

　요컨대, 토요타가 닛산을 능가하고 국내 시장을 장악한 그 원천에 숨어 있는 것은 일본 전국의 노동시장을 세분화시킨 고용정책의 탁월함이었다. 이와 같은 고용정책과 제조전략의 연장선 위에 글로벌화된 시장이 펼쳐져 있기 때문에, 아시아 각국에 대해 토요타가 미칠 영향을 신중하게 고려해 보지 않으면 안 될 것이다. 현장에서의 노동비용의 절감, 즉 ① 현장제조지향의 컨셉을 일관하고 있다는 것, 동시에 ② 하청계열이 존재하는 의의가, 본사의 기술체계 및 생산기술의 통합이라고 하는 종래의 이해로부터 노동시장분할의 고도화 쪽으로 이행하고 있다는 것, 마지막으로 ③ 순이익 1조 엔을 초과하는 토요타의 경영실적의 뒤에서 진행되고 있는 비정규종업원의 대량채용과 같은 상반된 현실을 어떠한 맥락에서 검토해야 하는지 등의 문제가 대두된다.

　새로운 일본적 경영론을 조속히 구축하지 않으면 안 되는 시점에 와 있으며, 그 징후는 노동현장에서 나타나기 시작하였다. ≪마이니치신문(每日新聞)≫ 2006년 1월 24일자에 의하면, 기존의 '전 토요타노동조합연합회'에 더하여, 토요타자종차와 토요타계열 관련회사의 노동자가 개인적으로 가맹하는 '전 토요타노동조합'이 결성되었다. 이 노동조합에는 토요타자동차, 덴소(제7장의 사례분석의 대상기업), X부품회사, 등의 노동자 6명이 참가하고 있는데, "노동자의 정신건강 문제, 서비스

잔업 및 정사원과 기간제 사원·시간제 사원의 임금격차의 시정, 등을
요구하며 활동할 것을 표명"했다고 전하고 있다. 이 복수노동조합의
탄생이 작은 운동에 지나지 않을지는 모르나, 현장붕괴의 실정을 호소
하고 일본적 경영의 쇄신을 요구하는 큰 변혁의 시작임에 틀림없다.

3) 한국과 일본의 기업시스템의 아시아 현지화 문제

국내외를 막론하고 고용환경이 급변하고 있다. ≪조선일보≫ 2006
년 2월 8일자에 의하면 현대자동차와 베이징기차의 합작메이커인 베
이징현대기차(北京現代汽車)에서는 노동조합에 해당하는 공회(工會)가
개별적으로 체결하던 노동계약을 단체교섭에 기초를 두는 단체협약의
형태로 변경하도록 회사 측에 요청한 사실이 밝혀졌다. 또 다롄(大連)에
있는 일본계 기업에서도 노동쟁의가 잇따라 발생하고 있다고 보도하고
있다. 지금까지는 단결권·단체교섭권·단체행동권 가운데 단체행동권
의 실효는 유보하고 노동쟁의를 인정하지 않았던 경위를 고려한다면,
최근 한국과 일본의 아시아 현지기업에서 발생하고 있는 쟁의는 우려
할 만한 과제가 되고 있다. ≪아사히신문(朝日新聞)≫ 2006년 3월 1일
자에 의하면, 후지츠와 마부치모터 등 베트남에 진출한 일본계 기업에
서도 임금인상을 요구하는 대규모 파업이 끊이지 않고 있는 상태라고
전하고 있다. 다른 지역에서도 이와 같은 쟁의가 이어지고 있다.[27]

---

27) 인도 남부의 내륙 도시 방갈로르에 위치하고 있는 토요타자동차의 합작회사에서
    파업이 발생하여 회사가 공장폐쇄를 단행했다는 보도가 있다. "종업원 3명에 대
    해 근무태도에 문제가 있다는 이유로 해고했기 때문에 약 300명의 노동자들이
    항의하고 공장에 이르는 도로를 봉쇄하는 사태"가 발생했다고 전했다(≪아사히
    신문≫ 전자판, 2006년 1월 9일). 이 사건에 앞서 인도 북부에 있는 혼다자동차
    의 합작회사에도 해고노동자와 경찰과의 충돌이 발생하여 고속도로를 점거한 약
    700명의 노동자가 부상을 입었다는 보도가 전해졌다(≪조선일보≫, 2005년 7월

이와 같이 아시아 각지의 현지기업에서 다발하고 있는 쟁의는 외국
계 기업의 현지화 경영에 틀림없이 타격을 미치게 될 것이다. 그러나
여기서 중요한 것은 한국과 일본의 기업시스템의 비교우위가 가져다준
매우 안타까운 사건이었다는 반성과 동시에, 지금까지의 현지화 경영
에 대한 궤도 수정이 임박하고 있다는 것을 자각하는 일이다. '일본기
업의 뒤뜰'로 불리던 동남아시아 각국과 어떠한 모양으로 공존해 나갈
것인지를 진지하게 고민하지 않으면 안 될 때가 되었다.28) 고바야시에
의하면 1973년에 경단련, 경제동우회 등 경제5단체가 '개발도상국에
대한 투자행동 지침'을 발표하고, '현지인 발탁', '현지봉사', '현지융
화'에 유념할 것을 환기시킨 적이 있다.29) 당시의 슬로건이 충분히 결
실을 맺지 못하고 있음은 30년이나 지난 현재의 현지 상황으로부터
미루어 짐작할 수 있다. 바꿔 말하자면 일본적 경영의 훌륭한 유산이라
고 하던 인적자원의 육성이 중국, 태국, 그리고 인도 등에서는 왜 잘
진척되지 못하고 있는 지에 대하여 뒤돌아볼 필요가 있다는 것이다.
일방적으로 '일본화'30)를 이식시키려는 것은 한계에 가까워지고 있음

27일). 그러나 스즈키, 혼다, 토요타와 같은 일본계 공장에서의 쟁의발생과는 대
   조적으로, 인도에 진출한 현대자동차의 첸나이 현지법인 공장에서는 2005년 9월
   현재까지 이렇다 할 쟁의를 경험하고 있지 않다는 사실이 필자의 현지조사에서
   확인되었다. 그 이유는 철저한 현지화 경영에 있다고 당시의 현지법인 CEO는
   확신하고 있었다. 현대자동차의 경영방식, 즉 '현대시스템'을 인도에 무리하게
   이식시키려고 하지 않았던 것이다(李泰王, 2006a).
28) 小林英夫, 『戰後アジアと日本企業』(岩波書店, 2001), p.180.
29) 같은 책, pp.78~80.
30) 일본적 경영을 보편적인 표준으로 간주하고 '저패나이제이션(Japanization)'의 침
   투 수준을 검증하려는 연구가 여전히 계속되고 있다는 데 주의를 요한다. 일본적
   인 생산시스템을 개발도상국의 현장에 이전했을 때는 보통 노동규율에 대한 인
   식의 차이 때문에 많은 난관에 부딪힌다. 시간엄수, 5S운동, 잔업거부 및 명령불
   복종 문제, 등 여러 가지 실태가 보고되고 있다. 이와 같은 현실문제에 대한 정확
   한 인식을 굳이 피하고 '저패나이제이션'의 찬미에 빠져있는 학계의 편견은,

을 인식하고 그 대안을 모색하는 일이 아시아적인 경영의 다양성을 창조하는 출발점이 될 것이다.

　참고로 일본경단련의 오쿠타 전 회장은 임기만료에 앞선 2006년 1월, 일본경제신문 주최의 노사포럼에서 의미심장한 발언을 하였다. 일본적 경영의 골격인 민간기업에서의 인간존중이 불황을 타개하는 데 큰 역할을 했다고 평가하면서, '경직적인 연공임금의 수정'이 불가피해졌음을 강조하였다.[31] 그는 토요타자동차의 당시 회장으로서 일본적 경영의 장단점을 경영전략에 반영해야 한다는 방침을 명확히 하였다. 인간존중을 경영이념으로 내걸고 '경직적인 연공임금의 수정'을 명분으로 하여 현장개혁에 착수하고 있는 토요타의 경영스타일을 엿볼 수 있으며, 본고에서 언급한 바와 같이 토요타 계열사에서의 노동의 분할, 즉 현장붕괴의 실태를 간접적으로 확인시켜 주고 있다.

4. 맺으면서

　본고에서는 아시아경제의 동력을 이끌어내고 지금도 영향력을 행사하고 있는 일본과 한국의 기업시스템과 그 성과에 대하여 검토하였다. 이 양국에서의 재벌이라는 기업조직의 본질 및 배타적인 기업통치의 실체를 규명하였다. 또한 기업관리에 있어서 현장제조에 편향적인 J형 기업과 시장지향적인 K형 기업이 아시아적 경영의 2대 유형이 되어온 발자취를 추적해 보았다. 그리고 노사관계에 있어서는 협조적인 교섭형태에 대비되고 있는 균형적인 교섭형태의 존재라고 하는 양극 분화

　1973년에 경제계에서 발표한 현지화 경영에 대한 호소문을 떠올려 볼 때, 매우 역설적인 경우라 하지 않을 수 없다.
31) ≪日本経済新聞≫, 2006년 1월 13일자를 참조.

의 경향을 확인하였고, 이러한 점이 한국과 일본의 자본주의가 미묘한 차이를 나타내게 하고 있음을 논증하였다. 마지막으로 노동의 유연화를 수용하지 않을 수 없었던 한국 및 일본의 기업에서 현장붕괴가 일어나고 있는 그 실태를 부각시킴으로써, 아시아에 전개되고 있는 현지화 경영에서 자칫하면 발생할 수 있을 폐해에 대해 주의를 환기시키려고 했다.

현재 아시아에서는 역내의 공동체 구성을 노린 정치적인 협상과 실리추구를 둘러싼 FTA의 개별협상이 서로 혼선을 일으키고 있다. 다행히도 통화시스템의 불안전성을 제거하기 위한 협의가 계속되고 있으나 기업시스템의 공간적인 질서를 어떻게 통치할 것인가 하는 과제의 설정은 어디에서도 엿보이지 않고 있다. ASEAN+한중일의 틀을 한중일 3국의 전투장으로 삼지 못하게 하기 위해서라도, 현지화 경영에 대한 새로운 인식의 공유를 서둘러야 할 것이다.

: 참고문헌

奧野正寬. 2002.「バブル經濟とその破綻處理」. 松村岐夫·奧野正寬 編.『平成バブ
　　ルの研究』. 東京: 東洋經濟新報社.

小林英夫. 2001.『戰後アジアと日本企業』. 東京: 岩波書店.

願興寺胋之. 2005.『トヨタ勞使マネジメントの輸出』. 京都: ミネルヴァ書房.

管野和夫. 2005.『勞働法第七版』. 東京: 弘文堂.

下谷政弘. 2001.「東アジアの經濟發展と「財閥」」. 東アジア地域研究會·中村哲 編.
　　『講座 東アジア近現代史Ⅰ 現代からみた東アジア近現代史』. 東京: 靑
　　木書店.

朴昌明. 2004.『韓國の企業社會と勞使關係』. 京都: ミネルヴァ書房.

山田銳夫·R. ボワイエ 編. 1999.『戰後日本資本主義』. 東京: 藤原書店.

李泰王. 2004.『ヒュンダイ·システムの研究ー韓國自動車産業のグローバル化』.
　　東京: 中央經濟社.

_____. 2006a.「インドに生きる現代自動車の現地化経営」.『愛知大學經濟論集』.
　　第170号.

_____. 2006b.「東アジア自動車産業の轉換点分析に關する一試論ー比較生産シス
　　テム論序說」. 森久男 編.『東アジア自動車産業のグローバル展開』. 愛知
　　大學中部地方産業研究所.

勞働政策研究·研修機構. 2006.「勞働關係の変化と法システムのあり方」.『勞働政
　　策研究報告書』, No.55.

Amable, Bruno. 2003. *The Diversity of Modern Capitalism*. Oxford: Oxford
　　University press.(ブルーノ アマーブル. 2005.『五つの資本主義』.
　　山田銳夫·原田裕治ほか 譯. 東京: 藤原書店).

Aoki, Masahiko. 1989. "The Nature of the Japanese Firm as a Nexus of
　　Employment and Financial Contracts: An Overview," *Journal of the
　　Japanese and International Economies*. Vol.3. No.4.

Clarke, Thomas(ed.). 2004. *Theories of corporate governance: The philosophical founda-
　　tion of corporate governance*. Routledge.

| 제 2 부 |

ASEAN+한중일의 FTA 전략

제4장

ASEAN의 경제통합과 FTA 전략*

■ 이시카와 코이치(石川幸一)

1. 들어가면서

ASEAN(동남아시아국가연합)은 동아시아의 지역통합을 이끄는 선두
주자이며, 그 중요성이 날로 커지고 있다. ASEAN 자유무역지대(AFTA)
는 당초 계획보다 6년 빨리 완성되어 역내 분업체제에 영향을 미치고
있다. ASEAN은 2020년에 안전보장, 경제, 사회·문화의 3개 분야로 구
성되는 ASEAN공동체 실현을 목표로 하고 있으며, 우선 분야에서 통
합이 가속화되는 등 제반 조치가 실행되고 있다. 또한 ASEAN은 역외
와의 FTA를 적극적으로 추진하고 있으며, AFTA의 관세 인하 방식은
ASEAN과 중국 및 한국과의 FTA에서 기본이 되고 있는 등 AFTA는
ASEAN과 동아시아 FTA에 영향을 주고 있다.

동아시아 지역통합에 장해가 되는 요소로는 국가별로 경제격차가 크
다는 점과 정치체제나 가치관이 다르다는 점이 지적되고 있다. 다양성
과 격차야말로 ASEAN이 지역통합을 추진하는 과정에서 극복해야 할

---

* 이 글은 「ASEANのFTA」, ≪國際問題硏究所紀要≫, 第126号(愛知大學, 2005年
  10月)을 대폭 개정하여 작성하였음.

과제이다. ASEAN의 지역통합에서의 경험은 귀중한 것이며 ASEAN이 동아시아 지역통합을 주도할 가능성은 높다. 이 글에서는 이처럼 동아시아 지역통합에 있어서 매우 중요한 ASEAN의 지역통합과 대외 FTA에 관한 최근까지의 동향을 분석하려고 한다.

2. ASEAN의 시장통합

1) ASEAN 자유무역지대의 창설

ASEAN은 1967년 8월 인도네시아, 말레이시아, 필리핀, 싱가포르, 태국의 5개국에 의해서 창설된 지역협력기구이다. 1984년에 브루나이, 1995년에 베트남, 1997년에 라오스와 미얀마, 1999년에는 캄보디아가 가맹하였다. 동남아시아 지역에서는 동티모르를 제외한 10개국이 모두 ASEAN의 가맹국이 되었다.

창설 직후의 ASEAN은 역내 분쟁 해결, 안전보장 확립, 역외 대국(大國)에 대한 공동행동 등 정치협력을 중심으로 활동하였다. 역내 경제협력이 본격화된 것은 1976년 제1차 정상회의 이후이다. 주요 경제협력 방안으로서 ASEAN 특혜무역협정(PTA: 1977), ASEAN 공업프로젝트(AIP: 1980), ASEAN 공업보완(AIC: 1981), ASEAN 공업합작사업(AIJV: 1983)이 구체화되었다. 그러나 이러한 역내 협력은 싱가포르를 제외한 각국의 산업이 수입대체 단계에 있고, 경쟁력이 약한 자국 산업에 보호정책을 실시한 점과 각국 산업이 보완이 아닌 경합 관계에 있었던 점으로 인하여 당초에 기대했던 만큼의 성과를 달성할 수 없었다.[1]

---

[1] 1970년대에 개시된 ASEAN 역내 경제협력에 대해서는 清水一史, 『ASEAN域內經濟協力の政治經濟學』(ミネルヴァ書房, 1988)을 참조

그러나 ASEAN 역내 무역자유화를 목적으로 1992년에 합의되어 1993년에 개시된 AFTA는 당초 계획보다 빨리 목표(관세 0~5% 인하)를 실현하였다. 2010년에는 역내 관세의 철폐를 예정하고 있는 등 1970년대의 역내 협력과는 달리 성과를 내고 있다. AFTA를 중핵으로 서비스무역이나 투자자유화 등 지역통합을 위해 많은 노력을 기울이고 있으며, 2020년에는 '상품, 사람, 자본이 자유롭게 이동'하는 경제공동체를 창설하는 데 합의하였다.

여기에서는 먼저 ASEAN 지역통합의 기둥 역할을 하고 있는 AFTA에 대해서 살펴보기로 하겠다. AFTA는 1992년 ASEAN 정상회의에서 합의되어 1993년에 역내 관세를 인하하기 시작했고, 2002년(일부 품목은 2003년)에는 당초에 계획한 FTA로서 완성되었다. AFTA는 공동유효 특혜관세(CEPT)라는 관세 인하 방안에 따라서 역내 관세를 당초에는 2008년까지 15년간에 걸쳐서 0~5%로 낮출 계획이었으나, 두 차례 예정을 앞당겨 실시함으로서 6년 빨리 실현되었다.[2]

AFTA의 창설 배경에는 세계적으로 지역통합이 진전되는 점과 중국에 대한 투자 붐이 있었다. 미국과 캐나다의 FTA에 이어서 NAFTA(북미자유무역협정) 교섭이 추진되었으며, 유럽에서는 EC공동시장 창설을 위한 움직임이 진전되고 있었다. 톈안먼(天安門)사건 이후 외국투자의 유입이 침체되어 있었던 중국에서는 1992년 덩샤오핑(登小平)이 개혁·개방을 가속화하도록 지시함에 따라, 1992년에는 외국투자가 급증하기 시작하였다. 이에 대해 ASEAN 각국은 중국에 외국투자가 집중되는 것을 우려하게 되었다. 따라서 거대 통합시장(인구, GDP 모두 중국의 약 절반)인 ASEAN을 창설함으로써 투자 대상으로서 ASEAN의 매력을 높이려는 의도가 깔려 있었다.

---

2) AFTA는 靑木健, 「AFTA」(東京: 日本貿易振興機構, 2002). 협정에 대해서는 ASEAN 사무국의 홈페이지에서 입수 가능.

〈표 4-1〉 AFTA의 관세 인하 추진 현황(2005년 6월 현재)

국가	총 품목 수	적용품목(IL)					일시적 제외 품목 (TEL)	일반적 제외 품목 (GEL)	민감품목/ 고민감품목 (SL/HSL)
		계	0~5%		5% 초과	기타			
			계	IL 점유율					
브루나이	10,702	9,924	9,748	98.2%	161	15	0	778	0
인도네시아	11,153	11,028	11,028	100.0%	0	0	0	100	25
말레이시아	12,123	12,037	11,672	97.0%	334	31	0	86	0
필리핀	11,059	11,013	10,901	99.0%	112	0	0	27	19
싱가포르	10,705	10,705	10,705	100.0%	0	0	0	0	0
태국	11,030	11,030	11,020	99.9%	10	0	0	0	0
ASEAN 6 계	66,772	65,737	65,074	99.0%	617	46	0	991	44
캄보디아	6,822	3,115	1,615	51.8%	1,500	0	3,523	134	50
라오스	10,690	10,023	8,240	82.2%	1,783	0	0	464	203
미얀마	10,689	10,385	9,146	88.1%	1,239	0	211	59	34
베트남	10,689	10,277	8,496	82.7%	1,781	0	14	371	27
신규가맹국 4 계	38,890	33,800	27,497	81.4%	6,303	0	3,748	1,028	314
ASEAN 10 합계	105,662	99,537	92,571	93.0%	6,920	46	3,748	2,019	358

주: 적용품목: 관세 인하 대상 품목, 일시적 제외품목: 인하 준비가 되지 않은 품목,
　　일반적 제외품목: 관세율의 삭감 대상이 아닌 품목(방위, 학술적 가치가 있는 것 등),
　　민감품목: 적용 품목으로의 이행을 탄력적으로 다루는 품목(미가공 농산물),
　　고민감품목: 쌀 관련 품목. 기타는 종량세가 있는 품목.
자료: 일본무역진흥기구 아시아대양주과(大洋州課) (원자료는 ASEAN 사무국)

AFTA는 먼저 관세를 0~5%로 낮추고, 관세철폐는 인도네시아, 말레이시아, 필리핀, 싱가포르, 태국, 브루나이의 6개국(ASEAN 6)이 2010년에, 그리고 베트남, 미얀마, 라오스, 캄보디아의 신규 가맹국인 4개국(CLMV)이 2015년으로 예정하고 있다.

2) AFTA의 완성

AFTA는 관세를 0~5%로 낮추기로 한 당초의 계획상으로는 완성되

었다고 볼 수 있다. ASEAN 6개국에서 2005년 6월 현재 자유화 품목인 CEPT 적용품목(IL)은 전체 관세 대상 품목의 98.4%를 차지하고 있다 (<표 4-1>). IL에서 관세율이 5% 이하로 인하된 품목 비율은 99.0%이 고, 전체 품목에서 차지하는 비율은 97.5%이다. 자유화 대상이 아닌 일시적 제외품목(TEL)은 0이다. 말레이시아가 자동차 관련 218 품목을 남겨 둔 것은 2005년에 IL로 이행하기 위해서이다. 말레이시아는 2006 년 3월 자동차의 CEPT 관세를 완성차는 5%로 낮췄고, 현지조립차 (CKD)에 대해서는 철폐하였다. 인도네시아와 필리핀에 남아 있는 민감 품목은 미가공 농산물이며, 고민감품목은 쌀이다. 민감품목은 2010년 까지 0~5% 이하로, 고민감품목은 2010년까지 인도네시아와 말레이시 아가 20%로 낮출 예정이지만, 필리핀은 미정이다. 싱가포르와 태국은 전품목을 IL로 이행하고 있으며, 인도네시아와 싱가포르는 전 IL품목을 0~5%로 낮추고 있다.

CLMV 국가에서 0~5%의 관세 인하는 베트남이 2006년 1월, 라오 스와 미얀마가 2008년 1월, 캄보디아가 2010년 1월로 각각 다른 일정 으로 잡혀있다. 2005년 6월 현재 86.9%를 IL로 이행시켰고, 관세율 5% 이하의 품목이 IL에 차지하는 비율은 81.4%이다. 캄보디아는 IL 이행품목이 45.6%, 0~5% 품목이 IL의 51.8%, TEL이 3,523품목으로 서 관세 인하가 가장 늦어지고 있다.

3) AFTA 방안을 이용한 무역의 증가

AFTA로 인해 역내 무역 비율이 현저하게 증가했다고만 말할 수 없 다. 무역자유화를 지연시키는 움직임도 있었고 절차상의 문제점도 지 적되고 있다. 그러나 진척은 늦어지고 있지만 문제해결을 위한 노력도 이뤄져 CEPT를 이용한 무역은 순조롭게 증가하고 있다. 또한 ASEAN

에 진출한 다국적기업은 AFTA를 이용하여 생산체제를 재구축하고 있다. 뒤에서도 살펴보겠지만, ASEAN의 중국 FTA와 한국 FTA는 AFTA의 CEPT 방안을 원용하고 있으며, AFTA는 동아시아 경제통합에 선행한 FTA로서 그 중요성이 커지고 있다.

CEPT를 이용한 역내 무역은 급속히 확대되고 있다. CEPT를 이용한 태국의 역내 무역 비율은 2002년 11.2%에서 2004년 19.3%로 상승하였다(<그림 4-1>). 4품목을 제외하면 관세율이 0%인 싱가포르는 수입면에서 CEPT를 이용할 필요가 없기 때문에 CEPT 이용률은 매우 낮다. 그러나 예를 들어 태국의 CEPT 사용률을 보면 싱가포르 수출을 제외하고는 최근에 급속하게 높아지고 있으며, 인도네시아 수출은 41.5%, 필리핀 수출은 40.4%로 높아지고 있다(<그림 4-2>). 말레이시아는 태국과 비교하면 낮지만 점차로 높아지고 있으며, 2003년 CEPT 이용률은 베트남 수출이 26.9%, 필리핀 수출이 17.1%이다.

절차의 면에서는 원산지증명 입수에 시간이 걸린다던가, 절차가 복잡하고 해석이 국가별로 다른 점 등이 민간기업으로부터 지적되고 있다. 그러나 JETRO(일본무역진흥기구)의 조사에 의하면, ASEAN 공동 관세 코드의 도입 등으로 절차상의 문제점이 개선되고 있으며, 번잡한 절차문제 등 개선할 점은 많지만 비교적 순조롭게 처리되고 있다. 원산지규정도 관세번호 변경 기준이나 부분누적의 검토, 중개무역에 있어서 CEPT를 적용하기 위한 원산지증명 발급 등 이용하기 쉽도록 개선하려는 노력이 이루어지고 있다.[3]

---

3) AFTA의 이용 현황, 원산지규정의 현상과 문제점에 대해서는 와카마츠(若松勇)가 「ASEANのFTAと原産地證明」(東京: 日本貿易振興機構, 2004)에서 자세히 언급하고 있다.

〈그림 4-1〉 태국, 말레이시아의 CEPT를 이용한 역내 무역 비율(단위: %)

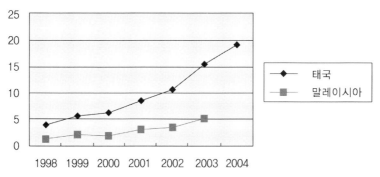

자료: 태국 상무성, 말레이시아 국제통상산업부 자료에 의해 작성.

〈그림 4-2〉 태국의 CEPT를 이용한 ASEAN 역내 수출 비율(단위: %)

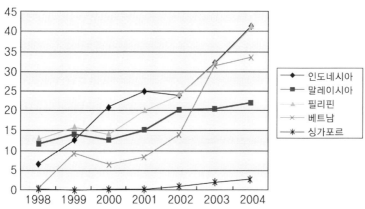

자료: 태국 상무성 자료에 의해 작성.

4) 절세와 생산체제 재구축

외자계 기업을 비롯해 역내 기업에게는 AFTA의 이용가치는 절세 효과에 있다. ASEAN 각국의 관세율은 싱가포르를 제외하고는 비교적 높은 수준이며 자동차 등 일부는 고관세 품목으로 남아 있다.

AFTA가 절세 목적으로서 이용가치가 있는 것은 ASEAN 산업협력 방안(AICO)이 자동차를 중심으로 다국적 기업에서 이용되고 있는 것을 보면 알 수 있다. AICO는 개별 기업의 역내 무역에 0~5%의 특혜관세를 적용하는 방안으로서 개별기업을 기준으로 AFTA를 앞당겨 실시한다는 것이다. 1996년 도입 이후부터 2005년 4월까지 129건이 인가되었다(<표 4-2>). 국가별로 살펴보면, 85%가 일본이고, 산업별로는 89%가 자동차이다. 기업별로는 2005년 4월 현재 토요타가 32건, 혼다가 41건으로 일본의 자동차기업에서 활용되고 있음을 알 수 있다. AICO를 이용한 완성차 수출도 시작되었으며, 혼다가 2002년 8월에 태국과 인도네시아에서 AICO를 이용하여 완성차의 상호수출을 시작하였고, 포드도 2002년 3월에 태국과 필리핀에서 AICO를 이용해서 처음으로 완성차의 상호수출을 개시하였다(<표 4-3>).

기업에 있어서 AFTA의 또 다른 이용가치는 글로벌 경쟁의 격화, 특히 중국과의 가격경쟁을 벌이는 외자계 기업을 비롯한 ASEAN 기업이 역내에서 산업 거점을 집약·재편하여 최적지 생산과 규모의 경제를 실현하기 위한 수단으로서 이용할 수 있다는 점이다. AICO는 그러한 목적으로 이미 자동차산업을 중심으로 이용되고 있다. ASEAN 각국에 있어서는 외국투자를 유치하거나 ASEAN으로부터 철수하지 않게 하는 데도 높은 이용가치가 있다. JETRO의 조사에 의하면, 일본계 기업이 ASEAN에서 사업을 계속하는 큰 이유는 'AFTA에 따른 시장확대'에 있다.[4] ASEAN에 진출한 외자계 기업은 AICO의 이용에서도 알 수 있듯이 AFTA를 대상으로 한 사업전개를 위해서 생산거점의 재편을 추진하고 있다.

---

4) JETRO, 「21世紀を迎えた日本企業の海外直接投資戦略」(東京: 日本貿易振興機構, 2001).

〈표 4-2〉 AICO를 이용한 기업의 산업별, 국별 건수

구분	합 계	일 본	구미(歐美)	기타 · 불명
자동차·동부품	115	103	9	3
전기·전자	7	6	0	1
기타 기계	1	1	0	0
식품	5	0	5	0
기타	1	1	0	0

주: 2005년 4월 현재 총 129건. 자동차·동부품은 토요타, 혼다 이외에는 닛산, 미츠비
시, 덴소, 산텐, 볼보, 포드 등. 전기·전자는 소니, 마츠시타, 삼성 등. 식품은 모두
네슬레임.
자료: ASEAN 사무국 AICO 인가 리스트를 참고로 작성.

〈표 4-3〉 ASEAN 역내에서의 완성차 수출

토요타	태국: IMV 픽업트럭, 인도네시아: IMV 미니밴
이스즈	태국: 픽업트럭 'D-Max', 인도네시아: 다목적차 'Panther'
혼다	태국: 어코드, 씨티, 재즈, 인도네시아: 미니밴 '스트림'
닛산	태국→인도네시아: 샤니, 세피로
미츠비시	태국→인도네시아, 필리핀: 란서
마츠다	필리핀→태국: 트리뷰트III
포드	태국: 픽업트럭, 필리핀: 승용차

자료: 米谷博,「ACFTAはタイ/マレーシアの自動車産業に何をもたらすか」, 일본
무역진흥기구 강연회 배포 자료.

5) 점진주의로 진행된 AFTA

1993년 AFTA를 개시한 ASEAN은 동아시아에서는 FTA 선진국이
지만, AFTA에 대한 평가는 높지 못했다. AFTA를 'Agree First Talk
After' 또는 'Another Futile Trade Area'의 약어라고 하는 등의 냉소적
인 견해가 있으며, 일본에서는 ASEAN에 대해 혹평을 하는 연구자들
도 있다.[5] 그러나 AFTA는 계획보다 빨리 실현되었고, ASEAN 6개국
에서 0~5%로 관세를 낮춘 품목(자유화품목)은 97%에 달하고 있으며,

제조업품목은 모두 자유화되었다. 예외품목은 문화재 등 일반적 제외
품목과 쌀 등의 일부 농산물뿐이다. 2010년에 ASEAN 6개국에서 관세
가 철폐되면 명실공히 FTA가 될 것이다. 발효와 동시에 많은 품목의
관세가 철폐되는 선진국 간의 FTA와 비교하면 FTA를 실현하는 과정
에서 문제점이 많았지만, 시간을 들여서 행한 단계적인 자유화는 개발
도상국 집합체인 ASEAN에게는 현실적으로 필요한 프로세스였다.
AFTA 관세철폐방안은 뒤에서도 살펴보겠지만 중국 및 한국과의 FTA
에서 이용되고 있다.

3. ASEAN공동체를 지향하여

1) 설립 당시부터 공동체를 지향

ASEAN은 2020년에 '영구적인 평화, 안정, 번영을 공유'할 목적으
로 ASEAN공동체(ASEAN Community)의 형성을 추구하고 있다.

ASEAN은 설립 당시부터 공동체를 지향하고 있었는데 ASEAN의 설
립선언(방콕선언)에서는 ASEAN의 목적으로 '번영되고 평화로운 공동체
의 기초를 강화하기 위하여 평등과 동반자 정신에 입각한 공동의 노력을
통하여 지역의 경제성장·사회진보·문화발전을 가속화한다'고 하였다.
1976년 발리에서 개최된 제1차 ASEAN 정상회의에서 채택된 'ASEAN
협조선언'에서는 ASEAN의 8개 항목의 원칙과 목적의 하나로서 '지역

---

5) 일본에서의 ASEAN 연구자의 견해에 대해서는 佐藤幸一, 「AFTAをめぐるASEAN
の地域政治」, 渡辺利夫 編, 『東アジア市場統合への道』(東京: 勁草書房, 2004); 吉野
文雄, 「グローバル化の中の地域経済統合」, 末廣昭·山影進 編, 『アジア政治経済論』
(東京: NTT出版, 2001)을 참조.

적인 동일성(Identity)·강력한 ASEAN공동체'를 내걸고 있다. 야마카게(山影進)는 ASEAN의 독립성을 ASA(동남아시아연합) 등의 '전신(前身)'과 대조해서 '지역적인 공동체를 지향한 조직'이라고 지적하였으며, '국민통합·개발을 추진함으로써 정치체제의 기반을 굳히려는 ASEAN 각국 정부에 있어서 ASEAN이라는 공동체로 결집한 것은 의의가 있다'고 평가하였다.[6]

ASEAN공동체는, 1997년 제2회 비공식 정상회의에서 채택된 'ASE-AN 비전 2020'을 통하여 안전보장, 경제, 사회·문화의 세 가지 분야에서의 협력 방향을 세 가지 ASEAN공동체로 하는 등 더욱 구체적으로 제시되었다.[7] 비전 2020은 상품, 서비스, 투자, 자본의 자유로운 이동과 균형적인 경제발전, 그리고 빈곤과 사회경제적 불균형의 해소가 실현된 안정되고 번영하는 경쟁력 있는 ASEAN 경제 지역의 창조를 경제분야의 목표로 하고 있다. 이를 위해서 AFTA의 완전 실시, 서비스무역의 자유화 가속, 2010년까지 ASEAN 투자지역(AIA)의 실현과 2020년까지의 투자자유화 등을 전략으로 내세우고 있다.

비전2020에 입각하여 ASEAN은 2003년 10월 제9회 정상회의에서 '제2 ASEAN 협조선언'을 채택하여, 안전보장공동체(ASEAN Security Community: ASC), 경제공동체(ASEAN Economic Community: AEC), 사회·문화공동체(ASEAN Socio-Cultural Community: ASCC)로 구성되는 ASEAN 공동체를 지향할 것을 분명히 하였다.[8]

6) 山影進, 『ASEAN シンボルからシステムへ』(東京: 東京大學出版會, 1991), pp.223~237.
7) 비전 2020에서는 안전보장(A Concert of Southeast Asian Nations), 경제협력(A Partnership in Dynamic Development), 사회·문화(A Community of Caring Societies)의 세 가지를 근간으로 하고 있다.
8) "Declaration of ASEAN Concord(Bali Concord)", ASEAN 사무국 홈페이지에서 입수 가능.

2) 경제공동체 실현을 향한 우선 분야의 선행 자유화

제2 ASEAN 협조선언에서는, ASEAN 경제공동체(AEC)는 비전 2020 에서 개요가 제시된 경제통합의 최종목표가 실현된 것으로서 '명확한 스케줄과 기존 및 새로운 이니셔티브에 따라 경제통합을 심화·확대'시 키며, ASEAN이 '하나의 시장 및 생산기지(a single market and production base)가 되고 또 글로벌 규모의 공급사슬(supply chain)의 역동적이며 강력한 일부가 될 수 있도록 다양성을 기회로 전환시킨다'고 하였다. 이를 위해서 AFTA, 서비스에 관한 ASEAN 기본협정(AFAS), ASEAN 투자지역(AIA) 등 기존의 이니셔티브 실행을 강화하는 새로운 메커니즘과 조치를 취하고, 우선 분야의 통합 가속화, 비즈니스맨이나 기능노동자 이동의 원활화, 분쟁해결 메커니즘의 개선을 포함한 ASEAN의 제도 메커니즘의 강화를 실시한다고 하였다. AEC 실현의 제1단계로서 고위급 실무반(HLTF)에 의한 제언을 실행하고 협력에 대해서는 인재개발, 교육자격의 승인, e-ASEAN을 통한 전자상거래의 발전, 역내 조달 촉진을 위한 산업통합 등 협력과 통합을 강화한다고 하였다.

제2 ASEAN 협조선언의 부속문서인 고위급 실무반의 제언은 통합을 위한 새로운 이니셔티브 및 조치로서 11개의 우선통합분야를 정해서 각국이 분담하고 통합의 가속화를 조정하기로 하였다.[9] 각국의 분담 내용으로는, 인도네시아는 목제품과 자동차, 말레이시아는 고무제품, 섬유·의류, 미얀마는 농산물과 수산물, 필리핀은 전자, 싱가포르는 e-ASEAN과 보건, 태국은 항공과 관광이다. 구체적인 조치사항으로 상품무역에 대해서는 역내 무관세, 무역장벽의 즉시 철폐, 통관의 신속화와 절차의 간소화, 상호인증의 가속화, 제품 표준화와 기술규제의 조화

---

9) Recommendations of the High-level Task Force on ASEAN Economic Integration.

가 제안되었다. 서비스에 대해서는 우선 분야를 2010년까지 자유화하
고, 상호인증을 가속화하며 제3국을 포함한 합작과 협력의 촉진이 제
안되었다.

통합을 향한 합의의 실시와 분쟁에 대한 신속한 해결을 위한 제도
및 메커니즘의 강화·개선도 제안되었다. 구체적인 조치 사항으로서는
첫째, 통상법 전문가가 무역분쟁에 대해서 법적인 조언을 하는 ASEAN
법률단을 ASEAN 사무국에 설치한다. 둘째, 무역투자문제의 해결을
위해서 협의를 하는 ACT(ASEAN Consultation)를 설립한다. 셋째, WTO
의 섬유·섬유제품 감시기관을 모델로 해서 합의가 이뤄지지 않는 경우
에는 분쟁에 관여하지 않는 국가가 검증하고, 그 결과를 공표하는
ACB(ASEAN Compliance Monitoring Body)를 설립한다. 넷째, ASEAN 분
쟁해결 메커니즘(DSM)을 신속하고 법적 구속력이 있는 결정을 내릴
수 있도록 하는 것이 제안되었다.

기존 이니셔티브의 강화에 관한 사항으로서는 원산지규정의 개선,
비관세 조치에 대한 데이터베이스 작성과 철폐계획 책정 등 많은 조치
가 상품무역, 관세, 기준인증, 서비스, 투자, 지적재산권 보호, 자본 이
동 등에 대해서 제안되었다.

2004년 11월에 개최된 제10차 정상회의에서는 ASEAN공동체를 향
한 중기계획(2004~2010)으로 비엔티안 행동계획(Vientiane Action Pro-
gramme: VAP)이 채택되었다. VAP는 하노이 행동계획(1999~2004)에 이
은 것이다. 행동계획 실시를 위해서 ASEAN 개발기금(ASEAN Develop-
ment Fund) 창설에 합의했으며, 경제공동체 실현을 위하여 우선 분야의
통합을 위한 기본협정이 조인되었다. 정상회의에서 조인된 'ASEAN 우
선 분야 기본협정'에는 2003년 제2 ASEAN 협조선언을 바탕으로 선정
된 우선 통합 11개 분야 중에서 항공과 관광을 제외하고는 2007년 1월
(신규 가맹 4개국은 2012년 11월)까지 관세를 철폐하기로 되어 있다.

우선 분야(목제품, 자동차, 고무제품, 섬유, 농산물가공, 수산물, 전자, IT, 보건)의 품목 수는 4,275개이며, ASEAN 사무국에 의하면 품목 수에서 40%이고, 2003년 역내 무역액의 50% 이상을 차지하고 있다. 그러나 품목 수에서 15%까지를 네거티브 리스트로 정해 적용 대상 예외품목으로 지정할 수 있으며, 이들 품목의 관세철폐는 2010년까지이다. 하지만 품목 수에서 15%는 제외시킬 수 있다. 비관세장벽, 서비스무역, 투자, 무역투자의 원활화, 기준인증, 사람의 이동 등의 분야에서는 HLTF 제언을 실행한다는 확인이 이뤄졌으며, ASEAN 역내 물류 개선, 무역·투자 촉진, 지적재산권, 산업보완, 인재개발 등 분야에서의 통합의 촉진, 제도의 강화가 규정되었다.

2005년 제11회 ASEAN 정상회의에서는 ASEAN 경제공동체 실현을 2020년에서 2015년으로 앞당겨 실시하는 가능성에 대해서 논의하였으며, 차후에 각료 수준에서 검토하기로 하였다.

3) ASEAN 경제공동체의 과제

ASEAN공동체는 안전보장, 경제, 사회·문화의 3개의 공동체로 구성되어 있으며 2020년에 실현하는 것을 목표로 하고 있다. 그러나 경제공동체는 2015년으로 앞당기는 것을 검토 중에 있다.

발랏사(B. Balassa)에 의하면, 지역통합의 발전단계에는 자유무역지대(FTA), 관세동맹, 공동시장, 경제동맹, 완전한 통합으로 되어 있으며, 유럽의 지역 통합은 거의 이러한 순서를 밟고 있다.[10] 제2 ASEAN 협조선언에 의하면 ASEAN 경제공동체는 '상품, 서비스, 자본의 자유로운 이동', '하나의 시장 및 생산기지'로 되어 있다. 이것은 '공동시장'

---

10) B. Balassa, 『經濟統合の理論』, 中島正信 譯(東京: ダイヤモンド社, 1963)

이라고 할 수 있지만, ASEAN 가맹국 간의 경제격차와 현재의 통합실태를 고려하면 EU와 같은 공동시장이 실현되기는 어렵다.

상품무역은 AFTA, 서비스무역은 AFAS, 투자는 AIA에 의해서 통합을 진행시키고 있다. 통관, 사람의 이동, 상호인증 등의 원활화, 분쟁해결에 대해 노력을 기울이기 시작하였다. 이러한 통합을 위한 조치 중에는 AFTA에 의한 관세장벽 철폐가 가장 진전되고 있지만, 비관세장벽 제거에 대해서는 데이터베이스를 마련하는 단계에 있다. 서비스 등 다른 분야의 자유화와 원활화는 지연되고 있다. 그 때문에 '공동시장 마이너스'와 'FTA 플러스'라는 구상이 제안되었다.[11]

무엇보다 제일 큰 과제는 실효성이었다. 통합을 위해서 수많은 결정이 이루어지고 있지만, 실시가 지연되고 예외 조치가 취해지기 때문에 실효성이 확보되지 않는다는 문제가 있다. 그 때문에 경제통합을 지향한 제도의 강화가 과제로서 인식되어 분쟁해결을 위한 메커니즘의 강화가 고위급 실무반에서 제안되었다.

2005년 정상회의에서는 ASEAN 헌장(Charter)의 제정이 합의되어 ASEAN 헌장제정에 관한 선언문이 조인되었다.[12] 1974년 제7차 각료회의에서 ASEAN 헌장에 대해서 검토할 것을 합의했지만 구체화되지는 못했다.[13] ASEAN 헌장은 ASEAN공동체 구축을 위한 법적·제도적

---

11) 동남아시아연구소(싱가포르)가 개최한 'ASEAN공동체를 위한 라운드 테이블'에서는 'FTA 플러스'를 제안하였으며, 주권은 위양하지 않고 협정이 구속력을 갖는 NAFTA 모델을 고려해야 한다고 하였다. 한편, 하디(Hadi Soesastro)는 '공동체 마이너스'를 제안하였다. Denis Hew, Chin Kin Wah and Lee Hock Guan, "The ASEAN Community Roundtable," Towards Realizing An ASEAN Community, Institute of Southeast Studies, Singapore(2004); Hadi Soesastro, "ASEAN Economic Community: Concept, Costs, and Benefits," Denis Hew(eds.). *Roadmap to ASEAN Economic Community*(Singapore: ISEAS, 2005), p.27.

12) "Chairman's Statement of the 11th ASEAN Summit", Kuala Lumpur, 12 December, 2005.

인 틀이고, 방콕선언을 기반으로 하여 법적 기반이 취약한 ASEAN의 법적인 위치를 명확히 정립하고 ASEAN 여러 기관의 기능이나 관할분야를 결정하도록 하는 것이다. 헌장제정을 위해 원로회의가 결성되어 제언을 하도록 되어 있다. 헌장은 ASEAN에 법적 기반을 부여하며 ASEAN을 제도적으로 강화시킨다. 선언문에서는 내정불간섭, 컨센서스를 통한 의사결정 등의 원칙이 확인되었고, ASEAN의 기존 협정이 법적인 구속력을 가질 것을 확인하고 있다.

헌장의 내용은 원로회의에서 제언되어야 하지만, 종래에 비해서 ASEAN을 기구로서 제도적으로 강화하는 방향으로 움직이고 있는 것은 확실하다고 하겠다. 그러나 EU와 같이 주권을 위양하는 것이 아니라 경제통합을 위해서 여러 협정이 법적 구속력을 갖게 되는 형태가 되리라 생각한다.14)

한편으로 ASEAN의 다양성과 경제격차를 고려할 때, 'ASEAN-X' 방식을 일부에서 채택하는 등 유연한 대응을 계속하는 것이 현실적일 것이다. 고위급 실무반에서는 서비스무역과 투자를 'ASEAN-X' 방식으로 자유화를 진행시킬 것을 제언하고 있다.

4. ASEAN의 대외 FTA

ASEAN과 역외국과의 FTA(대외 FTA)는 21세기에 들어와서 급증하고 있다. ASEAN의 대외 FTA는 ASEAN 전체와의 FTA와 가맹국이

---

13) 山影進, 『ASEAN シンボルからシステムへ』(東京: 東京大學出版會, 1991), pp.242~243.

14) "Kuala Lumpur Declaration on the Establishment of the ASEAN Charter", Kuala Lumpur, 12 Decdember 2005.

독자적으로 교섭·체결하는 FTA로 나눌 수 있다. ASEAN 전체와의 FTA는 이미 중국과 체결하였으며, 한국과는 기본협정에 조인하였고, 일본·인도·CER(호주와 뉴질랜드)과는 교섭 중에 있으며, EU와도 협정 체결을 위한 연구를 시작하였다. 가맹국 중에는 싱가포르가 가장 적극적이며 2006년 9월 현재 11개국·지역과 체결하고 있다. 싱가포르의 다음이 태국으로 호주, 뉴질랜드와 체결하였고, 일본과는 실질적 합의를 이루었으며, 4개국과 교섭 중에 있다.

ASEAN이 가장 먼저 FTA를 체결한 곳은 중국이었고 중국의 움직임은 빨랐다. 중국과의 FTA는 많은 점에서 주목을 받았다. 여기에서는 먼저 중국과의 FTA 내용과 특징에 대해서 검토하도록 하겠다. 그리고 일본과의 FTA 관계 및 가맹국의 FTA에 대한 동향을 살펴볼 것이다.

1) 앞서 추진된 중국과의 FTA

(1) CEPT 방식의 원용(援用)

중국과의 FTA(ACFTA)는 2000년 11월 중국 측이 제안하였으며, 전문가의 연구를 거쳐서 2001년 11월에 10년 이내에 FTA를 창설하기로 합의하였다. 2002년 11월에는 '포괄적 경제협력에 관한 기본협정(기본협정)'에 합의하였고, 2004년부터는 농산물 8품목(HS01~08)의 자유화를 선행하는 조기 자유화(Early Harvest)를 개시하였다. 2004년 11월에는 관세철폐 방식과 스케줄을 결정한 '상품무역에 관한 협정'을 체결하였고, 2005년 7월에는 관세 인하를 개시하였다. ACFTA는 이처럼 신속히 교섭이 진행되고 있으며 대외 FTA에서는 가장 앞서고 있다.

ACFTA가 선행되고 있는 것은 관세 인하 방식, 원산지규정 등으로 AFTA의 CEPT를 채택하고 있기 때문이다. 또한 일본과 같이 서비스나 투자 자유화를 일관해서 교섭하는 것이 아니라 상품에 대한 무역 자유화만을 교섭하는 것도 이유가 되고 있다.

ACFTA의 상품무역에 관한 협정(ASEAN과 중국의 포괄적 경제협력에 관한 기본협정의 상품무역에 관한 협정: 이하 상품무역협정)은 2004년 11월에 조인되었고, 2005년 7월 20일부터 시행되어 관세 인하가 개시되었다.[15]

관세 인하는 중국 및 ASEAN 6개국과 CLMV의 4개국으로 나누어 각기 다른 스케줄로 진행되고 있으며, 품목은 관세철폐의 대상인 일반 품목군(Normal Track)과 예외가 되는 민감품목군(Sensitive Track)으로 나뉘져 있다. 이것은 CEPT와 같은 방식이다. 일반품목은 2003년 7월 시점의 관세율에 따라 5개 그룹(CLMV는 11그룹)으로 나누어 단계적으로 낮출 계획이며 2010년(CLMV는 2015년)에는 관세가 철폐된다.

예외품목인 민감품목은 국제통일상품 분류체계 HS6 단위로 400품목 및 2001년 수입의 10% 이하(CLMV는 500품목)이며 2012년(2015년)까지 20%, 2018년(2020년)까지 0~5%로 낮추면 된다. 민감품목군은 다시 민감품목(Sensitive List)과 고민감품목(High Sensitive List)으로 분리되고, 고민감품목은 민감품목군의 40% 또는 100품목(CLMV는 150품목)을 상한으로 해서 2015년(2018년)까지 관세율을 50% 이하로 낮추면 된다. 원산지규정은 AFTA와 마찬가지로 누적 원산지 비율의 40%이다.

(2) 2005년에 관세 인하 개시

일반품목군은 2005년 7월에 관세 인하가 개시되었으며, 중국과 ASEAN 6개국은 2010년에, 신규 가맹국은 2015년에 관세가 철폐된다.

---

15) "Agreement on Trade in Goods of the Framework Agreement on Comprehensive Economic Co-operation between the Association of Southeast Asian Nations and the People's Republic of China" 협정은 ASEAN 사무국의 홈페이지에서 입수 가능.

〈표 4-4〉 ASEAN 6개국과 중국의 관세 인하 스케줄

구분	2005년 7월 1일까지	2007년 1월 1일까지	2009년 1월 1일까지	2010년 1월 1일까지
20% 이상	20	12	5	0
15%이상~ 20%미만	15	8	5	0
10%이상~ 15%미만	10	8	5	0
5%초과~ 10%미만	5	5	0	0
5%이하	현행율		0	0

자료: Agreement on Trade in Goods of the Framework Agreement on Comprehensive Economic Co-operation between the Association of Southeast Asian Nations and the People's Republic of China(ACFTA 상품무역협정).

ACFTA는 호혜주의를 채택하고 있다. 즉, ACFTA에 의한 관세 인하(철폐) 혜택을 받기 위해서는 수출국이 해당 품목을 일반품목군으로 지정할 필요가 있다. 반대로 말하면 상대국이 어떤 품목을 일반품목군으로 지정하더라도 자국이 그 품목을 민감품목군으로 지정하면 관세 인하의 대상이 되지 않는다. 호혜주의도 AFTA와 마찬가지이다.

중국과 ASEAN 6개국의 관세 인하는 2003년 7월 관세율에 따라서 5개 그룹으로 분리되어 4단계로 실시된다(<표 4-4>). 또한 일반품목군 중에서 40% 이상의 품목의 관세율을 2005년 7월 1일까지 0~5%로 낮추고, 60% 이상의 품목의 관세율을 2007년 7월 1일까지 0~5%로 낮춰야 한다. 한편으로 HS6 단위로 150품목을 초과하지 않는 범위에서 관세철폐를 2012년 1월 1일로 연기할 수 있다.

CLMV의 관세 인하는 11개 그룹으로 나누어 8단계를 거쳐 낮추고, 2015년 1월 1일까지 철폐한다(<표 4-5>). 베트남은 2009년 1월 1일, 라오스와 미얀마는 2010년 1월 1일, 캄보디아는 2012년 1월까지 일반품목군의 50% 이상의 품목의 관세율을 0~5%로 낮춰야 한다. 또한 캄보디아, 라오스, 미얀마는 2013년 1월 1일까지 일반품목군 40%의

〈표 4-5〉 CLMV의 관세 인하 스케줄

구분	2005년 7월 1일까지		2006년 1월 1일까지		2007년 1월 1일까지		2008년 1월 1일까지		2009년 1월 1일까지		2011년 1월 1일까지		2013년 1월 1일까지		2015년 1월 1일까지	
	베트남	CLM	베트남	CLM	베트남	CLM	베트남	CLM	베트남	CLM	베트남	CLM	베트남	CLM	베트남	CLM
60%이상	60		50	50	40	40	30	30	25	25	15	15	10	10	0	0
45%이상~60%미만	40		35	35	35	35	30	30	25	25	15	15	10	10	0	0
35%이상~45%미만	35		30	35	30	30	25	30	20	20	15	15	5	5	0	0
30%이상~35%미만	30		25	25	25	25	20	20	17	20	10	10	5	5	0	0
25%이상~30%미만	25		20	25	20	25	15	20	15	20	10	10	5	5	0	0
20%이상~25%미만	20		15	20	15	15	10	15	10	15	10	10	0-5	0-5	0	0
15%이상~20%미만	15		10	15	10	15	10	15	10	15	5	5	0-5	0-5	0	0
10%이상~15%미만	10		10	10	10	10	10	10	8	8	5	5	0-5	0-5	0	0
7%이상~10%미만	7	7*	7	7*	7	7*	7	7*	5	7*	5	5	0-5	0-5	0	0
5%이상~7%미만	5	5	5	5	5	5	5	5	5	5	5	5	0-5	0-5	0	0
5%미만	현행율										0					

주*: 미얀마는 2010년 말까지 7.5%.
자료: ACFTA 상품무역협정

품목의 관세를 철폐해야 한다. 베트남의 일반품목군 대상품목은 2004년 12월 31일까지 발표하도록 되어 있었지만, 2005년 7월 20일 시점까지 발표되지 않았다. CLMV 4개국은 250품목을 상한으로 해서 2018년까지 관세철폐를 연기할 수 있다.

(3) 예외가 많은 제조업 품목

민감품목군은 민감품목과 고민감품목으로 나눌 수 있다. 중국과 ASEAN 6개국은 민감품목군에서 품목 수의 40% 이내 또는 100개 이내의 품목을 고민감품목으로 지정할 수 있다. 민감품목은 2012년 1월 1일까지 관세율을 20% 이하로, 2018년 1월 1일까지 0~5%로 낮춰야 한다. 고민감품목은 2015년 1월 1일까지 관세율을 50% 이하로 낮춰야 한다.

민감품목은 중국이 161품목, ASEAN이 1,197품목을 지정하고 있다 (<표 4-6>). 인도네시아가 가장 많은 347품목, 필리핀·말레이시아·태국은 250품목 정도를 지정하고 있다. 싱가포르는 식품(맥주) 1품목이다. 그 외 ASEAN 각국은 플라스틱·고무제품, 의류, 철강·철강제품, 전기기계와 수송기계가 있다. 중국은 종이·종이제품이 73품목으로 매우 많다.[16]

고민감품목은 중국이 100품목, ASEAN 6개국이 총 374품목을 지정하고 있다. 품목별로 살펴보면, 농산품·식품이 많이 지정된 것이 특징이며, ASEAN은 총 154품목, 중국은 26품목이다. 특히 주요 농산품 수출국인 태국이 51품목을 지정한 것이 눈에 띈다. 쌀은 중국, 인도네시아, 말레이시아, 필리핀, 태국에서 지정되어 있다. 수송기계는 ASEAN에서 총 103품목, 중국에서 8품목이고, 승용차는 중국, 인도네시아, 말레이시아, 태국에서 지정되어 있다.

---

16) "Modality for Tariff Reduction for Tariff Lines placed in the Sensitive Track," 『상품무역협정 부속서 2』에 의함.

〈표 4-6〉 주요 민감품목(HS6 단위)

국가		항목	계
인도네시아	SL	플라스틱·고무제품(91), 의류(67), 화학제품(40), 수송기계(32)	349
	HSL	수송기계(23), 농산품·식품(13), 플라스틱·고무제품(5)	50
말레이시아	SL	섬유(49), 플라스틱·고무제품(47), 철강·철강제품(35), 일반기계(35), 의류(28)	272
	HSL	철강·철강제품(43), 농산품·식품(22), 수송기계(17)	96
필리핀	SL	의류(77), 플라스틱·고무제품(48), 수송기계(42), 철강·철강제품(31)	267
	HSL	농산품·식품(41), 플라스틱·고무제품(15), 석재·도자기·유리(9)	77
싱가포르	SL	농산품·식품(1)	1
	HSL	농산품·식품(1)	1
태국	SL	철강·철강제품(78), 전기기계(49), 신발(22), 일반기계(19)	242
	HSL	농산품·식품(51), 수송기계(22), 석재·도자기·유리(16)	100
브루나이	SL	전기기계(28), 가구·침구(13), 신발 등(9)	66
	HSL	수송기계(34)	34
캄보디아	SL	일반기계(85), 전기기계(45), 섬유(34), 화학품(24), 기타 금속(23)	350
	HSL	플라스틱·고무제품(29), 화학품(24), 농산품·식품(18), 종이·종이제품(17)	150
라오스	SL	농산품(75), 화학품(2), 수송기계(2)	88
	HSL	농산품(16), 수송기계(14)	30
미얀마	SL	농산품(127), 플라스틱·고무제품(61), 수송기계(32), 목재·목제품(30)	271
	HSL	없음	-
중국	SL	종이·종이제품(73), 화학품(17), 농산품(16), 수송기계(14)	?
	HSL	종이·종이제품(40), 농산품·식품(26), 목재·목제품(11), 수송기계(8)	100

주: 품목분류는 다음과 같다(HS2 단위). 농산품·식품(1~24), 화학품(28~37), 플라스틱·고무제품(39~40), 목재·목제품(44~46), 종이·종이제품(47~49), 섬유(50~60), 의류(61~63), 신발 등(64~67), 석재·도자기·유리(68~70), 철강·철강제품(72~73), 기타 금속(74~83), 일반기계(84), 전기기계(85), 수송기계(87), 가구·침구(94)
자료: ACFTA 상품무역협정에 의해서 작성.

(4) ACFTA의 평가

① 주요품목에 예외가 많다

ACFTA는 민감품목을 수출액(2001년)의 10% 이하로 규정하고 있고, 기본협정에서는 '실질적으로 모든 무역을 자유화'하는 GATT 24조의 조건과 정합적이다. 그러나 실태를 보면 예외가 많은 FTA이다. 먼저 호혜주의에 따라서 ACFTA의 특혜관세 대상품목이 감소된다. ACFTA 대상품목은 자국 및 상대국이 일반품목으로 지정한 품목에 한정되고 자국이 일반품목으로 지정한 품목이라도 상대국이 민감품목으로 지정하면 관세 인하의 대상이 되지 않기 때문이다.

다음으로 민감품목에 화학·철강·섬유·의류·일반기계·전기기계·수송기계 등 중요한 제조업 상품이 포함되어 있다. 섬유·의류와 전기기계 중에서 전자제품 이외는 수입대체형 산업으로 고관세 등의 장벽에 의해서 보호를 받아온 품목이 많다. 섬유·의류는 ASEAN 수출산업으로 지정되어 있지만 중국제품에 대한 가격경쟁력이 우려되고 있다. 또한 쌀 등의 농산물이 민감품목에 많이 포함되어 있다.

민감품목에서는 고관세가 유지되는 동안은 무역이 확대될 가능성이 낮다. 그 때문에 기계, 철강, 화학에서 중국과의 무역이 ACFTA에 의해서 단기적으로 확대될 전망은 작을 것이다. 한편 2001년 이후 중국과의 무역확대에서 주력이 되고 있는 전자제품은 이미 무관세이거나 관세가 매우 낮기 때문에 향후에도 증가하겠지만, ACFTA에 의한 증가는 아니다. 따라서 ACFTA의 주요 제조업에 미치는 영향은 한정된 범위가 될 것으로 보인다.

② AFTA가 바탕이 되었다

ACFTA는 AFTA를 기준으로 하고 있다. ASEAN 신규가맹국을 별도로 취급하고 있는 점, 품목을 관세율에 따라 분류하는 단계적인 관세 인하 방식, 0~5% 인하를 많이 적용한 점, 호혜주의, 40% 누적 원산지규

정, 자유무역지대가 실현되는 시기(2010년) 등은 AFTA와 같다. ACFTA
는 AFTA를 바탕으로 하고 있으며 양국 간 교섭이 아닌 ASEAN과 중국
간의 교섭이었던 점, 서비스 등을 포함한 포괄적인 교섭이 아닌 상품무
역을 최초로 행한 점 등에서 일본과의 FTA 교섭에 비해 ASEAN 측과의
교섭은 용이했을 것이라고 생각된다. 따라서 ASEAN과 한국의 FTA에
서도 관세 인하 방식, 원산지규정이 ACFTA와 같은 방식으로 채택되고
있다.

　③ CLMV와 경공업에 대한 영향이 우려된다

　태국의 출라롱코른대학이 호주의 모나슈대학과 공동으로 실시한
GTAP 모델에 의한 시뮬레이션 결과가 2004년에 발표되었다.[17] 이에
따르면 중국으로부터의 수입 증가율이 가장 높은 국가는 베트남이며
91.59%의 증가를 보이고 있다. 한편 베트남의 대중국 수출은 10.06%
의 증가에 머무르고 있다. 또한 싱가포르의 대중국 수출은 68.58%가
증가한 것에 반해서, 대중국 수입은 1.52%로 영향을 거의 받지 않는
다. 기타 ASEAN 주요국은 대중국 무역이 20%에서 60%로 확대되었
고, 싱가포르가 커다란 이득을 얻게 되는 반면에, 베트남은 중국제품의
대폭적인 수입 증가에 직면하게 되었다.

　CLMV에서는 가장 제조업이 발전한 베트남에서도 일용품 시장에서
는 이미 중국제품이 강하며, ACFTA로 인하여 기타 산업면에서도 중
국제품의 수입이 증가할 가능성이 높아지고 있다. 의류를 제외하고는
근대적 제조업의 발전이 취약한 CLMV의 지역 제조업이 ACFTA로 인
해 중국의 경공업 상품에 의해서 커다란 타격을 받을 우려가 있다.

　산업별로 살펴보면, 철강·화학·기계류 분야는 일본계 기업을 중심으
로 한 외자계 기업과 큰 규모의 지역기업에 많다. 한편 경공업은 주로

---

17) Suthiphand Chirawat and Sothitorn Mallikamas, "The Potential Outcomes of
　　China-ASEAN FTA"(2005).

중소기업이 담당하고 있다. 민감품목의 품목 수를 보면, 기계류가 가장 많고, 화학·플라스틱·고무, 금속제품 등이 이어지며, 경공업 상품은 매우 적다. 이들 산업은 CLMV뿐만 아니라 ASEAN 6개국에서도 고용 등의 면에서 중요하다. 중국은 인건비가 상승하고 있지만 여전히 저렴해서 경공업 상품에서 강력한 경쟁력을 유지하고 있다. 경공업 상품에서는 중국의 수출품과의 경쟁으로 인해 지역산업이 퇴출될 가능성이 높다.

2) 2국 간 교섭을 우선하는 일본과의 FTA

(1) ASEAN 주요국과의 FTA 진행 상황

ASEAN은 일본의 FTA 전략에 있어서 한국, 멕시코와 함께 우선협상국이다. ASEAN과 일본의 FTA는 중국, 한국과는 달리 2국 간 교섭이 선행되었다. 싱가포르와의 FTA가 가장 빨랐는데, 2001년에 교섭에 합의하고 2002년에는 체결해서 발효시켰다. 이어서 2004년에는 말레이시아, 필리핀, 태국과 잇달아 교섭을 개시해서 2004년에 필리핀, 2005년에 말레이시아, 태국과 실질적인 합의에 이르렀으며, 말레이시아와는 2005년 12월에 조인하였다. 인도네시아와는 2005년 7월에 교섭이 개시되었고, 12월에는 브루나이, 베트남과 예비교섭을 개시하기로 합의하였다.

일본과의 FTA는 경제연계협정(Economic Partnership Agreement: EPA)로 불리는 포괄적인 협정이다. 상품무역 외에 서비스무역, 투자, 지적재산권, 정부조달, 사람의 이동, 경쟁, 상호인증, 2국 간 협력 등 광범위한 분야를 대상으로 하고 있다.

싱가포르를 제외한 관세교섭에서 일본 측은 농림수산품, ASEAN 측은 철강과 자동차가 교섭의 초점이 되었다. 관세 인하 방식은 일본·멕

〈표 4-7〉 필리핀, 말레이시아, 태국과의 FTA에서의 예외품목(일본 기준)

구분	농 림 수 산 품	공 업 품
필리핀	-제외: 쌀, 보리, 유제품 -재협의: 쇠고기·돼지고기, 전분, 파인애플 통조림, 수입할당수산품, 참치·다랑어류, 합판, 원당 -관세할당·저관세 범위확대: 당밀, 흑설탕, 닭고기 -관세할당·무관세 범위확대: 파인애플 -바나나: 작은 것은 10년간 철폐, 그 외는 관세 인하 -가다랭이 등: 5년간 관세철폐	-철강: 고급철판 등 수입량의 60%는 즉시철폐·30% 상당은 상한 설정·3년 후 재협의 -자동차·자동차부품: 2010년까지 철폐
말레이시아	-제외 혹은 재협의: 쌀, 보리, 밀, 유제품, 쇠고기·돼지고기, 전분, 수입할당수산품 -재협의: 합판 -관세 인하 후 재협의: 마가린 -관세할당·차후 재협의: 파인애플, 망고, 망고스틴, 두리안 등 열대과일과 오크라, 합판이외의 임산품, 수산품·새우·해파리는 즉시 철폐	-철강: 10년 이내에 관세철폐 -자동차 ·현지조립(CKD) 자동차 부품: 즉시 철폐 ·현지조립(CKD) 자동차 이외의 부품: 2008년까지 0~5%를 인하·2010년까지 철폐 ·2000cc 초과~3000cc 이하 승용차, 3000cc 초과 다목적차, 20톤 초과 트럭, 버스: 2010년까지 단계적으로 철폐 ·3000cc 초과 승용차: 2008년까지 0~5%인하·2010년까지 철폐 ·상기 이외의 모든 완성차: 2015년까지 단계적으로 철폐
태국	-제외: 쌀, 보리, 밀, 지정 유제품 -재협의: 설탕, 파인애플 통조림, 타피오카 가루(미가공) -저관세 범위설정: 바나나, 파인애플, 타피오카 가루(가공, 공업용) -단계적 인하: 닭고기, 생선, 야채, 과일, 수산가공품, 페트푸드, 조미료, 미강유 -새우, 열대과일, 야채·과일가공품, 과일 통조림은 즉시 철폐	-철강 ·열연강판: 태국에서 생산하지 않는 열연철판은 즉시철폐·자동차용 수입은 무관세 수입범위·기타는 11년째에 관세철폐 ·기타 철강제품: 즉시 철폐·7년째·10년째에 철폐 -자동차: 3000cc 미만은 5년 후에 재협의, 3000cc 초과는 즉시 75%로 인하하고 6년 유지·2013년에 철폐

		-자동차부품: 관세율 20% 이상은 즉시 20% 인하·4년 후 2011년 중에 철폐, 관세율 20% 이상은 현행세율을 4년간 유지·2011년 중에 철폐, 엔진·동부품의 민감품목은 6년간 현행세율 유지·2013년에 철폐

자료: 일본 정부 발표 자료를 참고로 작성.

시코 FTA에서의 합의를 답습하였으며, 필리핀, 말레이시아, 태국과의 FTA에서 일본 측은 농산품을 예외품목으로, ASEAN 측은 자동차와 철강을 예외품목으로 하고 있다. 일본의 농산물에 대해서는 제외, 재협의, 저관세 범위에 의한 수입범위 확대, 단계적 자유화 등으로 조치되었으며, 쌀은 제외품목이 되었다(<표 4-7>). ASEAN 측에서는 자동차, 철강을 재협의 대상으로 해서 단계적으로 자유화하기로 하였다.

일본과 필리핀의 FTA는 간호사, 간병인의 일본 취업을 조건부로 인정한 것으로서 사람의 이동을 도입한 최초의 FTA가 되었다. 일본과 말레이시아의 FTA는 국산차 프로젝트로서 육성하고 있는 자동차산업에 일본이 협력하는 것이다. 일본과 태국의 FTA에서는 사람의 이동이 추가되었고, 투자와 서비스무역에서 일본기업이 최혜국대우가 인정되어 미국과 태국의 수호경제관계조약에 의해 내국민대우를 받고 있는 미국기업과의 차별대우가 시정되었다.

(2) 지연되는 ASEAN 전체와 일본의 교섭

ASEAN과 일본의 FTA는 2002년 1월 일본이 포괄적 경제연계를 제안하여 같은 해 11월에 FTA를 포함안 경제연계를 10년 이내의 가능한 빠른 시기에 실현하기로 합의하였다. 2003년 10월에 기본협정에 합의, 2004년부터 예비협의, 2005년 초를 목표로 교섭 개시에 합의하였고, ASEAN 6개국과는 2012년, CLMV와는 2017년을 목표로 하고 있다.

2004년 9월에 2005년 4월부터 2년 이내의 합의를 목표로 교섭을 개시하기로 하였고, 2005년 4월부터 교섭이 시작되었다.

일본이 2국 간 경제연계 교섭을 우선시킴으로써 서비스 및 투자 자유화를 통하여 일본기업의 비즈니스 환경을 개선하고 말레이시아에서의 자동차산업에 협력하는 등 2국 간 문제에 대한 대응을 가능하게 했지만, 한편으로는 문제를 불러일으키고 있다. 그것은 먼저 국가별로 합의 내용이 다르다는 점이다. 예를 들어, 일본과 싱가포르, 일본과 말레이시아 FTA에서는 원산지규정이 다르기 때문에 조정이 필요하다.[18] 또한 자동차의 관세철폐에서는 필리핀과의 FTA는 10년 이내에 철폐하고 태국과의 FTA는 2009년에 재협의하기로 되어 있기 때문에, 필리핀에서 재검토를 요구하고 있다. 주요국을 우선시하고 있으므로 브루나이, CLMV와의 FTA는 연구조차 실시되지 않고 있다. 그리고 2국 간 우선정책은 ASEAN을 분단시키고 결속을 저해한다고 해서 ASEAN 측의 반발을 사고 있다.[19] 또한 일본 정부는 2006년 3월 ASEAN과의 FTA 교섭을 경제연계협정에 구애받지 않고 FTA를 선행시킨다는 방침으로 전환하고 있다.[20]

---

18) 싱가포르와의 FTA 원산지규정은 HS4 단위의 관세번호 변경기준 및 일부품목에서의 원산지 부가가치 60%로 되어 있지만, 말레이시아와의 FTA에서는 부가가치 40%(자동차는 60%)로 되어 있으며, 일부품목에서는 말레이시아 이외의 ASEAN 가맹국의 재료 사용이 인정되고 있다(ASEAN 누적). 말레이시아에 대해서는 柴山和久·中澤剛太,「マレーシアとの經濟連携協定の分析」,≪貿易と關稅≫, 2006年 1月號, pp.29~30.

19)「ASEAN各國のFTA戰略を振り返る」,≪通商廣報≫(東京: 日本貿易振興機構, 2005.12.28.).

20)「FTA交涉を先行」,≪日本經濟新聞≫(2005.12.28.)에 의하면, 스피드를 중시하는 것은 중국, 한국에 뒤떨어지는 것을 만회하기 위해서이며, FTA 합의 후에 EPA 교섭을 실시한다고 한다. 스피드도 중요하지만, 문제는 관세 교섭에서 민감품목(일본의 농산품, ASEAN 측의 철강, 자동차)을 어떻게 취급하는가에 있다.

3) 인도, 한국과의 FTA

인도와의 FTA는 2002년 11월에 인도가 FTA를 포함한 10년 이내의 경제연계를 제언하여 2003년 10월에 기본협정에 조인하였고, 선발 5개국과는 2011년 말에, 필리핀과 CLMV 4개국과는 2016년 말까지 FTA를 실현하는 데에 합의하였다. 관세 인하 교섭은 2004년부터 개시하여 105품목을 대상으로 한 조기 자유화를 2004년 11월부터 실시하기로 결정하였다. 그러나 조기 자유화는 원산지규정에서 대립이 생겨 연기된 후에 중지되었다. 인도 측이 부가가치 40% 기준에 덧붙여 관세번호 변경기준에서 두 개를 동일품목으로 채택하자는 극단적인 요구를 했기 때문이다. 원산지규정과 더불어 인도 측은 1,414개의 예외품목을 제시하고 있어 교섭이 더욱 더 늦어질 전망이다. 1,414품목은 인도의 ASEAN으로부터의 수입에서 44%에 달하고 있어 ASEAN 측을 아연실색케 했다.[21]

한국과는 2006년 합의를 목표로 2009년까지 FTA를 실현할 것으로 2004년에 합의하였다. 한국과의 FTA 교섭은 2005년 2월에 개시되어 12월에는 태국을 제외하고는 기본합의에 이르렀다. 같은 달에는 협정이 조인되었으며, 2006년 7월부터 관세 삭감이 개시된다. 한국과의 교섭이 이처럼 빠르게 합의된 것은 한국 측이 매우 적극적이었다는 것과 ACFTA와 같은 관세 인하 방식과 원산지규정을 원용해 상품무역을 우선적으로 교섭하였기 때문이다. 그러나 태국은 한국이 쌀을 민감품목으로 정한 데 반발해서 협정에 조인하지 않고 있다.

기타 주요국·지역과의 FTA에 대한 노력도 시작되었다. CER(호주와 뉴질랜드 FTA)과는 2004년 9월 교섭에 합의하고 2년 이내에 체결에

---

21) 말레이시아 국영통신사, 《Bernama》, 2004.12.14.

합의하기로 목표를 세우고 있다. EU는 WTO의 뉴라운드가 결착된 후 ASEAN과 FTA 교섭을 개시하기로 결정하였지만, 2005년 4월에 ASE-AN과 FTA를 검토하기로 합의해 현재 비전그룹에 의한 연구가 진행되고 있다.

4) 2국 간 FTA

2국 간의 FTA에는 싱가포르가 적극적이었다. 2006년 9월 현재 뉴질랜드, 일본, 유럽자유무역연합(EFTA), 호주, 미국, 요르단, 인도, 한국, 칠레, 파나마, 브루나이와의 FTA는 이미 조인되어 발효했다. 교섭 중인 국가·지역은 멕시코, 캐나다, 카타르, 이집트, 바레인, 쿠웨이트, 스리랑카, 파키스탄, 아랍에미리트, 페루 등이 있다. 뉴질랜드와의 FTA는 동아시아 국가가 역외국과 체결한 첫 번째 FTA이며, 양국 모두 전품목에서 관세를 철폐한 얼마 안 되는 '예외 없는 FTA'이다. EFTA와의 FTA는 아시아와 유럽과의 첫 번째 FTA이며, EFTA는 공산품의 관세를 전부 철폐하고, 농산품의 관세를 95% 철폐하였다. 미국과의 FTA는 IT 제품 등 266 품목을 대상으로 싱가포르가 원산지가 아니어도 싱가포르를 경유해서 미국에 수입된 경우는 FTA의 대상이 되는 '통합조달 이티셔티브(Integrated Sourcing Initiative: ISI)'가 편성되어 있다. 미국은 4년 이내에 관세를 92% 철폐한다. 싱가포르는 모든 FTA에서 전품목의 관세를 즉시 철폐하고 있다. AFTA를 포함하면 싱가포르 수출의 64%, 수입의 68%가 FTA에 의거하여 이뤄지고 있다.

태국도 FTA에 적극적으로 대처하고 있다. 호주와는 2003년 10월에 합의하고 2004년 7월에 체결해 2005년 1월부터 관세 인하가 시작되었다. 호주는 2005년 1월에 83품목의 관세를 철폐하고 나머지 품목은 단계적으로 2015년까지 철폐할 계획이다. 태국은 2005년 1월에 49%,

2010년까지 관세를 45% 철폐하고 나머지 품목은 2025년까지 철폐할 계획이다. 뉴질랜드와는 2004년 11월에 실질적으로 합의해 2005년 7월에 발효하였다. 중국과는 2003년 10월부터 농산품(HS7, 8단위), 2004년 1월부터 마찬가지로 HS1~7단위의 조기자유화를 실시하고 있다. 인도와는 2003년 10월에 기본협정을 체결하였고, 2004년 9월부터 82품목을 대상으로 조기 자유화를 실시하고 있다. 중국과의 조기 자유화와는 달리 가전제품 등 공산품도 포함되어 있으며, 태국의 일본계 가전 메이커는 조기 자유화를 이용하여 인도에 수출하고 있다. 상품무역에 대해서는 2005년 3월까지 교섭을 완료해 2010년에 관세를 철폐할 예정이다. 미국과는 2004년 6월에 교섭을 개시하여 2006년 중에 합의할 것을 목표로 하고 있지만, 태국은 금융시장 분야의 개방, 미국은 트럭의 수입관세가 교섭의 초점이 되고 있다. 바레인, 페루, BIMSTEC와는 기본협정을 체결하였다.[22]

필리핀은 2006년 9월 일본과의 FTA에 서명하였고, 미국과의 FTA를 요망하고 있지만 미국이 지적재산권 침해를 중시하고 있어서 교섭이 이뤄지지 않고 있다. 말레이시아는 ASEAN과의 제휴를 중시해서 2국 간 FTA에 대한 대처가 늦어지고 있지만, 2005년 12월에 일본과의 FTA를 체결하였고, 2006년 3월에는 미국과의 FTA 교섭에 합의하였다. 1997년 아시아의 외환위기 이후에 정치·경제적 혼란이 계속되어 2국 간 FTA가 늦어진 인도네시아는 2004년 10월 유도요노 정권의 성립 후에 본격적으로 대처하기 시작해서 2005년 4월에는 일본과 교섭을 개시하였다.

---

22) BIMSTEC(뱅갈만경제협력)에는 방글라데시, 인도, 미얀마, 스리랑카, 태국, 네팔, 부탄의 7개국이 가맹.

5. 맺으면서 : 동아시아 지역통합을 선도하는 ASEAN

1) 동아시아의 FTA 선두주자

AFTA를 실현하기까지의 길은 평탄하지만은 않았다. ASEAN에는 수입대체 공업화정책에 의해서 금속, 화학, 수송기계 등의 산업을 육성시켜온 역사가 있고 고관세로 보호받던 기득권자가 있다. 또한 CLMV와 ASEAN 6개국과의 경제 격차는 매우 크다. 1997년에는 외환위기에 빠져들었다. ASEAN은 역외에 대해서는 단결하였지만, 한목소리를 내지 못하고 가맹국 내에서는 대립과 분쟁이 일어나고 있었다. 이렇듯 곤란에 직면하면서도 ASEAN은 점진주의에 의해 조금씩 시간을 들여가면서 FTA를 실현시켜 왔다.

AFTA는 ASEAN 6개국 간에서 제조업 상품이 이미 자유화되었으며, 예외가 되는 것은 일반적 제외품목을 제외하고는 쌀 등의 일부품목뿐이다. 관세율은 0~5%이지만 자유화 대상범위로서는 매우 광범위한 FTA이다.

ASEAN이 개발도상국 사이에서 가장 성공한 지역협력기구로서 평가되고 있으며, 발전을 해온 이유는 'ASEAN Way'로 일컬어지는 의사결정 방식을 들 수 있다.23) 컨센서스를 중시하고 타국에 대한 간섭을 피하며 법적 구속력이나 제도화를 꺼리는 의사결정방식이 지역협력기구로서 ASEAN의 발전에 공헌하였다. 그러나 경제통합 측면에서는 '총론찬성·각론반대'를 인정하는 요인이 되기도 하였다. ASEAN에서의 결정사항에 대한 가맹국 내에서의 법적 구속력을 강화시키는 것이 ASEAN의 과제가 되고 있지만, 앞에서 살펴본 것처럼 ASEAN 헌장의

---

23) 黒柳米司, 「ASEAN Way再考」, 『アジア地域秩序とASEANの挑戰』(東京: 明石書店, 2005)를 참조.

제정 등을 위한 협력은 시작되고 있다.

2) 동아시아 통합의 중심(Hub)이 되는 ASEAN

ASEAN과 한중일 3개국은 동아시아 FTA의 창설에 합의하고 2007년을 목표로 정부 간 연구를 실시하고 있다. 동아시아에서는 2국 간 FTA가 많이 체결되고 있지만, 동아시아 FTA를 위해서 중요한 것은 ASEAN과 일본, 중국, 한국과의 FTA이고, 이 세 가지의 'ASEAN+1' FTA를 기반으로 동아시아 FTA를 형성하는 것이 현실적이다. 이처럼 ASEAN은 동아시아 FTA 형성에 있어서 중심이 되고 있다.

ASEAN의 역할이 더욱 중요해지는 이유는 중국과의 FTA가 ASEAN과의 FTA에 경쟁을 불러일으킨 점, '동남아시아는 따뜻한 관계이나 동북아시아는 차가운 관계(北冷南熱)'라고 불리듯이 동북아시아의 FTA가 완전히 지연되고 있는 점, 일본이나 중국이 주도권을 잡게 되면 그 외의 국가들이 반발을 하는 점 등을 들 수 있다. 또한 동아시아의 지역협력이 ASEAN에 한중일이 참가하는 형태로 진행되고 있기 때문에 ASEAN이 주도하는 것이 당연하다는 ASEAN의 자부심 문제와도 관계가 있을 것이다.

동아시아 FTA의 내용에 있어서도 한국·중국과의 FTA가 AFTA 방안을 바탕으로 협정을 체결함으로써 ASEAN이 영향력을 구사할 가능성이 높아지고 있다. 우려되는 사항은 중국과의 FTA에서 볼 수 있듯이 예외품목이 많은 FTA가 만들어지는 것이다.

중국과의 FTA는 대상품목을 관세율로 크게 나눠서 관세를 단계적으로 인하하는 것이고, 예외품목은 수입액의 10% 혹은 400품목이라는 제한된 범위 내에서 자유롭게 결정할 수 있다. 예외품목은 무역액의 10% 이내로 GATT 24조와 정합적으로 되어 있지만, 수많은 중요 품목이 예외품목이 되고 있다. 중국과의 FTA는 예외품목을 재검토하고 자유화를 가속·확대할 필요성이 있다. 이러한 점에서도 AFTA의 경험을 본받아야 할 것이다.

3) 동아시아공동체를 선도하는 ASEAN공동체

2006년의 ASEAN+3 정상회의와 동아시아 서미트(ASEAN+3에 인도, 호주, 뉴질랜드가 참가)에서의 큰 테마는 '동아시아공동체'였다. 그러나 동아시아공동체의 내용에 관한 논의는 전혀 없었고 2007년을 지향한 공동선언문을 작성하게 되었다.

동아시아공동체에 대해서는 일본에서도 찬반양론이 있다. 평화롭고 번영하는 공동체를 동아시아에서 만들어야 하고, 공동체를 향한 프로세스가 문제 해결에 이바지한다는 점 등이 찬성하는 쪽의 주된 이유이다. 반대론에서는 동아시아는 공통된 가치관이 없고 EU와 같이 주권이양이 곤란하기에 FTA로 충분하다는 점, 중국과 한국의 반일문제, 중국의 대두로 중국이 주도권을 잡는다는 점 등의 이유가 있다. 동아시아공동체는 구상 단계에 있으며 구체적인 내용은 논자에 따라서 각기 차이를 보이고 있다.

ASEAN은 공동체 형성 면에서 가장 선두를 달리고 있다. 동아시아공동체 구축에 있어서 중국과 일본이 대립을 하는 가운데 ASEAN의 역할은 더욱 중요해질 것이다. 동아시아공동체에 선행하고 있는 ASE-AN공동체가 큰 영향을 미치는 것은 자연스러운 일이다. 앞에서 살펴본 것처럼 ASEAN공동체를 향해서 ASEAN은 제도적으로 강화되고 법적 구속력이 강해지고 있지만, EU와 같이 주권 이양은 없으며 내정불간섭 원칙은 유지된다. ASEAN 경제공동체는 공동시장과 FTA의 중간적 개념이다. ASEAN은 동아시아공동체 구축에 있어서 ASEAN공동

체의 원칙과 방법을 포기하지 않을 것이다. ASEAN공동체를 선행 모
델로 해서 동아시아공동체의 구상을 만들어가는 것이 현실적이다.

제5장 | **일본경제와 아시아의 FTA***

■ 츠츠미 마사히코(堤 雅彦)

1. 들어가면서

　일본에 있어서 자유무역협정(FTA) 또는 경제연계협정(EPA)이라는 양자 간 무역·투자 자유화협정은 2004년 12월 21일 각료회의에서 정해진 기본방침에 의거하여 협의가 진행되고 있다. 2005년 말 시점에서는 태국과 필리핀을 비롯한 ASEAN 각국과의 EPA 교섭을 추진하고 있으며, 이를 바탕으로 전략적으로 중요한 대상국과의 경제연계를 우선적으로 조치하기로 되어 있다. 구체적으로는 첫째, 에너지 안전보장과 관련해서는 걸프만 연안국가, 둘째, 신흥경제이면서 잠재력이 있는 시장으로서의 인도, 셋째, 남미의 첫 EPA이며 동(銅)의 생산국인 칠레이다. 또한 호주 및 스위스와의 사이에서도 공동연구가 실시되고 있다.[1]

---

* 이 글은 「日本經濟とアジアのFTA」, ≪國際問題研究所紀要≫, 第126号(愛知大學, 2005年 10月)을 대폭 개정하여 작성하였음.
[1] 2006년 3월 16일 개최된 경제재정자문회의에서의 아소(麻生太郞) 외무장관의 보고에 의함. 이 글의 끝 부분 <참고> 표를 참조.

〈표 5-1〉 일본 · 싱가포르의 FTA에 관한 선행연구 사례

분석 사례	일본		싱가포르	
	실질 GDP	변동금액	실질 GDP	변동금액
츠츠미(堤, 2000)	0.00%	1.45억 달러	0.57%	5.72억 달러
리(利, 2001)	0.01%~1.39%	-	0.08~1.80%	-
츠츠미·기요타 (堤·淸田, 2002a)	0.07%	27.5억 달러	5.76%	29.9억 달러

주: 각 문헌에 의해서 작성

FTA에 의한 경제적 효과에 대해서는 CGE(Computational General Equilibrium, 일반균형계산) 모델 등을 이용한 시나리오 분석이 많이 실시되고 있다. 예를 들어 일본과 싱가포르의 자유무역협정[일·싱가포르 경제연계협정(Japan-Singapore Economic Partnership Agreement: JSEPA)]에 대해서는 츠츠미[2], 리[3], 츠츠미·기요타[4]가 분석하고 있다(<표 5-1>). 그리고 한국과 일본의 FTA에 대해서도 선행사례가 소개되어 있으며, 나카지마[5]의 분석에 의하면 평균적으로 JSEPA보다 큰 경제확대 효과가 기대되고 있다(<표 5-2>).

JSEPA나 한일 FTA 이외의 결합에 대해서도 츠츠미[6], 츠츠미·기요타[7] 등의 추산이 나와 있다. 그 결과에 의하면, 일본의 후생수준은

---

2) 堤 雅彦, 「進む域內經濟統合と中國のWTO加盟－CGEモデルを活用したシナリオ分析」, JCER Discussion Paper, No.60(東京: (社)日本經濟硏究センター, 2000年 4月).

3) 利 博友, 「日本·シンガポール自由貿易協定の經濟效果」, ≪國民經濟雜誌≫, 第184卷, 第3號(神戶大學經濟經營學會, 2001), pp.79~92.

4) 堤 雅彦·淸田耕造, 「日本を巡る地域經濟統合: CGEモデルによる分析」, JCER Discussion Paper, No.74(東京: (社)日本經濟硏究センター, 2002a).

5) 中島朋義, 「日韓自由貿易協定の經濟效果分析」, 環日本海經濟硏究所 編, 『現代韓國經濟 -進化するパラダイム-』, 第9章(東京: 日本評論社, 2005), pp.213~230.

6) 堤 雅彦, 「進む域內經濟統合と中國のWTO加盟－CGEモデルを活用したシナリオ分析」, JCER Discussion Paper, No.60(東京: (社)日本經濟硏究センター, 2000年 4月).

7) 堤 雅彦·淸田耕造, 「日本を巡る地域經濟統合: CGEモデルによる分析」, JCER

〈표 5-2〉 일본 · 한국의 FTA에 대한 선행연구 사례

분석 사례	수법	일본 실질 GDP	한국 실질 GDP
Brown, Deardorff and Starn(2001)	정학 CGE	0.42%	0.57%
McKibbin, Lee and Cheong(2002)	정학 CGE	0.1% 정도	0.15~0.25%
Kawasaki(2003)	정학 CGE	0.01%~0.12%	0.2~2.45%
츠츠미·기요타(堤·淸田, 2002a)	정학 CGE	0.07%	6.33%
나카지마(中島, 2005)	정학 CGE	-0.01~0.02%	0.29~1.09%

주: 中島朋義, 「日韓自由貿易協定の經濟效果分析」, 環日本海經濟研究所 編, 『現代
韓國經濟 -進化するパラダイム-』, 第9章(東京 : 日本評論社, 2005), <표 9-7>
을 기준으로 추가.

FTA 참가국 규모에 대해서 단조로운 증가 경향이 있고, 선별적인 FTA
로부터 APEC나 WTO와 같이 더욱 포괄적인 프레임워크로 이행하는
편이 충분히 합리적이라는 점이 시사되어 있다.[8]

Discussion Paper, No.74(東京: (社)日本經濟研究センター, 2002年 1月); 堤 雅彦·淸田
耕造, 「中國のFTA戰略が日本に及ぶ影響: CGEモデルによるシナリオ分析」, 浦田
秀次郎·日本經濟センター 編, 『中國がアジアを變える－日本の生き殘り戰略』, 第
12章(東京: (社)日本經濟研究センター, 2002年 12月), pp.189~217.

8) 이러한 FTA 후생효과를 분석한 연구는 NAFTA나 EU를 소재로 한 것도 많다.
예를 들어, 일반균형 모델과 최적관세 이론을 이용한 크루그먼(Paul Krugman,
1991a, 1991b)에 의하면, 대국(大國)이 지역통합에 참가할 경우에는 교역조건 효
과에 의해서 역외국이 커다란 마이너스 효과를 입게 될 가능성이 있다고 한다.
그에 의하면, 세계를 구성하는 지역블록의 수와 경제후생 관계는 지역블록 수가
하나(세계통일시장의 형성)일 때에는 경제후생이 가장 높고, 2, 3개로 지역블록
수가 증가함에 따라서 더욱 낮은 수준(3개일 때에 가장 낮다)이 되고, 더욱이 4개
이상이 되면 거꾸로 경제후생이 높아질 가능성이 크다고 결론짓고 있다. 이를테면
지역통합이 활발해져서 세계의 지역블록 수가 적어지면 역외국에 대한 마이너스
교역조건 효과가 역외국의 보복관세 설정의 요인이 되기 때문에 세계의 경제후
생을 저하시킨다고 한다. 또한 고토·하마다(Goto and Hamada, 1999)는 확장 크
루그먼 모델에 의한 시뮬레이션의 결과에서, 예를 들어 APEC의 경우는 주요
참가국의 경제후생이 충분히 증대하므로 정치적으로 실현하기 쉽지만, 완전한

이 글에서는 이러한 시나리오 분석의 결과를 이용하여 FTA의 추이, 특히 아시아 FTA를 주어진 조건으로 설정하여 일본의 산업·경제 구조를 전망하고, 그 가운데서 발생할 수 있는 문제와 정책적 대응방안에 대해서 검토할 것이다.[9]

2. FTA의 시나리오 분석

1) 분석 개요

여기서 이용한 추산은 츠츠미[10]가 채택한 것이며, GTAP(Global Trade Analysis Project) 모델 버전 6.1의 일부를 이용하였다. 모델이나 데이터의 상세한 내용에 대해서는 이 글의 <보론>을 참고하기 바란다. 구체적인 FTA 시나리오로서는 7가지 사례가 있다(<표 5-3>). 먼저

세계 자유무역지대는 APEC 등의 자유무역지대에 비해서 주요국의 경제후생 상승이 작으므로 세계 자유무역지대가 달성되는 것은 매우 어렵다고 분석하고 있다.

9) 이러한 2국 간 자유무역협정 쪽으로 정책적인 방향이 기울어지는 요인에 대해서는, 커다란 추세로서 WTO나 APEC와 같은 큰 프레임워크에서의 한계, 또한 이른바 아시아 외환위기 발생과 사후 처리방법이 아시아 전체 규모의 포럼의 필요성을 일깨워주었다는 등의 해석이 있다. 또 이러한 변화에 대응해서 관계자에 의한 정책 수립이 이루어졌다는 설명도 있다. 그렇지만 이러한 지역주의적인 움직임은 아시아 고유의 것이 아니다. WTO의 활동 등을 고려하면, 세계 전체에서 1990년대 중반부터 나타난 현상이다. 따라서 아시아 외환위기가 요인이라고 하기보다는, 그러한 위기를 낳은 조류 속에 경제적 결합이 강한 나라들 사이에서 경제통합이나 상호부조의 프레임워크의 필요성이 만들어진 요인이 있다고 간주하는 편이 자연스러운 해석일 것이다.

10) 堤 雅彦, 「WTO·FTAと日本經濟の再編成」, ≪國際問題≫, 7月號, No.532(東京: 財團法人日本國際問題研究所, 2004), pp.32~46; 堤 雅彦, 「日本經濟とアジアのFTA」, ≪國際問題研究所≫ 第126號(愛知大學國際問題研究所, 2005年 11月), pp.49~69.

〈표 5-3〉각 시뮬레이션의 결합

사례	FTA 참가국	비 고
(0)	없음	NAFTA나 JSEPA만
(1)	일본＋한국	'(0)＋왼쪽의 FTA 참가국'으로 성립
(2)	일본＋한국＋중국＋중국홍콩	위와 같음
(3)	일본＋한국＋ASEAN	위와 같음
(4)	일본＋한국＋중국＋중국홍콩 ＋ASEAN	위와 같음
(5)	한국＋중국＋중국홍콩	위와 같음
(6)	한국＋중국＋중국홍콩＋ASEAN	위와 같음

주1: 중국은 중화인민공화국이며, 대만은 포함되지 않음.
주2: ASEAN은 인도네시아, 말레이시아, 필리핀, 태국, 싱가포르, 베트남.

NAFTA나 JSEPA와 같이 기존의 FTA 이외에 새로운 FTA가 성립하지 않는 것을 기본 사례(0)로 하고, 이 기본 사례(0)와 각 사례와의 차이를 새로운 FTA가 미치는 영향 및 효과라고 간주한다. (1)은 한국과의 FTA가 성립하는 사례, (2)는 한국 및 중국을 포함하여 동아시아 FTA가 성립되는 사례, (3)은 한국과 함께 중국이 아닌 ASEAN 각국이 참가하는 사례, (4)는 ASEAN＋3개국의 프레임워크에서 FTA가 성립하는 사례이다. 또한 일본이 참가하지 않는 FTA로서는 한국과 중국 간에 FTA가 성립하는 사례와, 여기에 ASEAN이 가담하는 사례가 (5)와 (6)이다.

2) 결과 개요

추산 결과는 ＜표 5-4＞와 같이 나타낼 수 있다. 전체적으로 볼 때, 일본은 FTA에 참가함으로써 플러스(+) 효과가 예상되는 한편, 일본이 참가하지 않는 주변국이 FTA를 성립시킨 경우에는 약간의 마이너스 영향이 예상된다. 또한 참가하는 FTA의 규모와 경제효과에는 정(正)의 관계가 나타난다. 이러한 결과는 각기 다른 데이터베이스를 이용한 선행연구의 결과와도 정합적이며, FTA가 거시적인 의미에서 일본경제에

〈표 5-4〉 사례별 GDP 성장률의 변화

구 분	(0)	(1)	(2)	(3)	(4)	(5)	(6)
세계 GDP	2.93	+0.005	+0.026	+0.070	+0.096	+0.001	+0.035
일본 GDP	1.95	+0.009	+0.033	+0.038	+0.061	-0.001	-0.006

주: (0)은 연률(年率) 환산의 %표시이며, (1)~(6)은 기준이 되는 (0)과의 괴리(乖離)폭 (% 포인트).

〈표 5-5〉 각 사례의 산업별 성장률의 변화

구 분	(0)	(1)	(2)	(3)	(4)	(5)	(6)
농업	1.18	0.010	-0.113	0.022	-0.087	-0.023	0.020
임업	0.44	-0.045	-0.121	-0.251	-0.304	0.030	0.137
수산업	0.67	-0.066	-0.137	-0.145	-0.206	0.014	0.050
광업	0.81	-0.006	-0.048	-0.064	-0.098	0.033	0.093
식품가공업	1.04	-0.011	-0.094	-0.047	-0.118	-0.010	0.009
섬유·의류제조업	1.03	-0.039	0.004	-0.218	-0.219	-0.201	-0.245
기타 제조업	1.30	0.021	-0.044	-0.009	-0.088	0.000	0.006
목재·펄프	0.98	-0.001	0.007	-0.068	-0.061	0.000	0.014
석유화학	1.17	0.020	0.065	0.121	0.160	-0.004	0.000
철강	1.06	0.042	0.103	0.221	0.265	0.001	0.031
수송기계	1.52	-0.098	0.001	0.177	0.313	0.044	0.011
전기기계	1.32	-0.022	-0.052	-0.306	-0.355	-0.023	-0.221
일반기계	1.79	0.105	0.215	0.227	0.310	0.011	0.082
전기·가스·수도	1.22	0.008	0.026	0.044	0.059	-0.003	-0.008
건설	1.89	0.010	0.037	0.051	0.077	-0.003	-0.007
운송업	1.43	0.003	0.013	0.015	0.026	0.004	0.011
통신	1.33	0.001	0.003	0.008	0.011	0.001	0.005
금융·보험	1.23	0.000	0.003	0.012	0.016	0.000	0.008
대사업체 서비스	1.19	0.004	0.015	0.019	0.030	0.000	0.001
대개인 서비스	2.27	0.007	0.025	0.037	0.055	-0.002	-0.006
기타 서비스	1.38	0.001	0.005	0.008	0.013	-0.001	-0.009

주: (0)은 기준 사례에서의 성장률(%), (1)~(6)은 (0)과 각 사례의 괴리(乖離)폭(% 포인트).

바람직하다는 것을 나타내고 있다.

한편, FTA는 본래의 비교우위 구조를 명확하게 가시화하기 때문에 국내산업 간의 생산성 격차를 두드러지게 해서 결과적으로 거시 경제와 비교해서 산업별 생산이 크게 변화한다. 이러한 산업별 생산의 변화 폭(기준 사례와 각 사례의 차이)은 <표 5-5>와 같으며, <표 5-6>에서는 각 사례별로 2010년에 있어서의 기준 사례와 각 사례의 생산액과 비율의 차이를 나타내고 있다. 이들 표를 기준으로 주요 산업의 변화를 살펴보면 다음과 같다.

(1) 농업

한국과 FTA를 맺는 사례(1)에서는 기준 사례(0)에 비해서 성장률이 0.01% 포인트(2010년 생산액으로 63백만 달러 증가) 상승한다. 그러나 한국과 함께 중국이 참가하는 사례(2)에서는 변화 폭이 약 -0.11% 포인트(-731백만 달러)로 기준 사례를 밑도는 신장률이 된다. 중국 대신에 ASEAN이 참가하는 사례(3)에서는 거꾸로 0.02% 포인트(142백만 달러)로 부상하는 효과가 기대된다. 중국과 ASEAN이 참가하는 사례(4)에서는 사례(2)와 (3)의 효과가 서로 상쇄되어 약 -0.09% 포인트(-564백만 달러)가 된다.

어느 사례에서나 경제 전체가 2%+0.01~0.06% 포인트로 확대를 나타내는 가운데, 농업생산(액)의 신장률은 기준 사례(0)의 1.2% 정도에서 -0.1%~0.02%의 변화 폭 안에서 나타난다. 또한 일본을 제외하고 FTA가 성립하는 사례(5)와 (6)에서는 중국이 단독으로 FTA에 참가하는 것은 마이너스 영향을 미치고, ASEAN의 참가는 플러스 효과를 나타나게 한다.

〈표 5-6〉 각 사례의 산업별 생산액과 점유율의 변화

구분	(1)		(2)		(3)		(4)		(5)		(6)	
농업	63	0.00	-731	-0.02	142	-0.00	-564	-0.02	-148	-0.00	132	0.00
임업	-18	-0.00	-48	-0.00	-99	-0.00	-120	-0.00	12	0.00	56	0.00
수산업	-80	-0.00	-167	-0.00	-177	-0.01	-250	-0.01	18	0.00	62	0.00
광업	-5	-0.00	-41	-0.00	-54	-0.00	-83	-0.00	28	0.00	79	0.00
식품가공업	-344	-0.01	-2,944	-0.09	-1,478	-0.06	-3,681	-0.12	-320	-0.01	293	0.02
섬유·의류제조업	-345	-0.01	-31	-0.01	-1,913	-0.05	-1,922	-0.06	-1,766	-0.04	-2,149	-0.05
기타 제조업	319	0.01	-667	-0.02	-140	-0.01	-1,320	-0.05	5	0.00	89	0.01
목제·펄프	-23	-0.00	122	-0.01	-1,127	-0.04	-1,022	-0.04	8	0.00	237	0.01
석유화학	747	0.02	2,413	0.04	4,497	0.08	5,958	0.10	-158	-0.00	5	0.01
철강	1,422	0.03	3,476	0.07	7,552	0.15	9,070	0.18	39	0.00	1,061	0.03
수송기계	-4,080	-0.10	54	-0.02	7,470	0.15	13,335	0.27	1,844	0.05	474	0.02
전기기계	-907	-0.02	-2,145	-0.07	-12,348	-0.32	-14,258	-0.39	-939	-0.02	-8,975	-0.20
일반기계	3,314	0.08	6,863	0.15	7,219	0.15	9,920	0.20	334	0.01	2,603	0.07
전기·가스·수도	112	0.00	356	0.00	591	0.00	801	0.00	-45	-0.00	-101	0.00
건설	653	0.01	2,360	0.02	3,231	0.03	4,872	0.04	-159	-0.00	-443	0.01
운송업	216	0.00	1,054	-0.02	1,237	-0.03	2,210	-0.04	330	0.01	902	0.04
통신	5	-0.00	18	-0.00	46	-0.00	68	-0.01	9	0.00	28	0.00
금융·보험	6	-0.00	41	-0.01	169	-0.01	223	-0.01	6	0.00	102	0.01
대사업체 서비스	141	0.00	575	-0.01	724	-0.01	1,150	-0.02	15	0.00	33	0.01
대개인 서비스	149	0.00	507	0.00	760	0.00	1,126	0.00	-42	-0.00	-127	0.00
기타 서비스	39	-0.00	181	-0.01	275	-0.02	430	-0.03	-44	0.00	-294	0.00
합계	1,386	-	11,246	-	16,579	-	25,942	-	-975	-	-5,935	-

주: 각 사례의 왼쪽은 기준 사례로부터의 생산액의 변화(100만 달러)이며, 오른쪽은 생산 비율의 변화(% 포인트)이다.

(2) 식품가공업

기준 사례(0)에서는 연간 약 1.0%로 성장할 전망이다. 한국과 FTA를 맺는 사례(1)에서는 성장률의 변화 폭이 -0.01% 포인트(-344백만 달러)로 다소 영향을 받는 정도이다. 그러나 여기에 중국이 가담하는 사례(2)에서는 변화 폭이 약 -0.09% 포인트(-2,944백만 달러)로 성장이 약 10% 둔화된다. 중국 대신에 ASEAN이 참가하는 사례(3)에서도 -0.05% 포인트(-1,478백만 달러)로 성장이 둔화된다. 중국과 ASEAN이 참가하는 사례(4)에서는 사례(2)와 (3)의 결과가 합해짐으로써 -0.12% 포인트(-3,681백만 달러)로 성장이 둔화된다. 일본을 제외하고 FTA가 성립하는 사례(5)와 (6)은 농업과 마찬가지의 결과가 된다.

(3) 수송기계

기준 사례(0)에서는 연간 1.5%로 성장할 전망이다. 한국과 FTA를 맺는 사례(1)에서는 성장률의 변화 폭이 약 -0.98% 포인트(-4,080백만 달러)로 마이너스 영향을 받지만, 이에 중국이 가담하는 사례(2)에서는 변화 폭이 약 0.00% 포인트(54백만 달러)로 거의 기준 사례(0)와 같다. 중국 대신에 ASEAN이 참가하는 사례(3)에서는 약 0.18% 포인트(7,470백만 달러)로 확대로 전환되며, 중국과 ASEAN이 참가하는 사례(4)에서는 사례(2)와 (3)의 결과로 0.31% 포인트(13,335백만 달러)로 더욱 확대된다. 또한 일본을 제외하고 FTA가 성립하는 사례(5)와 (6)에서는 어느 쪽도 플러스 효과가 발생하지만, 농업이나 식품가공업과는 달리 중국의 FTA참가가 플러스 효과를 나타내는 반면에 ASEAN의 참가는 마이너스 영향을 미친다.

(4) 전기기계

기준 사례(0)에서는 연간 1.3%로 성장할 전망이다. 한국과 FTA를

맺는 사례(1)에서는 성장률의 변화 폭이 -0.02% 포인트(-907백만 달러)
로 마이너스 영향을 받고, 이에 중국이 가담하는 사례(2)에서는 변화
폭이 약 -0.05% 포인트(-2,145백만 달러)로 성장둔화 폭이 확대된다. 중
국 대신에 ASEAN이 참가하는 사례(3)에서는 -0.31% 포인트(-12,348백
만 달러)로 더욱 악화되며, 중국과 ASEAN이 참가하는 사례(4)에서는
사례(2)와 (3)의 결과로 인해 -0.36% 포인트(-14,258백만 달러)로 크게
악화된다. 또한 일본을 제외하고 FTA가 성립하는 사례(5)와 (6)에서는
어느 쪽도 마이너스 영향이 발생하지만, 수송기계와 마찬가지로 ASE-
AN의 참가가 악화 정도를 확대시키고 있다.

(5) 일반기계

기준 사례(0)에서는 연간 1.8%로 성장할 전망이다. 한국과 FTA를
맺는 사례(1)에서는 성장률이 0.11% 포인트(3,314백만 달러)로 플러스
가 되고, 이에 중국이 가담하는 사례(2)에서는 변화 폭이 약 0.22% 포
인트(6,863백만 달러)로 더욱 더 확대한다. 중국 대신에 ASEAN이 참가
하는 사례(3)에서도 0.23% 포인트(7,219백만 달러)로 확대가 기대되며,
중국과 ASEAN이 참가하는 사례(4)에서는 사례(2)와 (3)의 결과로 인
해 0.31% 포인트(9,920백만 달러)로 크게 확대한다. 또한 일본을 제외하
고 FTA가 성립하는 사례(5)와 (6)에서도 플러스 효과가 발생하고 있다.

3) FTA와 산업구조

이와 같이 FTA에 따른 재화·산업별 성장경로의 변화는 각국 간의
요소부존(要素賦存) 비율의 차이나 관세철폐에 의한 상대가격의 변화에
서 발생한다. 요소부존 비율의 예를 들면, FTA를 체결하는 국가들 중
에는 일본이 상대적으로 자본이 풍부한 국가로서 자본을 많이 이용하

〈표 5-7〉 ASEAN 각국의 대일 수입관세 인하율

구 분	인도네시아	말레이시아	필리핀	태국	베트남
농업	-11.3	-32.1	-12.1	-24.0	-0.5
임업	-4.7	-1.2	-3.0	-20.9	0.0
수산업	-8.9	-0.5	-3.9	-24.4	-8.8
광업	-2.6	-0.1	-2.0	-1.6	-3.0
식품가공업	-17.0	-11.1	-14.5	-28.9	-20.8
섬유·의류제조업	-8.3	-11.8	-11.7	-20.8	-27.0
기타 제조업	-7.0	-6.3	-5.7	-14.4	-15.1
목재·펄프	-9.1	-12.0	-11.0	-17.0	-17.0
석유화학	-7.0	-7.0	-7.5	-15.9	-15.9
철강	-8.0	-6.9	-8.3	-12.5	-4.0
수송기계	-19.8	-29.1	-14.9	-33.1	-31.1
전기기계	-9.1	-0.6	-3.0	-8.0	-1.6
일반기계	-3.8	-4.8	-4.5	-8.9	-5.0

주: 각 사례의 수치는 변화율(%)이다.
자료: 'GTAP 버전 5'에 의해서 계산.

는 부문으로 특화할 것으로 예상된다. 또한 상대가격의 변화는 종래의 고관세 부문의 성장이 둔화되어 저관세 부문이 확대되는 것을 의미한다. 기타 부문의 초과 부담에 의해서 유지되어 왔던 가격경쟁력이 상실될 수 있을 것으로 예상된다.

상대가격의 변화는 FTA 상대국의 관세 인하 등에 의한 경우도 있다. 예를 들어, 일본의 전기기계 산업은 ASEAN 참가를 상정한 사례(3)이나 (4)에 있어서 마이너스가 크게 늘지만, 말레이시아 등 ASEAN의 전기기계 산업은 확대될 것으로 예상된다. 이러한 현상이 발생하는 배경에는 ASEAN 각국의 대일 수입관세 등의 변화, 예를 들어 전기기계의 인하율은 평균이나 그 이하로 그치지만, 수송기계는 인하율이 매우 클 경우가 있다(<표 5-7>). 이 결과, 수송기계는 일본의 수출에 의해서 대체되어, ASEAN 측에서의 수송기계의 국내생산과 요소 수요가 감퇴한다. 요소 수요의 감퇴는 다른 산업의 수요를 충족시키게 된다. 한편,

일본에서는 반대의 변화가 발생하는데, 수송기계의 수출확대는 요소수요의 확대를 통해서 다른 부문에 마이너스 영향을 준다. 이들의 움직임에 의해서 일본과 ASEAN 각국에서는 수송기계와 전기기계에서 대칭적인 변화가 나타나게 된다. 이처럼 일본의 전기기계의 관세 등은 '0'이고, 또 요소부존이 급변한 것도 아니며, 수입재·국내재 간의 대체계수도 수송기계 등보다 작음에도 불구하고 이러한 변화가 발생하는 요인은 ASEAN 측의 관세변화에 의한 것으로 볼 수 있다.

4) FTA를 둘러싼 산업 간의 대립

각 산업을 하나의 정치 주체로 간주하고, 각자가 후생 최대화를 지향하는 목적 집단이라고 가정한다. 그리고 민주적인 의사결정이 이루어지는 사회를 전제로 두면, 위에서 나타낸 것과 같은 경제적인 결과가 예견될 경우, 스스로 개선을 수반하지 않는 정책에 대해서는 찬성하지 않는다고 전망할 수 있다. 이러한 경제적인 이득을 둘러싼 정치적인 대립구조에 대해서는 이미 많은 연구가 이루어지고 있다. 예를 들어, 로고프스키[11]는 일국 내의 생산요소의 부존 상황이나 경제발전 정도를 축(軸)으로 해서 무역을 발생시키는 요소 간의 왜곡이 수많은 정치적 대립(예를 들어, 도시 대 농촌, 자본 대 노동 등)의 요인이 된다는 설명을 제시하고 있는데, FTA에 관해서도 이 글에서 추산한 수치 등을 바탕으로 하면 유사한 논의를 전개할 수 있다.

여기에서 산업별 생산량을 단순하게 이득의 대리변수로 가정하면,

---

11) Ronald Rogouwski, "Commerce and Coalitions: How Trade Affects Domestic Political Alignments," in Jeffry A, Frieden and David A. Lake(ed.), *International Political Economy-Perspectives on Global Power and Wealth*, Fourth Edition(Boston, MA.: Bedford/St. Martin's, 2000).

다른 사정이 동일하다면 상대적이지만 마이너스 영향을 입는 산업(농업, 임업, 수산업, 광업, 식품가공업, 섬유·의류제조업, 기타 제조업, 목재·펄프 그리고 전기기계)이 FTA에 반대하고, 플러스 효과를 얻는 산업(석유화학, 철강, 일반기계, 각 서비스업)이 FTA에 찬성한다고 예상된다. 또한 FTA 참가국이 증가하면, 플러스·마이너스 어느 쪽의 변화도 절대적으로 증가하는 것으로 나타나고 있으므로 FTA에 대한 찬성 반대의 여부는 그 범위·규모에 관계없이 대체로 고정적이라고 볼 수 있다.[12]

그런데 이러한 판단은, 산업 간의 임금변화율 및 자본수익률의 변화율이 균등화된다는 모델상의 성격으로 인하여, 상대적으로 축소하는 부문에서 확대하는 부문으로 생산요소의 이동이 내생적으로 발생하는 것을 전제로 했던 추산의 결과이다. 따라서 산업별 생산량의 변화가 개별 노동 및 자본의 보수(報酬)에 영향을 미치는 것이 아니라, 사회 전체로서 요소의 보수가 결정되고 있다는 점에 유의할 필요가 있다.

5) FTA를 둘러싼 투표 행동

위와 같이 '1산업 1표'의 다수결로 결정한다면, 21개 산업 중에서 8~9개가 FTA에 반대하게 되고 결국 FTA는 체결될 것으로 예상되었다. 그러나 찬성 여부를 묻는 투표 행동에는 일정의 비용이 소요된다는 좀 더 일반적인 가정을 추가하게 되면, 그 결정은 FTA에 의한 손익이 각 산업에서 어느 정도의 규모인가 또는 피해는 어느 정도로 심각한가 하는 관점에 의존하게 됨은 쉽게 짐작이 간다.

구체적으로 각 산업의 생산규모에 대한 비율로서 상대화하고, 소정의 투표비용 수준을 한계치로 두고 평가하면, 몇 가지 사례를 만들어낼

---

12) 수송기계의 경우는 사례(1)이 마이너스이지만, 그 이외는 플러스 쪽에 속해 있으므로 FTA에 찬성하는 그룹으로 간주하고 있다.

수 있다. 예를 들어 사례(4)의 FTA를 평가할 경우, 평균적인 장래의 기대치인 기준 사례와 비교해서 생산 비율의 변화가 0.025% 포인트를 넘으면 투표에 경제적 합리성이 나타나도록 한계치를 설정하면, 수치 사례로서 찬성 5표, 반대 7표, 기권 9표가 된다. 또한 이러한 한계치를 0.05% 포인트로 두게 되면, 찬성 4표, 반대 3표, 기권 14표가 된다. 그리고 변화가 플러스일 때는 0.05% 포인트, 마이너스일 때는 0.025% 포인트라는 비대칭 한계치를 설정하면, 찬성 4표, 반대 7표, 기권 10표가 된다. 사례(4)는 전기기계에 마이너스가 집중하고 있으므로 찬성표를 얻기 쉬운 분포임에도 불구하고, 기권이 나오는 경우에는 FTA 추진이 저지될 가능성이 있다는 것을 알 수 있다.

6) 보상에 의한 추진

FTA를 추진하는 입장에서는 전체가 얻게 될 이익을 원금으로 설정하는 보상 방안을 고려하는 경우도 자주 있다. 여러 가지 형태의 경우가 있는데, 예를 들어 마이너스 효과를 입게 되는 산업의 생산액이 기준 사례의 수치에 맞춰지도록 플러스 효과를 얻는 산업에 대해서 부담을 요구하는 방법이나, FTA에 의해서 발생한 추가적인 생산 증가액을 기준 사례에서 가정된 생산의 구성비로 재분배하는 방법 등을 생각할 수 있다.

여기서 예시한 방안을 각각 1 또는 2로 해서 생산규모 재분배를 위한 소요금액을 계산한 결과가 <표 5-8>이다. 사례(4)의 경우는 9개 산업이 기준 사례보다 생산을 감소시켜 그 총액은 약 -23,220백만 달러이고, 12개 산업이 기준 사례보다 생산을 확대시켜 그 총액은 49,162백만 달러이다. 따라서 사회 전체에서는 약 25,942백만 달러의 순(純)증가분이 발생하고 이것을 재분배하게 된다.

〈표 5-8〉 사례(4)의 일본에 있어서의 투표 행동과 보상 방안

구 분	비율의 변화폭	변화액	보상 방안 1	보상 방안 2
농업	-0.021	-564	0	315
임업	-0.003	-120	0	19
수산업	-0.007	-250	0	59
광업	-0.003	-83	0	41
식품가공업	-0.123	-3,681	0	1,513
섬유·의류제조업	-0.056	-1,922	0	428
기타 제조업	-0.049	-1,320	0	730
목재·펄프	-0.043	-1,022	0	803
석유화학	0.099	5,958	3,144	1,781
철강	0.177	9,070	4,786	1,620
수송기계	0.268	13,335	7,037	2,018
전기기계	-0.385	-14,258	0	1,981
일반기계	0.199	9,920	5,234	1,524
전기·가스·수도	0.004	801	423	647
건설	0.043	4,872	2,571	3,070
운송업	-0.043	2,210	1,166	4,025
통신	-0.005	68	36	289
금융·보험	-0.010	223	118	652
대사업체 서비스	-0.016	1,150	607	1,821
대개인 서비스	0.003	1,126	594	996
기타 서비스	-0.028	430	227	1,612
합 계	0.000	25,942	25,942	25,942

주: 비율의 변화폭은 % 포인트, 기타 단위는 100만 달러.

‘방안 1’을 선택할 경우에 필요한 금액은 23,220백만 달러가 되고, 플러스 산업으로부터 각 규모에 상응하는 소요금액을 징수한다. 운송기계는 6,298백만 달러분의 생산액 규모를 마이너스 산업에 넘겨준다. 한편 ‘방안 2’에서는 11,317백만 달러의 생산 규모를 넘겨주게 된다. 어느 쪽 방안에서나 새로운 FTA가 존재하지 않는 사례(0)보다는 모든 산업에서 개선의 이익이 발생하게 된다.

3. 맺으면서

지금까지 일본의 무역 동향을 돌이켜 보면, 비교열위의 재화에 우위를 차지하고 있는 나라에서 이들의 수입을 확대함으로써, 항상 효율적인 산업구조가 실현되는 등 역동적인 변화가 일어났다. 그 중에서 비교열위의 기업은 생산 축소나 고용조정에 직면하게 되지만, 최종적으로는 신규사업이나 고부가가치 재화로 전환하고, 해외에 생산거점을 이전함으로써 이에 대응해 왔다. 이 글에서는 이러한 변화를 인위적으로 창출하는 FTA의 체결을 가정하면서, 그것이 가져다주는 산업 수준의 변화를 추산하였고, 산업이라는 축(軸)으로 평가할 경우에 예상되는 FTA에 대한 정치적 행동과 가상적인 보상 방안의 유효성에 대해서 검토하였다.

FTA 추진으로 이익을 얻기 위해서는 일부 부문에서 발생하는 손실을 보상하는 것도 유효하다고 판단되지만, 여기에서 예시한 보상 방안에 대해서는 더욱 세심하게 이론적인 절차를 밟으면서 논의할 필요가 있다. 외생적으로 생산량을 고정하는 것은, 최적의 상대가격과 일치하는 생산량과의 괴리(乖離)를 의미하고, 보조금을 지급하는 것과 같은 수치가 되어 사회적인 후생 손실을 고려하지 않는 탁상공론이 된다는 점에 유의해야 한다.

또한 이 글의 논의에는 몇 가지 유보해야 할 점이 있는데, 그 중에서 특히 CGE 모델이 의거하는 가정은 결정적이다. FTA에 의해 수반된 생산의 변화가 일으키는 노동수요의 변화는 모델상으로는 마찰 비용이 없이 조정될 수 있는 것으로 보이지만, 현실적으로 노동자가 산업이나 직종 간 혹은 지역 간을 넘나들면서 이직·전직을 하기는 어렵다. 이로 인해 축적되어온 인적자본의 유효성이 상실된다든가 또는 실업이 발생하는 등의 개인적·사회적 손실이 발생할 수 있다.

더욱이 자본 및 기업의 글로벌화가 진전되고 있는 현상을 고려하면, 반드시 산업단위에서 FTA를 반대한다고는 볼 수 없으며, 산업이 이익 집단의 단위로서 무역정책을 형성한다는 분석은 타당성이 많지 않을 지도 모른다. 이를테면 아시아 각국으로 산업입지를 다양화하고 있는 기업에서 보면 FTA는 단순히 기업 내 무역장벽을 제거할 수 있어 바람직하며, 국내 생산의 감소를 해외 생산의 증가로 대체할 수 있는 것이므로 특별히 반대할 이유가 없다는 것이다.

이러한 점을 감안할 때, 아시아 공통의 AFT에서 추산한 만큼의 경제적인 이익을 실현하기 위해서는 FTA의 내용에서뿐만 아니라, 국내의 산업 및 고용조정이 원활하게 진행되도록 시책을 맞춰서 실시하는 것이 불가결하다. 기본적으로 개별 기업이나 고용자의 문제이기는 하지만, 단기적으로는 보조금 등으로 후생 변화에 대하여 보상하면서, 중기적으로는 이러한 변화를 흡수하도록 고용관행을 확립하고, 기업으로 하여금 더욱 고도화되고 차별화된 재화의 생산으로 이행하는 유인이 사라지지 않도록 하는 것이 FTA 체결의 이점을 살리는 필요조건이다.

보론

추산에서 이용한 모델의 개요

1) GTAP 모델의 개요

이 모델은 대표적인 가계, 기업, 그리고 정부라는 세 가지 주체로 구성되어 있으며, 제약조건하에서 각 주체는 효용·이윤을 최대화하는 행동을 취한다고 가정하고 있다. 또한 가계 지출, 정부 지출, 국내 저축에 의해서 구성되는 사회후생함수를 설정하고 있다. 이 사회후생함수는 콥-더글러스(Cobb-Douglas)형으로 정식화되어 있으며, 즉 각각의 비율은 고정되어 있다. 따라서 합성(合成)소비재의 상대가격이 상승한 경우, 명목 비율이 일정하게 유지되도록 실질변수가 변화하게 된다.

대표적인 가계 소비는 개별재에 대한 수요가 상대가격, 기초소비, 소득수준의 3요인에 의해서 결정된다. 구체적으로는 CDE(Constant Difference Elasticity) 또는 스톤-게리(Stone-Garry)형 효용함수로 표현하고, 소득수준에 따라서 각 소비재의 수요가 변화한다. 또한 정부지출은 콥-더글러스형으로 단순화되어 있다.

기업은 이윤을 최대화하는 주체로서, 노동, 자본, (농업에 대해서는 토지도 포함), 중간투입재를 이용해서 주어진 재화 가격 벡터에서 생산수량을 결정한다. 노동 및 자본과 같은 부가가치 생산요소와 중간투입재는 레온티에프(Wassily Leontief)형의 생산함수로 결합되어 있다. 부가가치 부분은 CES(Constant Elasticity Substitution) 함수에 의해서 모델화 되었고, 산업별로 대체탄력성을 설정한다. 또한 토지는 농업에만 이용되고 산업 간 이동은 발생하지 않지만, 노동 및 자본은 산업 간 수익률을 균형시키도록 산업 간을 이동한다. 그리고 기본 모델에서는 노동의 국제이동을 가정하지 않았으며, 자본의 국제 이동은 재화 및 서비스무역의 반대편 짝으로서 결정된다.

가계의 최종소비수요 및 기업의 중간투입수요는 수입품과 국산품의 합성재(合成財)에 대해서 발생된다. 무역상대국으로부터의 수입을 합성하여 수입재를 가정하고, 그것과 국내재를 합성한 것이 국내 공급재가 된다. 어느 단계에서나 CES 함수를 이용하고 있지만, 이는 이른바 아밍턴(Armington) 재화구조로 불리는 것이다.

저축은 사회후생함수의 형상에서 비롯된 것으로서 저축률의 고정을 전제로 한 모델이 되고 있다. 각국의 저축은 가상적인 세계은행으로 모아지고, 투자라는 형태로 다시 각국으로 배분된다. 재배분 방법은 각국의 투자수익률(의 변화율)을 동일하게 하는 방법과 각국의 자본스톡 비율을 일정하게 유지하는 방법이 있다.

이 점에 대해서는 츠츠미·기요타[13]의 보론을 참조하기 바란다.[14]

2) 데이터

데이터베이스는 1977년 기준의 'GTAP 버전 5'를 이용하였다. 이번 분석에 있어서의 국가·지역은 오세아니아, 중국, 홍콩, 일본, 한국, 대만, 인도네시아, 말레이시아, 필리핀, 싱가포르, 태국, 베트남, 기타 아시아, 캐나다, 미국, 멕시코, 기타 중남미, EU, 기타 유럽, 기타 세계

---

13) 堤 雅彦·淸田耕造,「日本を巡る地域經濟統合: CGEモデルによる分析」, *JCER Discussion Paper*, No.74(東京: (社)日本經濟硏究センター, 2002年 1月).

14) 본 모델은 'http://www.gtap.agecon.purdue.edu/products/modls/defa ult.asp'에서 입수할 수 있다. 또한 이 중의 일부는 필자가 추가 수정을 하였다.

20개국·지역이며, 재화·서비스에 대해서는 농업, 임업, 수산업, 광업,
식품가공업, 섬유·의류제조업, 기타 제조업, 목재·펄프, 석유화학, 철
강, 수송기계, 전기기계, 일반기계, 전기·가스·수도, 건설, 운수업, 통신,
금융·보험, 대사업체 서비스, 대개인 서비스, 기타 서비스 등 21개의
재화·산업으로 집계하여 이용하였다.

  또한 생산요소는 토지(농업에 한정), 자본, 노동(전문, 비전문)으로 집계
하였다. 더욱이 각 사례의 FTA 효과가 전부 구현되는 시점(목표 연도)
을 2010년으로 하고 있으며, 데이터베이스 기준 년과의 차이인 13년분
에 해당하는 외생적인 노동력 증가와 기술진보를 가정하고 있다. 이러
한 기술수준에 대한 관점 등은 츠츠미·기요타,[15] 그리고 인구·노동(숙
련·비숙련)의 증가율이나 전문·비전문 노동의 증가율로 분해하는 방법
은 츠츠미·기요타[16]의 보론을 참조하기 바란다.

3) 해법

  계산에 있어서는 데이터베이스가 장기적으로 안정적인 균형성장경
로 상에 있다고 가정하고, GDP에서 차지하는 무역수지 비율의 변화율
을 0으로 하였다. 가격의 상대적 움직임을 측정하는 가치기준치(Nume-
raire)는 세계투자재의 가격으로 하고, 자본스톡은 내생화(內生化)되어 투
자수준에 따라 생산력이 변화하도록 조작하였다. 한편으로 저축률은
고정하고, 의도적으로 최적화를 얻기 위하여 소비재 가격의 변화율과

15) 堤 雅彦·淸田耕造,「中國のFTA戰略が日本に及ぶ影響: CGEモデルによるシ
    ナリオ分析」, 浦田秀次郎·日本經濟センター 編,『中國がアジアを變える―
    日本の生き殘り戰略』, 第12章(東京: (社)日本經濟研究センター, 2002年 12
    月), pp.189~217.
16) 堤 雅彦·淸田耕造,「日本を巡る地域經濟統合: CGEモデルによる分析」, JCER
    Discussion Paper, No.74(東京: (社)日本經濟研究センター, 2002年 1月).

수익률의 변화율을 일치시키는 램지(Ramsey)명제의 방법을 채택하지 않
았기 때문에, 솔로(Solow) 타입의 성장을 가정하게 된다. 또한 균형해(均
衡解)를 구하기 위한 소프트웨어는 GEMPACK를 사용하고 있으며,
Gragg법(steps＝6 8 10; subintervals＝3)을 채택하고 있다.

4) 기타

FTA는 참가국 간의 관세·비관세 장벽을 철폐하는 것으로 정의하고
있다. FTA 참가국 간의 무역은 자유화되는 한편, 기타 국가·지역을 대
상으로 하는 세율 등은 여전히 당초와 같이 일정하게 한다. 한편 일본
의 수출에 대해서는 이용된 산업연관표와 무역통계 사이에는 부정합이
있어서, 그것을 잘못해서 수출보조금으로 간주하는 등의 문제가 지적
되었으므로 이를 제외하였다.[17)]

또한 실제의 FTA 교섭에서는 무역자유화뿐만 아니라 직접투자 자유
화를 포함한 논의도 진행되고 있다. 직접투자 자유화에서는 단순히 자
본이동이라는 측면보다는 제조 및 관리기술 등의 기술파급 효과를 기
대하는 경우가 많다. 이 점을 감안하여, 이번 추산에서는 FTA에 참가
하면 해당 참가국의 거시적 생산함수 상의 기술수준이, 같은 FTA 가맹
국 중에서 최상위에 위치하는 국가의 기술수준으로 수렴한다(격차가 줄
어든다)고 가정하였다. 외생적으로 계산된 2010년의 기술수준에 있어
서 각국 간 격차(1%)에 상당하는 부분이 없어진다고 했을 경우의 1년분
에 상당하는 성장률(13승분의 1)을 계산하여 그것을 가산하고 있다.

그리고 직접투자를 통한 기업활동의 국제적 전개는 기업 내부에서
의 부문별 최적입지를 촉진시켜 기업 내 무역을 확대시킨다고 생각할

---

17) 상세한 내용은 다음의 홈페이지를 참고하기 바란다('http://www.gtap.agecon.pur
due.edu/databases/v5/bugs.asp').

수 있다. 이 점은 거래와 관련된 제도적인 절차나 정보 격차에 의해서 발생되는 비용이 절약된다고 가정하고, 결과는 수입재 편향적인 기술진보로서 관측된다고 가정하였다. 구체적으로 FTA 참가국 간의 무역은 연평균 1%의 기술진보가 발생한다고 가정하였다. 모든 기술진보는 가격에 전가(轉嫁)되어 FTA 참가국의 재화 가격은 하락하게 된다.

〈참고〉 일본의 EPA · FTA 기본방침

향후 경제연계협정 추진에 관한 기본방침
2004년 12월 21일 경제연계촉진관계 각료회의

1. 경제연계협정(EPA)은 경제 블록화가 진행되는 가운데 WTO를 중심으로 하는 다각적인 자유무역체제를 보완하는 것으로서, 일본의 대외경제관계의 발전 및 경제적 이익 확보에 기여하는 것이다. 동시에 EPA는 일본과 상대국의 구조개혁의 추진에도 기여한다.

2. 이러한 EPA는 동아시아공동체 구축 등을 촉진하는 등, 정치·외교전략상 일본에 있어 더욱 유익한 국제환경 형성에 기여한다.

3. 일본은 이미 싱가포르와 EPA를 체결하였고, 멕시코와는 서명을 마쳤으며 그 외에 필리핀과도 대략적인 합의에 이르고 있다. 또한 현재 태국, 말레이시아 및 한국과 교섭을 실시하고 있다. 더욱이 내년부터 ASEAN 전체와도 교섭을 추진할 예정이지만, 이들 협정을 위한 노력은 동아시아를 중심으로 하는 경제연계를 추진한다는 일본의 방침을 구체화한 것이며, 이들의 조기 체결에 정부는 일체가 되어 전력을 기울이기로 한다.

4. 상기 이외의 교섭에 대해서도 EPA가 일본의 경제·사회에 미치는 중요성을 고려해서 진행 중에 있는 교섭의 진척 상황을 감안하면서 검토를 추진한다. 교섭상대국·지역의 결정에 있어서는 경제상·외교상의 관점, 상대국·지역의 상황 등을 종합적으로 감안하기로 한다. 구체적으로는 별첨의 기준을 충분히 고려해서 실시한다.

5. 이때 상대국과의 경제관계의 현상 등도 고려하면서 이른바 자유무역협정(FTA)이 아닌 경제연계로서의 방법, 예들 들어 투자협정, 상호승인협정 체결, 투자환경 정비 등도 선택지로서 검토한다.

6. EPA 교섭의 추진에 있어서는 일본이 WTO의 교섭에 기여되도록 노력한다. 또한 지금까지의 교섭 경험을 바탕으로 교섭 진행방법 및 작업이 효율화되도록 노력함과 동시에 필요한 인적체제를 더 정비하고 민간전문가를 더욱 활용할 수 있도록 검토한다.

자료: 총리관저 홈페이지(http://www.kantei.go.jp/jp/singi/keizairenkei/kettei/041221ke ttei.html)최종검색일: 2006. 4. 20.

참고문헌

堤 雅彦. 2000.「進む域內經濟統合と中國のWTO加盟－CGEモデルを活用したシ
　　ナリオ分析」. *JCER Discussion Paper*, No.60. 東京: (社)日本經濟硏究セン
　　ター. 2000年 4月.

＿＿＿. 2004.「WTO・FTAと日本經濟の再編成」.《國際問題》, 7月號, No.532.
　　東京: 財團法人日本國際問題硏究所. 2004年 7月. pp.32~46.

＿＿＿. 2005.「日本經濟とアジアのFTA」.《國際問題研究所紀要》, 第126號.
　　愛知大學國際問題研究所, 2005年 11月, pp.49~69.

堤 雅彦・清田耕造. 2002a.「日本を巡る地域經濟統合: CGEモデルによる分析」.
　　JCER Discussion Paper, No.74. 東京: (社)日本經濟硏究センター, 2002
　　年 1月.

＿＿＿. 2002b.「中國のFTA戰略が日本に及ぶ影響: CGEモデルによるシナリ
　　オ分析」. 浦田秀次郎・日本經濟硏究センター 編.『中國がアジアを變え
　　る－日本の生き殘り戰略』, 第12章. 東京: (社)日本經濟硏究センター,
　　2002年 12月, pp.189~217.

中島朋義. 2005.「日韓自由貿易協定の經濟效果分析」. 環日本海經濟研究所 編.『
　　現代韓國經濟 -進化するパラダイム-』, 第9章. 東京: 日本評論社, pp.213
　　~230.

利 博友. 2001.「日本・シンガポール自由貿易協定の經濟效果」.《國民經濟雜
　　誌》, 第184卷, 第3號. 神戶大學經濟經營學會, pp.79~92.

Brown, D. K., A.V. Deardorff and R.M. Stern. 2001. "Multilateral Regional
　　and Bilateral Negotiating Options for the United States and Japan."
　　Discussion Paper, No.469, Research Seminar, in International Econo-
　　mics, School of Public Policy, The University of Michigan.

Goto, Junichi and Koichi Hamada. 1999. "Regional Economic Integration and
　　Article XXIV of the GATT." *Review of International Economics,* 7:
　　555-570.

Kawasaki, K. 2003. "The Impact of Free Trade Agreements in Asia." *RIETI*

Discussion Paper Series 03-E-018, Research Institute of Economy, Trade and Industry(RIETI).

Krugman, Paul R. 1991a. "Is Bilateralism Bad?." In Helpman, Elhanan and Assaf Razin(eds.), *International Trade and Trade Policy.* Cambridge, Mass: MIT Press.

_____. 1991b. "Regionalism versus Multilateralism: Analytical Notes." In de Melo and Arvind Panagariya(eds.). *New Dimensions in Regional Integration*, Cambridge: Cambridge University Press.

McKibbin, W. J., J. Lee and I. Cheong. 2002. "A Dynamic Analysis of a Korea-Japan Free Trade Area: Simulations with the G-cubed Asia-Pacific Model." *Working Paper*, 02-09, Korea Institute for International Economic Policy(KIEP).

Rogouwski, Ronald. 2000. "Commerce and Coalitions: How Trade Affects Domestic Political Alignments." in Jeffry A, Frieden and David A. Lake(eds.). *International Political Economy -Perspectives on Global Power and Wealth*, Fourth Edition. Bedford/St. Martin's, Boston, MA.

제6장

글로벌화와 한국의 FTA 전략*

■ 곽양춘(郭洋春)

1. 들어가면서

   2004년은 한국경제에 있어서 'FTA 원년(元年)'이라고 불러야 할 해
일지도 모른다. 4월에 칠레와의 사이에서 첫 FTA가 발효되었을 뿐만
아니라, 11월 칠레 산티아고에서 열린 APEC에서는 처음이라고 해도
좋을 정도로 FTA를 주요 의제의 하나로서 토론하였고, 그때에 한국은
싱가포르와 FTA를 사실상 타결하였기 때문이다. 아시아 외환위기 때
에는 자유무역체제를 강조하며 FTA에 소극적이었던 점을 감안할 때,
이 수년간의 자세 변화는 놀랄 만한 것이다. 이와 같이 현재의 FTA는
한 나라의 경제정책에 커다란 영향을 미치고 있다.

   이 글에서는 1990년대 이후에 확대되어 온 글로벌화 속에서 왜 FTA
가 급증하고 있는지 그 배경을 명확히 하고, 지금까지 FTA 체결에 소
극적이었던 한국이 FTA 체결에 대해 정책을 전환한 요인을 분명히 하
려고 한다. 그리고 단순히 경제적인 문제로만 생각할 것이 아니라, 한

* 이 글은 「グローバリゼーション下における韓國のFTA戰略」, ≪國際問題研究
   所紀要≫, 第125号(愛知大學, 2005年 3月)을 대폭 개정하여 작성하였음.

국이 처해 있는 정치·경제적 상황을 고려하면서 FTA 체결이 한반도의 평화구축에 어떠한 영향을 미치는지에 대해서도 검토하려고 한다.

2. 글로벌화와 FTA

<그림 6-1>은 1948년부터 2002년까지 GATT 및 WTO에 통보된 FTA 체결 건수를 나타내고 있다. 이 도표에서도 분명한 것처럼 1990년대에 들어서면서 FTA 체결이 증가하고 있다는 것을 알 수 있다. 특히 1995년 WTO 발족 이후 그 경향은 가속화하고 있다. 그 결과, 세계무역 전체에서 차지하는 FTA 역내 무역 비율은 2000년 43.2%에서 2005년에는 51.2%가 될 것으로 예상되었다.[1] 따라서 세계경제 전체에 있어서 이미 FTA를 빼놓고는 논의가 되지 않을 정도로 그 비중이 증대하고 있다.

원래 자유무역의 확대와 시장개방을 촉진하는 글로벌화와, 체결국 간에 특혜를 부여하고 비체결국에는 불리한 교역조건을 부과하는 FTA는 상반 관계에 있다. 그럼에도 불구하고, 왜 1990년대 이후 글로벌화의 확대와 FTA 체결의 증가가 함께 이뤄지고 있는 것일까? 그 이유는 WTO 체제 아래에서의 다국 간 교섭이 복잡해지기 때문이다. 교섭 상대가 많아지면 많아질수록 관계국의 이해관계는 증대하고 번잡해지는 경향이 있다. 이에 비해서 FTA는 ① 교섭주체가 적어 교섭이 수월해지고, ② 소국(小國)이더라도 교섭력을 강화할 수 있으며, ③ 국내의 산업조정을 유도함으로써 쇠퇴산업에서 발생하는 정치적 반발을 완화시키고, ④ 경제성장을 통해 개발도상국으로 하여금 다각적 교섭에 참

---

1) WTO, "WORLD TRADE REPORT 2003".

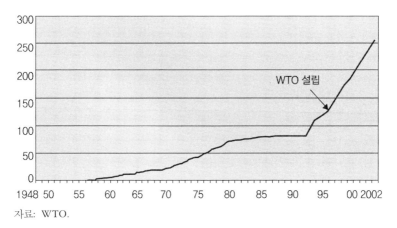

〈그림 6-1〉 GATT · WTO에 통보된 FTA의 체결 건수

자료: WTO.

〈표 6-1〉 FTA가 다각적 자유화를 촉진하는 요인

1	교섭 주체의 감소 (Summers, 1991; Krugman, 1993)	국가 단위에서 다각적 자유화교섭을 실시하는 것보다는 지역통합체결 후에 지역단위 상호 간에 실시하는 것이 추진하기 쉽다.
2	소국(小國)의 교섭력 증가(Lawrence, 1996)	규모가 작은 국가가 지역통합을 체결함으로써 대국(大國)에 대한 자유화 추진의 교섭력을 높일 수 있다(미국에 대한 MERCOUSUR의 예).
3	국내산업 조정의 촉진 (Wei and rankel, 1995)	FTA 체결이 국내의 구조조정을 촉진시키고, 그 결과로 쇠퇴산업의 규모가 축소되며 장기적으로는 다각적 무역자유화에 대한 정치적 반발이 약해진다.
4	국내개혁의 추진에 따라서 발도상국이 복수 교섭에 참가 (Ethier, 1998)	다각적 무역자유화에 소극적인 개발도상국과 선진국이 FTA를 체결하게 되면 개발도상국에 대한 직접투자의 유입이나 국내개혁 및 자유화가 촉진됨으로써 개발도상국이 교섭을 추진하는 유인이 높아진다.

자료: 경제산업성, 『통상백서 2001』.

가토록 유인하는 등 체결하기 쉬운 조건을 갖추고 있다(<표 6-1>).

또한 이러한 FTA 체결은 비체결국에 대해서도 FTA를 체결하도록 유도하는 결과를 낳는다. 즉, 역외국으로서의 입장을 유지하기 때문에 입게 될 불이익을 극복하기 위해서 FTA 체결로 움직이게 되는 이른바 도미노 현상을 가져오게 된다.[2] WTO에 의한 교섭(라운드)이 좌절되고 있는 가운데, 가맹국이 WTO를 꺼리고 FTA를 체결하는 경향이 강해지고 있는 것도 진전되는 요인으로 들 수 있다. 더욱이 NAFTA(1993년)나 EU(1994년)와 같은 거대 경제권의 탄생이 대부분의 개발도상국에 FTA를 체결하도록 강하게 유도하는 작용을 하고 있는 점도 간과할 수 없다.

한편 개발도상국 간의 FTA에는 '권능부여 조항(Enabling Clause)'[3]이 적용되어, WTO 협정(GATT 제24조 및 GATS 제5조)과의 정합성을 반드시 확보해야 할 필요성이 없다는 점도 FTA를 가속시키는 커다란 요인이 되고 있다. 그러므로 글로벌화가 진행(=WTO 발족)되는 상황에서도 아니, 그렇기 때문에 더욱 더 FTA가 증가하고 있는 것이다.[4]

---

2) 경제산업성, 『통상백서 2001』, pp.165~166; 도미노이론에 대해서는 볼드윈(Baldwin)이 자신의 논문에서 자세히 논하고 있다. Richard E. Baldwin, "A domino theory of regionalism," in Richard E. Baldwin, Pertti Haaparanta and Jaakko Kiander(eds.), *Expanding membership of the European Union*(New York: Cambridge University, 1995), pp.25~53.

3) 1979년 체결국 간 결정(차별적이고 더욱 특혜적인 대우와 상호주의 및 개발도상국의 보다 충분한 참여)에서는 일정한 요건에 적합한 것을 조건으로 개발도상국 간의 관세·비관세장벽의 삭감·철폐를 지향하는 지역무역협정을 GATT 제1조(최혜국대우)의 예외로서 인정하고 있다.

4) FTA가 무역 자유화를 초래하는가 혹은 보호무역으로 나아가는가에 대해서 언급한 것으로는 다음을 참조하기 바란다. Anne O. Krueger, "Are Preferential Trading Arrangements Trade-Liberalizing or Protectionist?" *Journal of Economic Perspectives*, Vol. 13. Number4, Fall 1999, pp.105~124.

3. FTA를 둘러싼 한국 정부의 대응

한국이 2004년에 칠레와 처음으로 FTA를 체결한 사실에서도 알 수 있듯이, FTA 체결에는 소극적인 국가(FTA 체결 후발국) 중의 하나였다. 이에 대한 가장 큰 이유는 첫째, 한국의 경제구조 그 자체이다. 이를테면 대외 의존도가 GDP의 70%를 차지하는 한국에 있어서 자유무역체제야말로 성장을 유지·확대시킬 수 있는 유일한 길이라고 여겨졌기 때문이다. 둘째, 국내에는 국제경쟁력이 약한 농업(국내총생산액의 4.9%: 2001년)이 있고, 이에 대한 보호·육성대책이 지연되어 농민을 비롯한 각종 농업단체로부터의 압력이 예상되었기 때문이다. 따라서 1995년의 WTO 창설은 한국이 바라는 세계무역 시스템을 보증하는 것으로서 크게 환영받았다. 그러나 현실적으로 WTO 발족 이후에 FTA는 급속히 확산되고 있다. 그 이유로는 미국이나 유럽 등의 세계경제 주요무역국이 무역자유화를 적극적으로 추진하는 수단으로서 FTA를 이용하는 경우가 있다는 것이다. 바꾸어 말하면, 자유무역체제 아래에서 교섭·통상 관계상 유리한 지위를 확보하기 위해서는 FTA를 이용하여 미체결국에 대해 배타적 무역정책을 적용함으로써 우위성을 확보할 수 있다고 생각했던 것이다. 특히 1993년 NAFTA와 1994년 EU의 발족은 세계적 규모로서 FTA 체결을 가속화시켰다. 왜냐하면 FTA에 가맹하지 않은 국가들은 FTA 미체결로 인한 경제적인 고립과 그에 따른 기회비용의 증가에 대처해야 했으며, 그 결과 NAFTA나 EU를 추종하는 형태로 FTA 체결을 추진하게 되었기 때문이다.[5] 그 중에서도 미국과 경제관계가 깊고 대외 의존도가 높은 한국경제에 있어서는, 미국이 적극적이면서도 배타적으로 FTA를 추진하는 것은 무역전환[6]으로 인해 불이익을 입게

---

5) 外務省, 「日韓自由貿易協定共同研究會報告書」(2003년 10월 2일).
6) 무역전환 효과로 인한 불이익이란 역내 관세 철폐로 저가격의 역외 재화가 고가격

되는 것을 의미하므로, 무관심하게 있을 수 없는 상황이 벌어졌다. 더욱
이 FTA가 급증하게 된 배경은 2003년 9월 14일 멕시코 칸쿤에서 폐막
한 제5차 WTO 각료회의가 결렬됨으로써 각 가맹국이 2001년 11월
제4차 WTO 각료회의에서 다국 간 교섭을 종합한 '도하개발아젠다
(Doha Development Agenda: DDA)'를 대신하여 '2국 간 교섭=FTA 체결'
로 방향을 전환하기 시작했기 때문이다. 이것은 WTO의 한계와 함께
WTO를 대신할 통상정책으로서 각국이 FTA에 주목하였고, 이를 활용
하기 시작했다는 것을 의미한다.

　이것은 종래의 '자유무역 거래=다각적·무차별 무역'이라는 관점
(GATT 이념)이 그 범주에서 탈피하여 쌍무적·배타적 무역거래를 통하
여 무역체제를 유지·확대시키게 된다는 점에서 지금까지의 자유무역
체제의 프레임워크 및 의미가 대폭적으로 전환되었다는 것을 뜻한다.
GATT 체제 아래에서 다국주의(Multi-Nationalism)의 추구가 한계에 달
했다는 인식이 확산되면서, 1990년대 전반까지의 자유무역협정이 우
루과이 라운드가 실패할 경우에 대비한 일종의 '보험정책'이었던 점에
서도 명확하다.[7]

　따라서 위에서 논술한 바와 같이 대외 의존도가 높은 한국은 다각적
자유무역체제야말로 한국경제가 살아남는 유일한 길이라고 생각해 온
것이다. 그 결과, 다른 나라가 FTA를 체결할 때에도 그것을 부정적으
로 평가해 한국 스스로가 FTA를 체결하려는 의사를 보이지 않았다.
그러한 상황을 반전시킨 것이 1997년에 발생한 외환위기였다.[8] 주지

의 역내 상품으로 대체되어 비효율적인 결과를 초래하는 것을 말한다.
7) 정인교, 「미국의 FTA 정책의 전개와 시사점」, 대외경제정책연구원, ≪정책연구
98-16≫, 1998년 12월.
8) 한국의 외환위기의 발생요인에 대해서는 곽양춘, 『韓國經濟の實像』(東京: つげ書
房新社)를 참조하기 바란다.

하는 바와 같이 한국 정부가 외환위기를 극복하는 과정에서 채택한 정책은 구조개혁과 시장개방이었다. 그리고 그 정책을 유지·발전시키기 위해서 FTA를 추진한 것이다. 이를테면, FTA 추진이 체결 상대국과의 사이에서 국내경제를 개혁시키고, 시장을 개방할 필요성을 불러일으키기 때문이다. 그것은 한편으로 국내 경제제도를 근대화(=선진국화)하는 것을 의미하며, 다른 한편으로 외자의 적극적인 유치를 도모하고, 이에 따른 해외 생산거점으로서의 지위를 확보한다는 목적이 있었다. 그것은 바로 외환위기 극복을 위한 경제정책과 부합하는 것이었다.

구체적으로 보면 첫째, 악화된 국내기업의 경영환경을 개선하기 위해서 FTA를 활용한다는 것이다. 현재 노동 코스트의 증대, 물류비용의 상승, 농산물 안정대책, 중국경제의 고성장 등으로 인해 한국기업의 경영환경이 악화되어 국내기업의 투자의욕이 저하되고 있다. 또한 기업이 투자 대신에 현금보유율을 높이고 외국기업의 한국 투자가 감소하는 경향이 있다. 이러한 상황을 타개하기 위해서는 시장개방과 FTA를 추진하여 규제를 완화하고 제도 및 인프라를 개선할 필요가 있다.

둘째, 한국경제의 중국 의존도가 높아지고 있다는 것이다.[9] 현재 예상되는 여러 문제를 사전에 방지하기 위한 수단으로서 복수 국가와의 FTA가 필요해졌다. 한국기업의 수출과 투자에 차지하는 중국의 비중이 높아져 중국의 경기침체 등에 의한 위험이 우려되고 있다. 따라서 중국과의 산업생산 및 기술에서의 격차를 유지하면서 선진국과의 FTA를 추진함으로써, 중국의 발전을 활용할 수 있는 물류, R&D, 서비스 산업을 개발할 필요가 있다.

셋째, 외교통상 전략에 있어서도 FTA를 수용하는 새로운 글로벌화

---

9) 중국에 대한 수출비율은 1995년 7.3%에서 2002년 14.6%, 2004년(1~5월 말) 19.1%로 증대하고 있다. 또한 제조업 대외투자 중에서 중국에 대한 투자 비율은 2001년 14.4%에서 2004년(4월 말까지의 누계)에는 68.6%로 급증하고 있다.

전략으로서 다각주의(Multilateralism) 중심의 전략을 재정립할 필요가 있었다. 이를테면 1960년대 이후 한국은 수출지향형 공업화전략을 추진하는 과정에서 다각주의에 순응해서 성장하였지만, 통상국가로서의 발언권 확보를 위해서 FTA라는 지렛대를 활용할 필요가 있다. 또한 FTA는 국내의 취약 부문에 있어서 위협이 되지만, 한국경제의 잠재능력을 최대한으로 발휘할 수 있을 때 비로소 FTA는 새로운 산업 강국으로 도약하는 데 기여할 수 있다. 그리고 시장개방과 경쟁을 통해 기업가 정신을 함양하면 경제의 질적 향상이 가능해질 것으로 생각된다.[10]

더욱이 FTA 체결을 통하여 안정된 수출시장을 확보할 수 있고, 수출경쟁에서 고전하고 있는 한국기업에게는 확실하게 수출시장을 확보할 수 있는 기회로 삼을 수 있다. 또한 FTA 체결을 통해서 새로운 정치·경제적인 유대관계를 상대국과의 사이에서 형성할 수 있다.[11]

위와 같이 한국에 있어서의 FTA 체결은 단순히 경제·외교정책의 전환이라기보다는 종래의 경제구조 및 무역구조를 근본부터 개혁하는 '코페르니쿠스적 전환'을 의미한다고 해도 과언이 아닐 것이다.

그 때문에 한국 정부는 2003년 8월 30일 '대외경제장관회의'[12]를 개최하여, 일인당 국민소득을 2만 달러로 전망하고, 동아시아의 중심 국가로서 부상하기 위해서는 FTA를 추진하는 것이 중요하다고 재확인하였다. 그리고 이것을 실현하기 위해서 'FTA 추진 로드맵'을 확정하였다. 이 로드맵의 주요 내용은, 단기적으로는 일본·싱가포르·멕시코 등과 공동연구를 개최하거나 교섭을 위해 적극적인 활동을 전개하고,

---

10) 정구현, 『글로벌화 전략의 필요성과 FTA 추진 로드맵』(서울: 삼성경제연구소, 2004년 7월 13일).

11) 재정경제부, 『경제백서』 2001년판.

12) 이 회의에서는 농림부, 정보통신부, 보건복지부, 해양수산부의 각 장관과 공정거래위원회 위원장, 통상교섭본부장, 청와대정책수석, 경제보좌관 등이 출석했다.

중장기적으로는 미국·EU 등 거대경제권과의 FTA를 체결하고, 나아가서는 한중일 FTA나 EAFTA(동아시아 자유무역지대)와의 FTA 체결 등에 대해서 검토해 나가기로 했던 것이다.[13]

　그렇다면 한국 정부가 계획하는 FTA는 어떠한 조건 아래에서 최대의 효과를 올릴 수 있을까? 일반적으로 FTA 대상국의 선정기준은 다음과 같다. 첫째, 비교우위구조, 둘째, 소득수준, 셋째, 지리적 인접성, 넷째, 시장규모, 다섯째, 기존의 무역장벽 수준 등의 다섯 가지를 들 수 있다.[14] 이 기준을 바탕으로 한국이 최초로 선택한 교섭상대국이 칠레였다. 칠레를 첫 교섭상대국으로 선택한 직접적인 이유는, 첫째로 그 동안 칠레가 체결해 온 FTA로 인해 발생하는 한국제품에 대한 불리한 대우를 제거하고 중남미 진출의 근거지로서 확보하고 또 활용할 수 있다는 점, 둘째로 칠레는 중남미 제국 중에서도 멕시코와 함께 FTA 체결을 적극적으로 실시하는 국가이고 그 경험을 공유함으로써 한국의 FTA 정책의 모델 케이스로 삼으려 했다는 점이다.[15]

4. FTA 미체결에 따른 한국경제의 악영향

　그동안 일본에서 FTA 체결을 둘러싼 논의로서 많이 언급된 것은 FTA 체결이 국민경제에 미치게 될 플러스 면 또는 마이너스 면에서의 영향에 대해서였다. 그러나 다른 한편으로 중요한 점은 실제로 FTA의 미체결이나 지연 그 자체가 일국의 경제에 악영향을 미치고 있다는 것

13) 재정경제부, 「재정경제부 브리핑 제13호」(2003년 9월 2일).
14) 정인교, 『FTA 시대에 어떻게 대처할 것인가?』(서울: 대외경제정책연구원, 2001년 11월).
15) 같은 책.

이다. 한국에서는 이러한 FTA 미체결과 지연으로 인한 악영향의 표출이 커다란 논의의 대상이 되고 있다. 그러므로 여기에서는 FTA의 미체결이 한국경제에 어떠한 악영향을 미치고 있는지에 대해서 실제의 예를 들어가면서, 더 이상 FTA 체결이 피해 갈 수 없는 외교정책이라는 점에 대해서 살펴보기로 하겠다. KOTRA(대한무역진흥공사)의 『세계 주요 FTA의 성공 및 한국의 피해 사례』보고서를 참고한다.

① 사례 1_멕시코 자동차 수출에서의 애로점
- 현재의 자동차 수입정책(현지 생산라인이 있는 자동차기업에 한해 수출 물량만 수입 허가): 그러나 2004년부터는 50%의 고율의 관세부과 예정, 멕시코에 대한 자동차수출은 가격경쟁력의 상실로 어려운 실정.
- 한편 미국, EU 등 FTA 체결국에 대해서는 일정량에 한해서 수입 허가: 브라질, 아르헨티나와의 자동차협정에 의해서 2004년도부터 무관세 대우 예정.
- 2003년 10월에 타결 예정(실패)이었던 멕시코·일본 간 FTA가 체결될 때에는 한국산 자동차는 사면초가에 직면할 것으로 예상.

② 사례 2_멕시코, 정부발주 대형건설 프로젝트로의 참가자격 제한
- PEMEX(멕시코 석유공사) 등의 정부발주 대형건설 프로젝트에 FTA 회원국 기업에 한해서 입찰 참가자격을 부여: 한국의 건설회사는 입찰 참가 자체가 거의 불가능한 상황.
- 그러나 입찰 참가 회사가 적어서 입찰이 유찰되는 경우에 한해 PEMEX의 요청으로 FTA 비회원국에 대해서도 참가를 인정하는 상황.

③ 사례 3_브라질, 멕시코의 규격인증 기술장벽
- 브라질 정부는 타이어 규격이 국제표준임에도 불구하고 FTA나 상호인증협정이 체결되지 않은 한국산에 대해서 자국 I-Mark 획득을 강요 통

관지연, 추가시간 및 비용부담에 따른 경쟁력 저하의 요인.

- 멕시코도 수입 타이어에 영문 스티커의 부착을 금지하고 자국 스티커 규격에 의한 스페인어 규격표시의 첩부를 의무화.

- 멕시코는 가전 등 전자제품에 대해서 자국기업에 유리한 안전규격제도를 적용하는 한편, 규격검사를 자국기업에 위임하는 등 차별대우를 하고 있으며, 냉장고 포장 및 방역조치에 대한 한국 정부의 발급증명을 무시하고 재포장 및 방역조치를 요구하는 등 부당한 대우.

④ 사례 4_브라질, 멕시코의 최저가격제도

- 수입통관 시에 일정가격 이상의 신고를 요구함으로써 실질적인 수입상품의 관세부담을 높여 자국제품에 비해서 가격경쟁력의 저하를 초래함.

- 신제품 출하/원가절감을 통한 가격경쟁력 향상, 경제 정체기에는 한국산 등 역외국제 수입품은 시장 점유율 상실 위기에 직면: 멕시코는 3년 간 수입품의 가격동결로 인하여 VTR, TV 등 역외 국제 전자제품에는 수입제한 장벽으로 작용.

⑤ 사례 5_EU의 CE마크(EU 공동의 강제규격인증제도)

- EU와 상호인증협정 미발효에 의해서 주요수출품목의 CE마크 획득 없이는 수출 불허가: 대상품목은 기계, 완구, 전기·전자제품, 통신기기, 의료기기, 승강기 등 21품목군(EU에 대한 수출품목 중 34.5%)이다. 최근 EU의 자동차 안전기준 강화, 무선통신 및 통신단말기, 냉각장치, 진단용 의료기기 등에 대한 CE마크제도 추가 실시.

  ex) 귀금속, 형광등 안정기에 대한 CE마크기준을 협의 중.

  * CE마크 취득 평균 소요기간 및 비용: 평균 920만 원, 3개월.

  ex) 전자제품: 2~3개월, 자동차 7개월(약 15만 달러), 승강기 1년(약 3만 달러).

⑥ 사례 6_EU에 대한 섬유제품의 수출경쟁력 상실

• EU-터키 간의 관세동맹에 의해서 터키산 섬유제품은 무관세로 EU에 진입.

• 한국 K사의 경우, 주력 레이온 제품을 EU에 수출 시에는 4.6%의 관세 적용을 받고 있으며, 원거리에 의한 운송비용, 재고부담 등으로 터키산에 비해 경쟁이 절대적으로 불리: 일부 품목은 터키산과의 경쟁으로 최고 20%까지 시장이 잠식.

 * 가격경쟁이 치열한 섬유제품의 특성상, 상기 관세율의 격차는 중요한 구매결정 요인이 된다는 것이 K사의 분석.

⑦ 사례 7_헝가리에 대한 자동차 수출, EU제품에 비해서 경쟁력 상실

• 1992년부터 헝가리는 EU 가입을 전제로 상호관세율을 점진적으로 인하해 왔다. 공업제품의 경우, 현재는 거의 무관세: 한국산에 대한 관세율은 1600cc 이하의 자동차 13%, 1600cc 이상 23%, 트럭 25%(자동차부품 6~10%, 비디오/오디오 10%) 수준.

• 1600cc 이하의 소형승용차는 13% 관세를 부과 받아도 일정량의 수출을 하고 있지만, 중형승용차는 현지시장의 침투가 어려움.

⑧ 사례 8_말레이시아에서 H형강의 가격경쟁력 상실

• 현재 말레이시아는 H형강 생산기업 PERWAJA BHD의 부도로 가동이 중단되어 월 4만 톤 정도의 국내수요 전량을 수입에 의존: 수입관세는 ASEAN 회원국 제품은 5%, 비회원국 제품은 20% 부과. 그 결과, 2002년 한국산 H형강의 말레이시아 수출실적은 태국 등 경쟁제품보다 품질이 훨씬 우수함에도 불구하고 관세차별에 의해 가격경쟁력을 상실.

 ex) 이전의 최대 수출 실적대비 1/10 수준인 약 2만 톤(6.6백만 달러)으로 격감한 반면, 태국 SIAM YAMATO 제품의 시장점유율은 90%를 초과.

• 한국제 H형강 제조회사의 수출을 대행했던 현지 자회사의 대부분이 채산성 악화로 인하여 수출을 포기한 상태.

⑨ 사례 9_베트남에서 종이제품의 수출경제력 완전상실

- AFTA에 의거하여 베트남은 그 동안 정치적 차원에서 시장보호를 받아 온 종이류의 수입관세 40~50%를 2003년 7월부터 AFTA 역내 국산에 한해서 20%로 인하함(2006년도부터는 5%로 재인하).
- 2002년 약 5,000만 톤(250만 달러 상당)의 수출실적을 올려 온 한국산 신문용지의 경우, AFTA 역내 국산에 대한 관세 인하로 인해서 경쟁력을 완전히 상실.
- 결국, 베트남에 대한 종이류 수출은 AFTA 시행에 따른 최대의 피해품목 의 하나라고 예상.

⑩ 사례 10_칠레(무역을 EU로 전환: 칠레 · 산티아고상공회의소)

- 2003년 2월 칠레·EU 간의 FTA 발효 이후, 최근 4개월(2003년 2월~5 월)간 칠레 총수입액 55억 달러 중 3,000만 달러 상당이 EU로부터의 수 입으로 전환.
- 2003년 2월~5월 중 FTA에 의한 칠레의 EU에로의 수입전환은 주로 미 국, 한국수입 분에서 발생(수입전환액의 60% 상당): 대미 수입 감소분 -EU에로의 수입전환액의 1/3(1,070만 달러), 대한국 수입 감소분-EU에 로의 수입전환액의 29%(940만 달러)
  * 한국에서 EU 지역으로 수입처가 전환된 자동차, 휴대전화, 금속제품의 EU산 수입이 3배 증가(자동차→프랑스, 휴대전화→독일·프랑스·핀란 드·스웨덴·영국, 알루미늄 및 아연류 금속제품→룩셈부르크산으로 수입 처 전환)

위의 사례에서도 알 수 있듯이 FTA 미체결국에 대한 차별대우는 관세장벽만이 아니라 비관세장벽 분야(정부조달, 규격인증, 환경기준 등) 에서도 눈에 띈다. 관세장벽 만이면 생산성·효율성 향상에 의해서 어 느 정도 대응할 수 있지만, 비관세장벽은 현지정부의 협력 없이는 대응 하기가 거의 불가능하다. 따라서 FTA 미체결국의 피해는 커지게 마련이다.

현재 세계경제의 동향은 자유무역체제를 주장하면서도 그 예외조치로서 인정되는 FTA로 인해 '역외국=미체결국'이 공공연하게 차별대우를 받고 있다. '자유무역체제 안에서의 배외(排外)주의'가 버젓이 활개를 치고 있는 것이다. 그리고 이러한 경제적 불이익은 거꾸로 FTA 미체결·지연국으로서 국제사회로부터 고립을 심화시키는 결과가 된다. 바꾸어 말하면 대외적 신뢰도를 저하시키는 것과 관련되는 것이다. 실제로 세계적 신용평가기관인 무디스는 칠레와의 FTA 체결에 시간을 끌고 있는 한국재정경제부를 방문해 'FTA가 추진되지 않을 경우, 한국정부의 의사결정 과정에서 효율성이 나쁘다고 판단되어 신용등급 설정에 좋지 않은 영향을 미칠 것이다'고 경고하였다.[16] 또한 향후 한국의 주요 교역 파트너가 한국을 FTA 대상국에서 제외할 가능성도 배제할 수 없다.[17]

그러므로 FTA 미체결은, 첫째, 수입제품의 판로를 좁힐 뿐만 아니라 수출시장 점유율을 저하시키고, 둘째, 대외 신뢰도를 상실함으로써 국제적 고립을 심화시키며, 셋째, 더 나아가서는 국내경제에 악영향을 끼치게 된다. 왜냐하면 FTA 이행특별기금 등 지원정책이 농업분야 등 FTA 시행에 의해 보호받는 산업에 대하여 지원되지 않음으로써, 실제적으로 피해를 입게 되기 때문이다.[18]

따라서 현재 FTA의 세계적 흐름과 미체결·지연에 따른 차별대우를 고려한다면, 한국은 FTA 체결에 반대할 것이 아니라 FTA를 이용해서 국내의 산업구조를 경쟁력 있게 전환해 가는 계기로 삼아야 할 것이다.

---

16) ≪동아일보≫, 2004년 2월 11일자.
17) 재정경제부, 「한·칠레 FTA 주요쟁점에 대한 정부입장」, 보도자료, 2004월 2월 9일자.
18) 같은 글.

'위기'란 '위험(危險)의 위(危)임과 동시에 호기(好機)의 기(機)이기'때문
이다.[19]

5. 한·칠레 FTA 교섭의 경위

　1998년 11월 5일 대외경제조정위원회에서는 'FTA 추진 기본계획'
을 결정하고 최초의 FTA 체결국으로서 칠레를 선정하였다. 칠레를 첫
체결국으로 선정한 이유는, 첫째, 현재까지 30개국 이상의 국가와 FTA
를 체결하고 있는 칠레와 FTA를 체결함으로써 FTA 체결의 노하우와
경험을 얻을 수 있기 때문이다. 둘째, 칠레와의 FTA가 체결 후, 즉시
발효되면 공업제품의 칠레 수출이 증대할 것으로 기대된다. 셋째, FTA
체결에 의해 한국이 피해를 입게 될 쌀, 사과, 배 등의 품목을 관세
인하 적용대상에서 제외할 수 있으므로 국내산업인 농업의 피해, 즉
마이너스 효과를 최소한으로 억제할 수가 있다. 이에 따라 칠레와의
FTA 체결로 인한 한국경제의 후생수준은 9억 6,000만 달러, 무역수지
는 2002년 3억 달러의 적자에서 4억 달러의 흑자로 전환·개선할 수
있는 것으로 예상되었다(대외경제정책연구원 추정).[20]

　실제로 <표 6-2>을 보면, 한국과 칠레가 FTA를 체결하면 칠레는
즉시 자동차, 기계류, 컴퓨터, 휴대전화, 경유, PVC, 필름 등에 대해서
시장을 개방하는 한편, 한국 측은 종우(種牛), 종돈(種豚), 사탕수수 등
224개 품목에 대해서 시장을 개방한다. 품목 수는 한국 측이 칠레보다
훨씬 많고, 국내산업과의 경합 정도, 수출증대로 인한 무역수지 흑자폭
도 한국 측이 훨씬 유리한 체결내용으로 되어 있다. 또한 시장개방 적

19) アンドレ グンダー フランク,『リオリエント』, 山下範久 譯(東京: 藤原書店, 2005).
20) KOTRA,『세계 주요 FTA의 성공 및 한국의 피해 사례』(2003년 10월).

〈표 6-2〉 한국·칠레 농산물의 양허안 개요

범주	한국의 적용대상 품목 예	칠레의 적용대상 품목 예
즉시	종우, 종돈, 사탕수수 등 224품목	자동차, 기계류, 컴퓨터, 휴대전화, 경유, PVC, 필름 등
5년 철폐	당류, 초콜릿, 면류 등 545품목	폴리에틸렌, 전기전자, 자동차 부품 등
7년 철폐	복숭아 통조림, 종자용 옥수수 등 40품목	원심분리기, 전기 케이블, 낚싯대
9년 철폐	열대과일 주스 1품목	타이어(산업용), 자동차 배터리, 진공청소기, 섬유·의류, 신발류, 철강제품, 수송기계류 부품 등
10년 철폐	복숭아 통조림, 돼지고기, 감 등 197품목	
13년 철폐		섬유·의류, 타이어(승용차, 버스), 철강제품, 조명기구 등
16년 철폐[1]	탈지분유, 배 가공품 등 12 품목	
TRQ+DDA[2]	쇠고기, 닭고기, 된장, 간장, 자두 등 18품목	
DDA 이후 논의[3]	고추, 마늘 등 양념류 373품목	
계절 관세[4]	포도 품목	
예외	쌀, 사과, 배 등 21품목	냉장고, 세탁기 등

주: 1) 5년 후 협의개시, 1년 협의, 최장 10년 관세철폐.
   2) TRQ 물량에 대해서 무관세 적용, DDA 타결 후에 논의.
   3) DDA 타결 후에 논의.
   4) 일정기간(11월~4월)만, 관세철폐(10년 균등).
자료: 재정경제부

〈표 6-3〉 기타 양허안

협의 사항	주요 내용
무역 규정의 개선	한국기업이 칠레의 정부조달시장에 진출하는 계기를 제공 (칠레정부 조달시장 규모는 25~30억 달러).
투자활성화 및 서비스 무역 증대	내국민 대우 보장.
기타 사항	원산지규정, 세이프가드(Safeguard)조치 발동 허가 등

자료: 재정경제부

용대상 제외품목도 한국 측이 쌀, 사과, 배 등 국내 경합품목 21개 품목이 적용된 것에 비해서 칠레 측은 냉장고, 세탁기 등으로, 이 분야에

〈표 6-4〉 한·칠레 FTA 교섭 과정

1998년 11월	대외경제조정위원회, FTA 추진기본계획 결정. 최초의 FTA 체결국으로 선정.
1998년 11월	한·칠레 정상회담(말레이시아). FTA 추진에 대한 협의를 개시하기로 합의.
1998년 12월	통상교섭본부장 칠레 방문. FTA 추진을 위해서 고위급작업반을 구성하기로 합의.
1999년 4월	한·칠레 FTA 고위급작업반회의 개최.
1999년 6월	한·칠레 FTA 고위급작업반회의 개최.
1999년 9월	한·칠레 정상회담.FTA 교섭 개시 합의.
1999년 12월	한·칠레 FTA 제1회 교섭 개최(산티아고).
2000년 2월	한·칠레 FTA 제2회 교섭 개최(서울).
2005년 5월	한·칠레 FTA 제3회 교섭 개최(산티아고).
2000년 12월	한·칠레 FTA 제4회 교섭 개최(서울).
2001년 1월	투자분야 및 원재료 분야의 실제협의 개최(로스앤젤레스).
2001년 3월	양허안 실무협의 개최(산티아고).
2001년 6월	통상교섭본부장-Alvear 칠레 외무장관 회담(산티아고). 상품 양허안에 관한 양국의 입장 조정을 위해서 고위급협의를 가지는 방안을 적극적으로 검토하기로 합의.
2001년 10월	한·칠레 외무장관회담(상하이). 고위급협의를 통하여 FTA 교섭을 계속 추진해 나가기로 합의.
2002년 10월	한·칠레 FTA 제6회 교섭 개최, 교섭 타결.
2003년 2월	한·칠레 정상회담.FTA 협정문에 정식 서명.
2003년 12월	한국 국회, 한·칠레 FTA 비준동의안 부결.
2004년 1월	한국 국회, 한·칠레 FTA 비준동의안 부결.
2004년 2월 9일	한국 국회, 한·칠레 FTA 비준동의안 부결.
2004년 2월 16일	한국 국회, 한·칠레 FTA 비준동의안 부결.
2004년 4월 1일	한·칠레 FTA 발효.

자료: 재정경제부, 『경제백서』, 각 년판, 기타 자료에 의해서 작성.

서도 한국 측이 국내 산업을 보호하는 데 성공적이었다고 할 수 있다. 더욱이 무역 규정의 개선에 있어서는 한국기업이 칠레의 정부조달시장에 진출하게 될 계기를 마련하게 된다(<표 6-3>).

〈표 6-5〉 FTA에 대한 농업지원대책

(단위: 억원)

품목별		피해예상액 (10년간)	투자·융자액 (7년간)	주요 지원대책
직접 피해	포도	2,286	2,777	기반정비, 폐업, 우량묘목, 거점물류센터, 포도, 규모화, 경영안정지원
	키위	347	362	기반정비, 규모화, 네트워크시스템, 경영안정지원
	복숭아	273	1,119	규모화, 생산기반정비, 재배환경, 경영안정지원
간접피해		2,954	4,158	시설현대화, 우량묘목생산, 생산기반정비, 농지매매·임대차, 거점출하센터 등
총 계		5,860	9,940	

자료: 재정경제부.

  그럼에도 불구하고, <표 6-4>에서도 알 수 있듯이 한국은 칠레와의 FTA 교섭·비준에서 세 차례나 실패하였으며, 국회에 칠레와의 비준동의를 제출하고 나서 동의를 얻기까지는 7개월이나 시간이 걸렸다. 그 최대 이유는 농업보호를 내세우는 농민단체와 농촌에 기반을 둔 국회의원들의 반대가 컸기 때문이다. 그러나 앞에서 살펴본 것처럼 실제로는 칠레와의 FTA에서 대부분의 제1차 산품을 적용제외 대상으로 할 수 있다. 따라서 칠레와의 FTA에서는 한국 측이 유리한 조건으로 체결할 수 있다. 그런데도 많은 반대가 있었던 것은 정부가 국민에게 정보를 정확하게 제공하지 않았고, 피해를 입는 농업에 대한 보호·육성·진흥정책이 불충분하였기 때문이라고 생각된다. 실제로 한국 정부가 취한 농업의 보호·육성정책은 <표 6-5>와 같다. 이 표에서는 예상피해액은 구체적으로 제시되어 있는 한편, 지원책은 일반적인 사항에서 멈춰 있다. 이것으로는 피해농가가 납득하기는커녕, 국민에게도 FTA의 유효성을 알릴 수가 없었다. FTA를 체결할 때 정부가 유의해야 할 점은 피해가 예상되는 산업에 대해서 그것을 예시하는 데 그치지 않고, 어떻게 하면 피해를 최소화할 수 있고, 가능한 한 비교우위에 있게 하는 정책을 실현할 수 있는지에 대해서 제시하는 것이다. 그렇지 않고, 국민들에게 FTA 체결로 인한 피해 의식을 심는 것만으로는 국민들은 혼란과 불신감을 갖게 될 것이다. 한국은 FTA를 체결한 경험이 없기 때문에 그러한 배려가 없었다고 생각된다. 앞으로는 이번 사태의 경험을 참작하여 피해산업 관계자만이 아니고 국민들도 납득할 수 있도록 노력을 계속해 나가야 한다.

이와 같이 칠레와의 FTA 체결은 중남미 시장 확보를 위한 교두보(橋頭堡) 구축의 성격이 강하며, 향후 멕시코를 비롯한 많은 중남미 각국과 FTA 체결이 추진될 것으로 예상된다. 또한 위에서 살펴본 것처럼 칠레와의 FTA 체결은 한국경제에 그다지 심각한 타격을 주지 않고 시장을 개방할 수 있다는 이점도 있다. 예를 들어 지리적으로 한국과 정반대에 위치하는 칠레의 농산물을 받아들이는 것은 생산=출하시기에 있어서 계절적 상호보완 관계를 강화시킨다는 것을 의미하고, 소비자에게 많은 편익이 제공된다는 이점이 생긴다. 이러한 이점을 살릴 수 있다면 한국은 FTA 체결 지연국이라는 오명을 씻고 세계적으로 고립된 상황으로부터 벗어날 수 있다. 한국에 있어서 칠레와의 FTA 체결은 커다란 의미를 지니는 것이다.

6. 향후 한국 정부의 FTA 전략

1) 한·싱가포르 FTA

노무현 대통령은 라오스의 비엔티안에서 개최된 ASEAN+3 정상회의에서 2004년 11월 29일 싱가포르 리센룽(李顯龍) 총리와 정상회담을 가지고 한·싱가포르의 FTA 교섭을 사실상 타결하였다. 이것은 교섭

〈표 6-6〉 한·싱가포르 FTA 타결의 주요 내용

• **상품 및 서비스무역 자유화**
- 한국은 싱가포르 제품에 대하여 비과세품목 비율을 10년 이내에 15%에서 91.6%까지 확대한다.
- 싱가포르는 모든 한국제품에 대해서 즉시 무관세를 시행한다.
- 서비스 시장에서 양국은 내국민 대우를 한다.
- 한국산 농수산물의 대부분은 자유무역 대상에서 제외한다.

• **석유화학제품의 무관세화 유예**
- 휘발유 등은 무역자유 대상에서 제외한다.
- 한국은 기타 석유화학제품의 무관세화를 최장 10년까지 유예할 수 있다.

• **개성공업단지 제품에 특혜관세 부여**
- 개성공업단지에서 생산된 제품을 한국을 통해서 싱가포르에 수출할 때는 무관세를 적용한다.

• **원산지표시를 엄격 적용**
- 양국을 이용한 우회수출을 막기 위해 '원산지표시'를 엄격하게 적용한다.
- 수입물량의 급증을 막기 위해서 양국은 '긴급수입 제한조치(세이프가드) 권'를 부여한다.

• **기술표준 상호인정**
- 양국은 자국의 인정기관을 통해서 전기의 안전과 정보통신분야의 품질이 인정되면, 상대국에서도 그대로 인정한다.
- 지적재산권도 상호 인정한다.

• **건설서비스시장의 문호 확대**
- 정부조달 분야로의 참가 장벽을 완화한다.

자료: ≪동아일보≫, 2004년 11월 30일자.

개시 후 불과 10개월 만에 이뤄진 것이다. 이번 싱가포르와의 FTA에 서는 싱가포르 국내시장의 협소성과 이미 싱가포르가 대부분의 품목에 대해서 무관세를 실시하고 있다는 점을 고려했을 때, 무역 확대나 투자 증가라는 경제적 효과는 기대할 수 없다. 그보다는 한국도 FTA를 통해서 시장을 개방할 의사가 있다는 자세를 표명한 것으로서 대외신뢰도를 향상시키려는 의도가 컸다고 할 수 있다.[21]

더욱이 북한의 개성공업단지[22]를 통한 남북 간의 거래가 사실상 민족 내부의 거래로서 인정되었다는 점에서 의의가 크다. 지금까지 북한 개성공업단지에 진출을 희망하면서도 북한에 대한 국제사회의 규제와 낮은 국제평가 때문에 주저하던 한국의 중소기업이 한국에 무관세로 역수입, 즉 재수출을 할 수 있게 되었다. 이로 인해서 첫째, 한국의 자본과 기술력, 둘째, 북한의 저렴한 노동력과 토지, 셋째, 수출판로의 확보라는 세 박자가 맞춰지게 된 것이다. 이것은 한국 기업에 있어서 해외 진출과 같은 경제효과를 가져다줄 것으로 생각된다.[23]

또한 싱가포르와의 FTA는 동남아시아에 대한 무역확대의 교두보로서도 중요한 역할을 할 것으로 기대되며, 현재 세계 제5위 무역상대 지역(1위 미국, 2위 일본, 3위 EU, 4위 중국)인 ASEAN과의 관계를 더욱 긴밀하게 하는 데 많은 도움이 될 것으로 생각된다(<표 6-6>).

2) 한·ASEAN 포괄적 협력동반자 관계

한국 정부는 싱가포르와의 FTA 교섭체결에 이어서 11월 30일에는 한·ASEAN 정상회담을 개최하고, '한·ASEAN 포괄적 협력동반자 관계에 관한 공동선언'을 채택하였다. 내용은 ① 정치안보협력 강화, ② 더욱 긴밀한 경제협력관계 형성, ③ ASEAN 내 및 한·ASEAN 간 개발 격차 해소, ④ 경쟁력 강화와 지식기반사회와 교육 및 과학기술 분야

---

21) ≪동아일보≫, 2004년 11월 30일자.
22) 개성공업단지는 2004년 12월 15일 한국 정동영 통일부장관이 첫 출하기념식에 참가하는 가운데 생산이 개시되었다.
23) ≪동아일보≫, 같은 글.

〈표 6-7〉 향후 한국의 주요 통상현안

현안 사항	진행 상황	문제점	교섭 의미
미국 시장 개방 재교섭	한국, WTO에 재교섭안 통보	농민반대, 개방내용에 대한 기준이 없음	UR 교섭 이행, 교역국과 새로운 마찰의 방지
한미투자협정	교섭 잠정중단	미국의 스크린쿼터 요구와 그에 대한 영화업계의 반대	미국의 투자유치와 장기적인 미국 수입시장의 확대
WTO 도하개발 아젠다	2003년 칸쿤 각료회의 결렬, 미국 등 교섭 재추진	개발도상국의 반대	한국의 수출시장 확대, 미국시장의 기준을 준비
한미 지적재산권 분쟁	미국은 한국을 우선감시대상국으로 지정	미국의 과도한 요구와 한국의 일반화된 복제 문화	한미 분쟁요인 제거, 국제기준의 이행

자료: ≪동아일보≫, 2004년 2월 10일자.

의 협력 촉진, ⑤ 상호이해 증진, ⑥ 새롭게 대두되는 세계적 도전에 대한 공동대처를 위한 협력 증진, ⑦ 역내·국제무대에서의 협력, ⑧ 동아시아의 협력 강화 등인데 공동성명 최대의 관심사 중의 하나는 한·ASEAN 간의 FTA 체결을 합의하는 것이었다. 그것은 2005년부터 FTA 교섭을 개시하고 2006년에는 완료, 2007년부터 발효한다는 것이다. 더욱이 실질적인 무역자유화는 전 품목의 80% 이상으로 관세가 철폐되는 2009년에 성립시키기로 하였다.

한국은 2004년에 ASEAN과의 대화관계를 수립한 지 15주년을 맞이하였다. 또한 1997년에는 '21세기 한·ASEAN 협력에 관한 공동성명'을 채택하고 한·ASEAN 간 동반자관계 강화를 위해서 기초를 확고히 준비하여 미래지향적 동반자관계로 발전할 수 있도록 전략적인 방안을 개발할 것을 약속하였다.

따라서 이번 비엔티안의 공동선언은 그동안의 한·ASEAN 간 협력관계를 재확인함과 동시에 새로운 관계구축의 수단으로서 FTA를 체결하게 된 것이다. 이 한·ASEAN 간의 FTA는 단순히 양자 간의 협정체결에서 그치는 것이 아니라, 중국·일본과도 동시에 체결하고, 나아가서는 '동아시아공동체'로 발전시키는 발판을 다진다는 점에서 매우 중요한 의미를 지닌다.

그러나 교섭 과정에서 분명해진 것은 한국의 주요 기간산업인 철강, 자동차산업은 ASEAN 각국에 있어서도 주력산업이며, 경합관계에 있다는 것이다. 또한 이들 산업은 이 지역과 교섭 중에 있는 일본·중국과 같은 수준에서 관세율이 적용되어야 하며, 그렇지 않으면 한국의 ASE-AN 수출은 더욱 심각해지기 때문에 FTA 체결 내용이 높은 수준에서 이뤄질 필요가 있을 것이다.

그 이외에도 한국은 2004년에 들어와서 시장을 개방하기 위해서 수차례의 협정·교섭을 계속하였다. 이것은 앞에서 살펴본 한국의 비교열위의 산업에 있어서 매우 중요한 내용을 내포하고 있는 만큼, 한국 정부가 대응을 잘못하면 돌이킬 수 없는 결과를 초래하게 될 것이다(<표 6-7>).

3) 한·일 FTA 교섭

일본과의 FTA 교섭은 1998년 10월 한일 정상회담[한국 측 김대중 대통령, 일본 측 오부치(小淵惠三) 총리, 당시 기준]에서 화해와 우호정신을 바탕으로 미래지향적인 관계를 구축하기 위해서 '한일 공동성명-21세기를 향한 새로운 한일 파트너십'을 바탕으로 FTA 교섭의 개시에 합의하였다. 같은 해 12월에 한국 대외경제정책연구소(한국 측)와 일본무역진흥기구 아시아경제연구소(일본 측)에 의한 '21세기 한일경제관계 연구회'가 설립됨으로써 FTA 교섭이 시작되었다. 2001년에는 김대중 대통령과 모리(林喜朗) 총리가 산업계의 의견을 수렴하기 위해서 '한일 FTA 비즈니스 포럼'을 설치하는 것에 합의하였다. 또한 전국경제인연합회(한국 측)과 경제단체연합회(일본 측)이 한일 산업협력검토회를 공동으로 설립하고, 2001년 11월에 공동성명서를 발표해 한일 FTA의 조기체결 등을 제언하였다. 2002년 3월에는 한일 정상회담에서 정부, 산업계, 학계로 구성된 공동연구회 설치에 합의하였고 2002년 7월부터 2003년 10월까지 8차례에 걸쳐서 회합을 개최하였다. 2003년 6월에는 노무현 대통령과 고이즈미 총리에 의한 한일 정상회담이 동경에서 개최되었으며, 한일 FTA 체결교섭의 조기 개시, FTA 체결을 위한 여건 조성 등에 합의하였다. 그리고 같은 해의 10월에는 방콕 APEC에서 정상회담을 재차 가졌으며, 연내에 정부 간 교섭을 개시하는 것에 합의하였고, 12월에 제1차 교섭이 서울에서 개최되었다. 2004년 2월에 개최된 제2차 정부 간 교섭에서는 협정문의 주요 이슈별로 양국 간 의견교환이 이뤄졌다. 그리고 2005년 말의 최종타결을 목표로 교섭을 계속하였다.[24]

　　한일 경제관계는 양국에 있어서 가장 중요한 사항 중의 하나이며, FTA 체결이 정치·경제·사회분야 등 한일 양국을 둘러싼 대부분의 분야에 영향을 미친다는 점에서 다른 국가들과의 FTA 체결보다도 커다란 의미를 가진다. 한편 양국 간에는 과거 50년 이상에 걸쳐 미해결 상태에 있는 역사인식 문제나 경제 불평등 관계가 현존하고 있다. 특히 경제문제에 대해서는 공동연구회 보고서에서도 나타나 있는 바와 같이, 단기적으로는 한국의 대일무역적자가 확대되고 중장기적으로는 한국의 산업생산이 10~13% 증가하여 후생수준의 향상과 무역흑자의 증대에 연결된다고 한다.[25] 이 보고서에서도 분명히 한 것처럼, FTA 체결로 인하여 한국의 대일무역적자가 개선되기는 어렵지만, 세계 전체를

---

24) 재정경제부, 『경제백서』 2003, 기타.

25) 共同硏究會報告書, 『日韓自由貿易協定』(共同硏究會, 2003年 10月 2日), pp.15~16.

통한 무역수지 흑자는 확대된다고 한다. 따라서 한일 FTA는 양국 간에 있어서는 일본 측이 유리하지만 한국경제 전반에 있어서는 이익이 되는 'Win-Win' 관계가 된다고 한다.

이러한 지적은 FTA를 체결할 때에는 체결국 간의 경제효과만이 아니라 무역구조 전체, 나아가서는 일국 경제 그 자체에 유익한지 어떤지를 고려할 필요가 있다는 것이다. 이러한 관점은 일반적으로 FTA를 체결할 때 미시적인 시점과 거시적인 시점 양면에서 분석·검토할 필요가 있다는 인식에서 출발하고 있으며, 지극히 원칙적인 입장을 나타내고 있다.

그럼에도 불구하고 한일 양국에 걸쳐 있는 특수한 관계(예를 들어 역사인식 문제)를 고려할 경우, 일반론만으로는 끝나지 않는 특수·고유한 문제도 검토할 필요가 있다. 특히 FTA 체결에 따라 재화, 자본뿐만 아니라 사람의 자유로운 왕래가 활발해지면 거기에는 사람의 이동과 함께 문화 등의 비경제적 요소의 이동도 발생하기 때문이다. 아시아의 대부분의 국가가 민족적·문화적으로 유대가 깊은 상황에서 일본과 한국은 독자적인 문화와 민족임을 고수하고 있다. 이 양국이 FTA를 체결하는 것은 아시아 전체에 커다란 영향을 줄 것이다. 특히 최근에 많은 분야에서 제기되기 시작한 '동아시아공동체'의 성공 여부도 한일 양국의 FTA가 성공리에 체결되는 것이 전제가 된다. 이를 위해서라도 한일 양국은 양자 간에 있어서 'Win-Win' 관계가 성립되는 FTA를 고려해야 할 것이다.

4) 한·미 FTA 교섭

2006년 1월 노무현 대통령은 연두연설에서 재임 기간 중의 주요과제의 하나로서 미국과의 FTA 교섭을 타결할 것을 들었다. 이에 따라 한국은 미국과의 FTA 체결을 향한 본격적인 교섭에 들어가게 되었다. 미국과의 사이에서 FTA가 필요한 이유는 다음과 같다.[26)

　먼저, 수출시장을 안정적으로 확보하는 것이다. 주지하는 바와 같이 대외의존도가 높은 한국으로서는 미국이 최대의 수출시장이다. 경쟁상 대국이 잇달아 FTA를 체결하는 가운데 안정된 수출시장을 확보하기 위해서라도 미국과의 FTA 체결은 불가결하다. 또한, 한미 간 무역마찰 을 해소하기 위해서이다. 한미 간 무역관계는 1995년을 제외하고 과거 10년간 한국의 대미무역 흑자가 확대되어 이것이 구조화되고 있다. 또 한 미국에 있어서 한국은 7번째 무역상대국이다(2004년).[27) 그러므로 더 이상 무역불균등 상태가 계속되면 한미관계가 악화된다는 한국 측 의 판단이 작용하고 있다고 볼 수 있다.[28)

　한편, 한국 측에서는 타국과의 교섭에서는 볼 수 없는 사항을 포함 한 몇 가지 현안사항을 지적하고 있다.[29) 첫째, 스크린 쿼터제의 축소 문제이다. 한국에서는 자국의 영화산업을 보호하기 위해서 각 영화관 에 연 146일(전 상영일의 40%) 한국영화를 상영하도록 의무화하고 있지 만, 미국은 약 절반에 해당하는 73일(20%)까지 축소하도록 요구하고 있다. 둘째, 미국산 쇠고기의 수입 재개 문제이다. 2003년 12월 미국에 서 광우병 소가 발견된 이후, 한국은 미국산 쇠고기 수입을 금지해 왔 다. 이에 대해서 미국은 일본과 같이 한국에 대해서도 조기 재개를 요

26) 다음은 '전국경제인연합회'의 분석이다. 상세한 사항은 "한미 FTA 쟁점사항과 대응과제", ≪REPORT ON CURRENT ISSUE≫(2006년, 1월)를 참조
27) 미상무성 경제분석국.
28) 특히 현재의 한미관계는 대북정책을 둘러싸고 어정쩡한 관계에 있으며, 이 이상 관계가 악화되는 것을 막기 위해서도 양호한 경제관계를 구축하려는 의도가 한 국 정부에서 작용하였다고 생각된다.
29) 전국경제인연합회, "한미 FTA 쟁점사항과 대응과제", ≪REPORT ON CURRENT ISSUE≫(2006년, 1월).

구하였으며, 2006년 1월 13일 한·미·일 3국은 수입재개에 합의하였다. 그러나 미국 측의 검사태세가 불충분하고 한국민의 미국산 쇠고기에 대한 불안이 불식되지 않고 있으며, 한국에서도 일본에서처럼 수입금지 부위 등이 발견될 경우 재차 수입금지를 요구하는 목소리가 커질 가능성이 높다는 점 등에서 안심·안전확보를 주장하고 있다. 셋째, 자동차의 배기가스 규제 문제이다. 한국 환경부는 2006년 1월 1일부터 승용차의 배기가스 기준을 현행보다 44~47%로 강화하였다. 그러나 미국은 그 조치를 미국제 승용차를 사실상 배제하는 것이라 하여 감소율을 40% 이내로 요구하고 있다. 넷째, 의약품 관련사항의 투명성 향상 문제이다. 미국은 한국 보건복지부가 건강보험의 재정 적자에 대응하기 위해서 2002년부터 진행하고 있는 약제비 삭제법안과 관련해서 투명성 문제를 제기하고 있다. 다섯째, 농산물시장의 개방문제이다. 미국은 한국에 대해서 농산물시장의 개방확대 등 시장 지향적 농업정책의 채택을 요구할 것으로 보인다. 여섯째, 서비스 시장개방 문제이다. 미국은 한국이 그다지 개방하지 않는 법률, 의료, 교육 등 국내 서비스업에 대해서 강력하게 시장개방을 요구할 것으로 예상된다. 일곱째, 미국의 무역 구제조치 문제이다. 한국의 제조업이 미국시장에서 겪는 가장 어려운 문제 중의 하나가 반덤핑, 세이프가드 조치 등과 같은 수입제한조치이지만, 이와 같은 구제조치는, 미국의 입장에서는 여러 국제무역 교섭에 있어서 가장 민감하게 대응하는 문제 중의 하나이며, 쟁점이 될 가능성이 높다.

이들 현안사항은 자칫 잘못하면 한국이 불리한 조건을 받아들여야 할 가능성을 의미하므로 노무현 정권은 재임 기간 중에 체결한다고 주창하였지만, 국민들에게 충분히 설명하고 이해를 얻으면서 교섭을 추진해야 한다. 비록 교섭 타결이 차기 정권에 인계되는 일이 있더라도 신중해야 할 것이다.

7. 맺으면서

21세기는 글로벌화가 세계규모로 확산되는 시대라고 한다. WTO의 보고에 의하면, 2005년에는 FTA 체결이 300건을 넘을 것으로 예상했다. 개발도상국에서는 WTO에 의한 신라운드 이상으로 FTA에 기대하는 경향이 강해지고 있는 것이 그 증거일 것이다. 그러나 FTA가 반드시 체결국 간에 이익을 가져오지만은 않는다는 것은 지금까지 살펴본 바와 같다. 이러한 문제를 내포하면서도 앞으로 계속 증가할 FTA에 어떻게 대응할 것인가? 특히 한국과 같이 FTA 체결 후진국이 그 실지(失地)를 만회하려고 무턱대고 FTA를 체결하게 되면 국내산업을 무방비 상태로 자유경쟁의 거센 파도 앞에 내던지는 꼴이 될 수 있다.

따라서 향후 FTA를 체결할 때 고려해야 할 점은 비교열위산업에 대한 보호·육성에 관한 정책뿐만 아니라, 그러한 산업을 국내 산업구조 안에서 어떻게 재정립시킬 것인지를 검토하고, 그 비전을 국민들에게 제시하며 이해시키는 것이다. 거기에는 종래의 수출주도에 의한 GNP 지상주의에서의 탈피도 고려해야 할지도 모른다. 또한 한국이 처한 지정학적 상황에서는 FTA 체결이 한반도 평화에 공헌할 수 있어야 할 것이다. 바꾸어 말하면, FTA 체결이 한반도의 새로운 경쟁·대립을 조장하는 것이 되어서는 안 된다. 이러한 정치·경제적 배경에 대한 고려가 한국 FTA의 특징의 하나이며, 그 최대의 시금석은 위에서 살펴본 한일 FTA일 것이다. 한일 양국 정부는 2005년 말까지의 체결을 향하여 2004년 12월에 재확인을 하였지만, 위와 같은 사항을 감안할 때, 절대로 결론을 조급하게 서둘러서는 안 되며, 심사숙고할 점은 숙고하고 논의를 해야 할 점은 충분히 논의해야 할 것이다. 그것이 실현되었을 때, 한일 FTA는 아시아 각국과 지역이 지향하는 모델이 될 것이다.

제 3 부

국제적인 산업연계와 '소셜 아시아'

제7장

동아시아 경제공동체와 Denso의 ASEAN 전략

■ 무로도노 치슈(室殿智秀)

1. 들어가면서

동아시아에서는 2000년대 초까지 ASEAN(동남아시아국가연합)의 역내를 단일시장으로 묶는 AFTA(ASEAN 자유무역지대)를 실시하기 위해, 정부와 산업계가 중심이 되어 제도화 및 대책의 강구에 노력해 왔다. 그 결과 각국의 국산화의무규정 정책은 WTO(세계무역기구)의 권고를 받아들여 2000년에는 완전히 철폐되었고, 2002년에는 AFTA의 전면적인 실시에 따라 대부분의 품목의 수입관세가 0~5%(역내 물품은 40% 이상 필요)로 낮아져 역내 무역자유화가 크게 진행되고 양적인 규모가 확보되었을 뿐만 아니라 역외에 대한 수출도 활발해졌다.

그런데 AFTA의 진행을 지켜보고 있던 중국이 갑자기 2001년 ASE-AN 정상회의에서 ASEAN과 FTA(자유무역협정)를 체결하자는 제안을 했다. 싱가포르 고촉통(吳作棟) 전 총리도 '청천벽력'이라 했을 정도로, 1997~1998년간의 아시아 외환위기를 겨우 극복한 무렵의 ASEAN으로서는 당혹스러웠다. 그러나 새로운 시장창출이 기대되었고 쌍방의 효과를 연구해 본 결과 공동 번영이 가능한 방안에서는 이익이 발생한다는 판단이 나왔기 때문에, 2002년 ASEAN과 중국의 FTA에 관한 기본합의가 이루어졌고 2010년부터 실시하게 되었다. 당시는 일본에서도 중국의 등장 또는 중국의 위협이라고 소란을 떨었고, ASEAN의 산업계 특히 자동차산업에서는 어떤 영향이 있을지, 어떻게 대처해야 될지 등이 중요한 경영과제가 되었다. 그뿐만 아니라 중국, ASEAN, 인도가 동아시아의 핵심으로서 하나의 경제권이 될 것이라는 인식을 처음으로 갖게 되었다.

이 글에서는 먼저 2002년까지의 AFTA 실시를 위해 어떠한 대책이 강구되었는지에 대해서 살펴보고, 그 다음으로 2010년을 내다본 경쟁력 확보 등에 관한 과제와 전망을 중심으로 ASEAN의 자동차부품산업의 사례를 소개하고자 한다.

2. ASEAN의 경제규모와 AFTA를 향한 노력

아시아의 성장에 주목하여 21세기는 아시아의 시대라고 일컬어지고 있는데, 경제규모로 볼 때 ASEAN이 세계 속에서 현재 어느 정도의 위치에 있는 것일까?

세계의 GDP 분포(<표 7-1>)를 보면, 상위 15개국 중에 아시아에서는 일본, 중국, 인도, 한국이 들어있고, 경제권으로 나누어 보면 '중국권·ASEAN 6개국·인도' 그룹은 410조 엔으로 2위의 일본(540조엔) 다음으로 가는 거대한 규모이다. 10년 전인 1994년과 비교하면 중국은 9위에서 7위로 인도는 15위에서 10위로 크게 성장하면서, 신흥경제권이라 일컬어지고 있는 BRICs(브라질, 러시아, 인도, 중국)의 중핵에 위치해 있다.

한편 ASEAN 6개국(태국, 말레이시아, 인도네시아, 필리핀, 싱가포르, 베

〈표 7-1〉세계 GDP 분포(2004년 기준)

	국명 · 지역	GDP (달러)	(엔)
1	미국	11조 7,000억	1,290조
2	일본	4조 6,000억	540조
중국권·ASEAN 6·인도		3조 6,000억	410조
3	독일	2조 7,000억	310조
4	영국	2조 1,000억	240조
중국권(중국·홍콩·대만)		2조 1,000억	240조
5	프랑스	2조	220조
6	이탈리아	1조 7,000억	190조
7	중국	1조 6,000억	180조
8	스페인	1조	110조
9	캐나다	1조	110조
ASEAN 6(태국·말레이시아·인도네시아·필리핀·싱가포르·베트남)		8,000억	88조
10	인도	7,000억	80조
11	한국	7,000억	80조
12	멕시코	7,000억	80조
13	호주	6,000억	70조
14	브라질	6,000억	70조
15	러시아	6,000억	70조
	184개국 합계	40조 9,000억	4,400조

자료: IMF

트남) 그룹은 9위의 캐나다 다음으로 10위에 위치하고 있다. <그림 7-1>와 같이 실질GDP 성장률 추이를 보면, 1996년부터 2005년까지 10년 동안 중국은 연평균 10%에 가까운 성장을 지속하고 있고, 인도 역시 연평균 7%로 성장하고 있다. 1997년 7월에 태국 바트(Baht)화의 폭락에서 시작된 아시아 외환위기에 직면하면서 그간 ASEAN 각국은 모두 큰 폭의 마이너스 성장으로 전락하였다. 그러나 2000년에는 각국 이 5% 이상의 플러스 성장으로 복귀하였고 그 후 지역적인 요인으로

〈그림 7-1〉 ASEAN의 실질GDP 성장률 추이

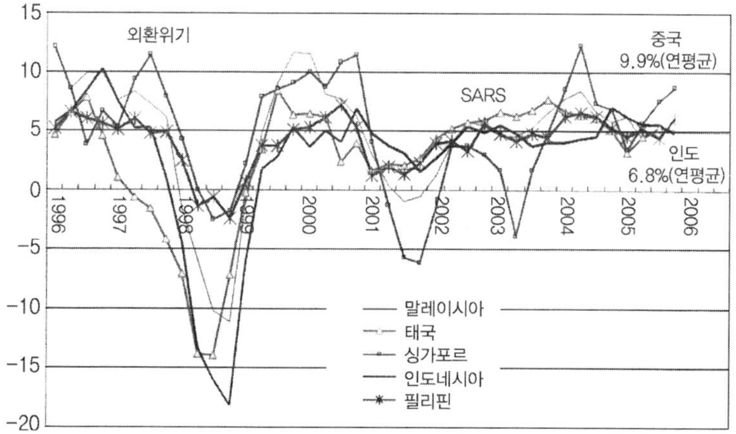

자료: 미츠비시도쿄UFJ 은행(싱가포르)

인해 성장률이 감소하는 경우도 있었으나, 현재는 대체로 5%대의 안
정적인 성장을 유지하고 있다. 그처럼 심각했던 외환위기를 단기간에
극복할 수 있었던 것은, 첫째, 외환위기의 요인이 경제의 기초 조건에
서 비롯된 것이 아니라, 외부의 투기자금에 의한 버블 때문에 발생한
금융위기였고, IMF(국제통화기금) 등의 지원과 권고가 효과적으로 이루
어졌기 때문이었다. 둘째, 지금까지는 총론찬성 각론반대로 자국의 이
익에만 고집하고 있었던 ASEAN 주요 정부가 AFTA의 각종 조기실행
방안(CEPT: 공동유효 특혜관세, AICO: ASEAN산업협력방안) 등을 적극적
으로 인가·적용하는 등 역내주의를 염두에 두고 무역자유화에 본격적
으로 대처하기 시작했기 때문이다.

　기업의 측면에서는 이미 역내외에 생산기지를 두고 있었던 가전산
업은 아시아 외환위기의 영향을 받지 않았고 오히려 환율 하락이 플러
스 요인으로 작용하였다. 그리고 지금까지 국산화율이 어설프게 낮고
또 대부분이 국내시장 중심이었던 탓으로 적자를 면치 못하고 있었던
ASEAN의 자동차산업은, 이를 계기로 환율에 영향을 받지 않는 기업

〈그림 7-2〉 ASEAN의 무역자유화 흐름

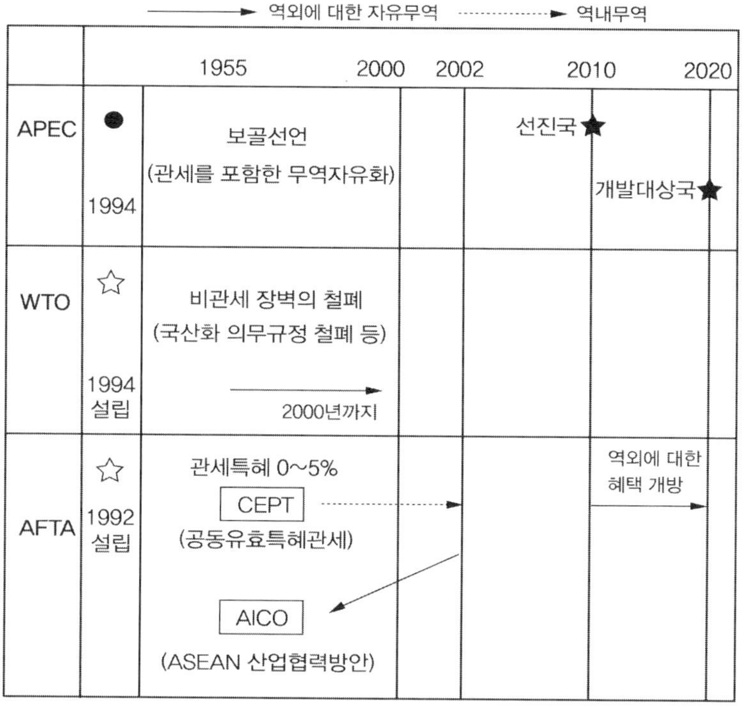

──────► 역외에 대한 자유무역 ┈┈┈┈► 역내무역

		1955	2000	2002	2010	2020
APEC	● 1994	보골선언 (관세를 포함한 무역자유화)			선진국 ★	개발대상국 ★
WTO	☆ 1994 설립	비관세 장벽의 철폐 (국산화 의무규정 철폐 등) ──► 2000년까지				
AFTA	☆ 1992 설립	관세특혜 0~5% CEPT (공동유효특혜관세) ┈┈┈► AICO (ASEAN 산업협력방안)			역외에 대한 혜택 개방 ──►	

체질로 강화하기 위해 국산화율을 대폭 끌어올리고 수출을 확대하는 등 신중하게 대처하게 되었다.

1) ASEAN에서의 무역자유화 흐름

ASEAN의 무역자유화는 1992년에 창설된 AFTA에서 시작되었지만, ASEAN은 지역경제권인 APEC(아시아태평양경제협력체)의 멤버로서 중요한 역할을 다하고 있다. 특히 1994년 인도네시아에서 열린 APEC 정상회의에서는 보골선언이 채택되어, <그림 7-2>에서 나타낸 것처

〈표 7-2〉 AICO 인가 현황(기업 수)

	1998년	1999년	2000년	누계
인가기업 수	21	20	29	70
(그중 자동차산업)	(18)	(16)	(25)	(59)

자료: Denso 자체 조사에 의함.

〈그림 7-3〉 CEPT 적용 제외 품목 수의 추이

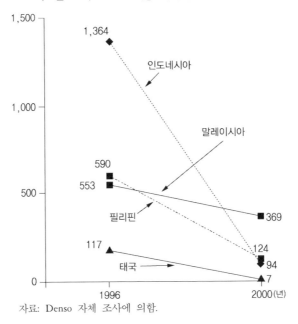

자료: Denso 자체 조사에 의함.

럼 관세를 포함한 무역자유화의 최종기한을 선진국은 2010년까지로
하고 개발도상국은 2020년까지로 정하였다. 이것은 획기적인 변화라
할 수 있다. 말하자면, 개발도상국이라 하더라도 2020년까지 완전한
무역자유화를 달성하지 않으면 안 되며, 그렇게 하지 않으면 경제발전
에 지장이 초래되기 때문이다. 현재 각국·각 지역에서 활발하게 추진
되고 있는 FTA의 움직임은 이러한 합의를 출발선으로 하고 있으며,
최종기한을 앞둔 조기 실시 방안의 구축과정이라고 할 수 있다.

ASEAN에서는 결과적으로 이러한 움직임을 선취하는 형태로 AFTA
가 진행되고 있으며, 2002년의 완전한 실시를 앞두고 1996년에 AICO
가 창설되고 이와 병행하여 CEPT가 실시되었다. 이 중에서 어느 것이
나 40% 이상의 역내품목이 있으면 AFTA의 특혜(관세0~5%)가 적용되
겠지만, AICO는 기업단위로 현지자본이 30% 이상일 것과 또 수출입
을 통하여 산업협력으로 이익이 발생할 것을 전제로 하고 있는 반면,
CEPT는 정부 간에 품목단위로 상호 인정을 하게 되면 곧바로 적용된
다. ASEAN 주요국에서 CEPT의 적용 상황은 <표 7-2> 및 <그림
7-3>에서 알 수 있듯이, 1996~2000년 사이에 크게 진척되어 대부분
의 품목이 5% 이하의 관세로 인하되었고, AICO에 의한 인가기업도
2000년말에는 자동차관계를 중심으로 70사로 늘어났다.

이러한 경과를 거쳐 2002년에 AFTA는 전면적으로 실시되었다(일부
품목은 제외). 그러나 2010년까지 역외에 대해서도 특혜(수입관세 0~5%)
를 적용할 필요가 있으므로 그때까지는 각국, 각 지역으로서는 경쟁력
의 확보가 절실해지고 있다.

2) Denso ASEAN그룹의 대응

주식회사 Denso는 ASEAN 6개국(태국, 말레이시아, 인도네시아, 필리
핀, 싱가포르, 베트남)에 현재 17개의 계열회사를 거느리고 있는데 제조
회사 7개사, 판매회사 3개사, 관계회사(제조) 6개사, 총괄회사 1개사로
구성되어 있다. ASEAN에 대한 진출은 1970년대 초에 태국에서 시작
되어 필리핀, 인도네시아, 1980년대 초에는 말레이시아로 이어졌으나,
어느 경우나 각국의 자동차정책에는 차량의 국산화 의무규정이 있었고
동시에 완성차 수입은 금지되어 있었던 것이 계기가 되었다. 1980년대
까지는 각국의 차량생산, 판매대수 모두 10만 대 정도였기 때문에 완

〈그림 7-4〉 Denso의 ASEAN 상호보완방안

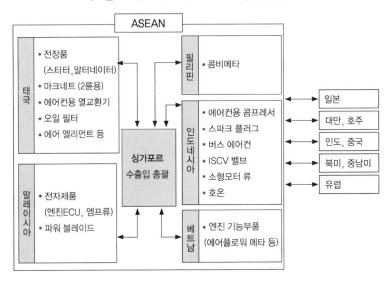

성차메이커나 부품메이커 모두 국산화율은 낮았고 조립회사에 의한 수입대체산업의 단계에 있었다.

그런데 1990년대 중반이 되면서 ASEAN의 성장과 함께 자동차 대중화 시대가 열릴 것을 예상하고 아시아전략차 구상이 전개되기 시작하였다. Denso도 각국에 공장 증설을 준비하면서 장차 AFTA의 개시, 차량국산화규정의 철폐에 대비해서 국제분업팀을 만들었고 각국의 특성을 살려 역내 집중생산품과 수출품의 선정을 실시하였다. 또한 자동차는 산업의 연계가 광범하고 양산규모의 확보가 필요불가결하므로 AFTA를 조기에 실시할 수 있는 정책(역내 집중생산을 촉진하는 역내 저관세 등)을 각국 정부에 대해 강력하게 요구해 왔다. 다행히도 1996년에 AICO방안이 실행되었고, 인가·취득에 시간이 걸리기는 하였지만 1998년에는 주요 4개국에서 특혜를 취득한 품목이 역내를 움직이기 시작하였으며, CEPT를 포함하여 관세가 큰 폭으로 인하되었다. 역내

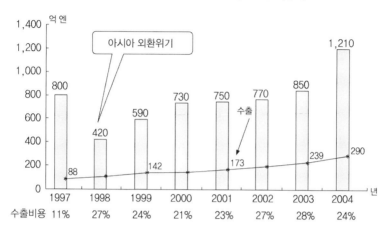

〈그림 7-5〉 Denso의 ASEAN 생산 · 판매추이

집중생산품, 수출품의 수출입은 ASEAN 상호보완방안에 의해 1997년부터 시작되었는데(<그림 7-4>), 1995년 싱가포르에 설립된 지역총괄회사가 상호보완방안을 총괄하여 역내 수출입 물류의 개선, 효율화에 노력하고 있다.

아시아 외환위기는 기업의 가동률을 크게 떨어뜨리는 사태를 초래했다. 1988년 Denso도 ASEAN에서의 생산과 판매가 <그림 7-5>에서 보는 것과 같이 전년대비로 절반으로 떨어졌다. 그러나 이것은 지금와서 생각하면 하늘이 내린 시련이었는지도 모른다.

지금까지 정부, 산업계, 기업 누구나 할 것 없이 성장에 성장을 거듭하고 있었으므로 이러한 분위기에 들떠 있었다고 볼 수 있다. 위기가 발생한 직후, 최고경영자로부터 성장이 정착기에 들면 위기는 반드시 발생하는 법이며, 회복되는 데는 다소 시간이 걸리겠지만 미래를 직시한 사업재건에 노력하라는 충고를 받았다. 각국에서 희망퇴직을 실시하는 등 남아 있는 종업원 모두가 가동률 향상과 수출품질의 확보를 위해 한 몸이 된 결과, 수출량의 확실한 증가와 수출비율 25% 유지를 통한 환리스크 탈피대책을 실행하여 기업체질이 개선되었으며, 각국 정부의 AFTA 조기실시 정책과 맞물려 경쟁력은 강화되었다.

3. FTA 추진과 ASEAN 자동차산업의 대응

1) ASEAN과 중국의 FTA 체결이 미치는 영향

2002년에 기본합의가 이뤄진 ASEAN과 중국의 FTA는 2010년 실시를 목표로 하고 있다. 2002년에 발표된 ASEAN과 중국의 정부 간 효과분석에서는 공동번영(Win-Win) 방안으로 나타나고 있으나, 정말로 그러한지 산업계의 입장에서 검증해 보고자 한다.

<표 7-3>에 나타낸 수출경쟁력지수를 품목별로 살펴보면, ASEAN이 약한 분야는 섬유, 신발, 완구, 컬러TV 등이며 강한 분야는 수지·화성제품, 목재·목제품, 전기제품, PC 등이다. 여기서 판단할 수 있는 점은 섬유, 신발, 완구 등과 같은 노동집약형은 압도적으로 중국에 의존하고 있고, 수지·화성제품, 목재·목제품과 같은 자원가공형은 ASEAN이 강하며 기계가공형인 전기, 컬러TV, PC는 강약의 정도가 불규칙적으로 나타나고 있다. ASEAN은 풍요로운 자연, 온난한 기후를 배경으로 농산물, 수산물, 목제품은 수출 여력이 높고 또 풍부한 에너지 자원과 세계규모의 석유정제기지를 바탕으로 수지·화성제품도 세계적인 경쟁력을 보유하고 있다. 이 분야에서는 인구가 많고 경작지나 자원에 있어 한계가 있는 중국은 앞으로도 불리해질 것이다. 그러나 기계가공형 제품은 우열을 가리기 어려운데, 그 이유는 선행우위(수출기지화를 먼저 실시한 이점) 등에 의한 것이며 절대적인 차이는 아니라고 생각된다. 이러한 의미에서 자동차·자동차부품은 지금부터가 본격적인 경쟁

〈표 7-3〉 ASEAN 주요국과 중국의 수출경쟁력지수

		인도네시아			말레이시아			필리핀			태국		
		1996	2000		1996	2000		1996	2000		1996	2000	
약	섬유	0.39	-0.68	↘	-0.99	-0.99	→	-0.91	-0.91	→	-0.94	-0.95	→
	신발	-0.60	-0.78	↘	-0.95	-0.99	↘	-0.99	-0.99	→	-0.75	-0.58	↗
	컬러 TV	-0.76	-0.99	↘	0.21	-0.11	↘	-1.00	-0.99	↗	-0.34	-0.99	↘
강	수지· 화성품	0.20	0.69	↗	0.72	0.82	↗	-0.36	-0.25	↗	0.83	0.92	↗
	전기 제품	-0.82	-0.39	↗	-0.01	0.38	↗	-0.68	0.32	↗	-0.17	0.32	↗
	PC	-0.75	0.70	↗	0.32	0.78	↗	-0.69	0.77	↗	-0.83	0.70	↗

↗: 수출이 강세이다 최대 +1.0(전부 수출)
↘: 수출이 약세이다 최대 -1.0(전부 수입)
자료: JETRO

〈그림 7-6〉 ASEAN과 중국의 수출입 추이

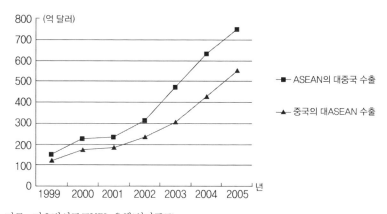

자료: 미츠비시도쿄UFJ 은행(싱가포르)

단계라고 할 수 있다.

그러면 실제의 무역량에서 ASEAN과 중국 사이에는 어떤 추이가 나타나고 있을까?

1999년부터 2005년까지의 최근 6년간, ASEAN의 중국에 대한 수출은 148억 달러에서 750억 달러로 5.1배 늘어났고, 중국의 ASEAN에 대한 수출은 122억 달러에서 555억 달러로 4.5배가 늘어나 그야말로 쌍방이 모두 이익을 얻고 있는 상태이다(<그림 7-6>). 특히 ASEAN은 수출이 양적으로 중국을 초과하여 중국의 번영에 이득을 얻고 있다. 그러나 중국도 미흡하지만 양적으로 한정된 분야에서는 ASEAN에 의존하며 보완하고 있다고 할 수 있다. 이 자료는 다만 FTA가 시작되는 2010년에 비해 5년이나 이른 현재의 것이지만, 이미 이 정도의 진전이 쌍방에 있다는 것은 놀랄만한 사실이며, CEPT 적용이 ASEAN 각국과 중국에서 급속도로 진행되고 있다는 사실을 고려하면 이러한 추세는 지속될 것이다.

2) 자동차산업에서의 ASEAN과 중국의 경쟁력

먼저 <그림 7-7>에서와 같이 현재의 ASEAN과 중국의 인건비를 비교해 보면, 중국 전체 평균치가 인도네시아, 필리핀, 베트남과 같은 수준이며 중국의 연안도시 지역과 비교하면 태국, 말레이시아와 같은 수준이다. 향후의 인건비 상승이 있다고 해도 일본을 기준으로 10% 이하 범위 내에서는 우열의 차가 작고, 나라와 도시 지역에 따른 차이나 물류 등의 측면에서 우열이 남아 있기는 하지만 그다지 문제가 되지는 않는다. 이보다도 자동차의 생산대수가 앞으로 어떤 추이를 보이는가가 중요하다.

<그림 7-8>에서 알 수 있듯이 2005년의 자동차 생산대수는 ASE-AN이 240만 대인데 비해서 중국은 570만 대인데, 이것이 2010년이 되면 ASEAN의 성장이 다소 둔화되어 270만 대가 되는 반면 중국은 1,050만 대로 예측되어 양적인 격차가 확대된다. 쌍방이 모두 생산대

〈그림 7-7〉 인건비 비교

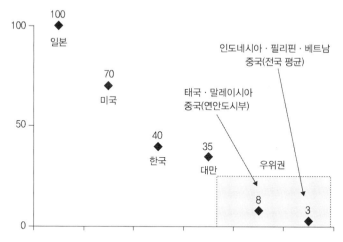

자료: Denso 자체 조사에 의함.

〈그림 7-8〉 ASEAN과 중국의 자동차 생산대수 추이(단위: 100만 대)

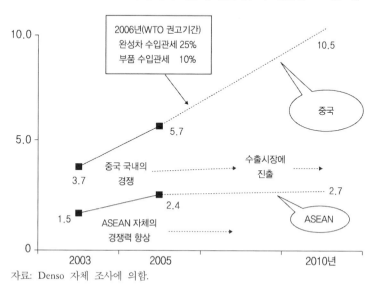

자료: Denso 자체 조사에 의함.

수는 늘어나지만 FTA의 실행을 앞두고 있는 가운데 양적인 규모의 차이가 확대되면, ASEAN 쪽이 일반적으로 불리해지고 상황에 따라서는 중국의 자동차산업에 위협을 받을 수 있다.

중국의 자동차산업은 아직도 개발도상에 있지만 WTO 권고에 따라 중국의 보호정책이 단계적으로 해소되면, 자동차 수입관세는 2006년에 완성차 25%, 부품 10%까지 인하될 예정이다. 따라서 앞으로 수년 간은 중국 국내에서 생사를 건 경쟁이 지속될 것이며 살아남는 메이커가 완성차, 부품의 어느 쪽에서도 수출시장에 본격적으로 참입하게 될 것으로 생각된다. ASEAN이 자동차 분야에서 중국과 공동번영의 관계를 구축하기 위해서는 역외를 포함한 국제적인 경쟁력의 확보가 중요한 과제가 된다.

3) ASEAN 자동차메이커의 새로운 전략과 동향

ASEAN 주요국의 자동차메이커는 지금까지 국산화 수준이 낮았으나, 아시아 외환위기를 계기로 2000년 이후부터는 신모델에 대해서는 환율변동에 대응할 수 있는 높은 국산화 수준을 적용할 것을 자체적으로 계획하고 있다. 또한 부품메이커에 대해서는 국산화율을 높이도록 철저히 요구하고 있으며 국산화되지 않은 제품은 왜 국산화가 안 되는지, 어떻게 하면 국산화가 가능한지, 그리고 부품, 재료에 대해서도 마찬가지로 철두철미한 검토를 실시하고 있다.

또한 자동차메이커는 국내시장을 목표로 하고 있던 종래의 차량생산 방식에서 각국의 특징을 살린 전략 모델의 선정으로 전환함으로써, 역내시장은 물론이거니와 역외수출을 목표로 한 세계전략차를 내놓고 있다. 1톤 픽업트럭이 바로 그것인데, 태국 최대의 양산차로서 국내 판매에서 60%의 점유율을 차지하고 있으며, 생산 코스트에서도 국제경쟁력이 있다. 토요타, 이스즈(GM을 포함), 마즈다(포드를 포함), 닛산, 미츠비시와 같은 대기업 메이커는 모두 이 차를 국내외용 전략차로 설정하여 품질·물량·코스트의 달성을 위해 전력을 다하고 있다. 특히 토요타는 세계전략차종(International Innovated Multi-Purpose Vehicle: IMV) 프로젝트에 따라 태국의 Hilux(1톤 픽업트럭)와 인도네시아의 Kijan(다목적자동차)의 플랫폼을 공동화하여 양산규모를 최대화하면서, 동시에 지금까지 일본에서 생산하고 있던 수출용 Hilux의 제조를 중단하고 태국 등으로 집약시키고 있다.

  일본에서 수요가 없는 차는 계속 생산하지 않고 수요가 있는 곳에서 생산한다는 방침을 더욱 더 확고히 하여 생산을 최대화함으로써 장기적인 경쟁력 확보에 노력하고 있다. 이러한 자동차 각사의 전략이 결실을 보게 되었다. 2005년 태국의 자동차 생산이 112만 대(전년 대비 121%)였고 그 가운데 수출은 44만 대(세계 80개국, 전년 대비 133%)이며, 전략차종인 픽업트럭은 내수·수출을 합하여 82만 대를 차지하고 있다. 이와 같은 세계전략차종에 대응하여 토요타, 이스즈는 차량설계·테스트를 담당하는 테크니컬 센터를 태국에 설립했다. 이러한 움직임은 ASEAN 자동차산업이 태국을 선두로 하여 과거의 '기러기형 모델(Flying Geese Development Model: 일본에 이어서 몇 년 뒤에 현지에서 모델 체인지를 실시하는 것)'에서 국제분업형(세계전략차종, 수출기지화)로 진화해 왔음을 잘 나타내고 있다.

4) Denso의 ASEAN 전략과 대응

  Denso는 자동차메이커의 동향에 부응하여 세계최적생산 정책하에 ASEAN의 특성을 최대한 살릴 수 있는 전략을 수립하고 있으며, 기존의 생산거점을 활용하여 효율을 높이면서 생산대상 국가와 생산품을 신규로 개척하여 이를 사업으로 연결시켜 왔다.

기존 생산거점에서는 2000년의 차량국산화규정의 철폐에 대응하여 지금까지 태국, 말레이시아, 인도네시아 각국에서 생산하고 있던 전장제품(starter, alternator 등)을 2001년까지 국산화가 앞서 있는 태국으로 집중시켰고, 태국, 인도네시아에서 생산되던 스파크 플러그, 호온을 마찬가지 이유로 인도네시아에 집약시켰다.

또한 대규모의 신규투자가 필요한 생산품으로서 커먼레일 시스템(common rail system)을 생산하는 회사를 2002년에 설립하였다. 이것은 태국의 픽업트럭용 디젤엔진에 주로 장착되는 최신 연료분사 시스템인데, 2005년에는 생산규모가 60만 대나 되어 일본, 헝가리에 이어서 세계 3대 생산기지의 하나가 되었다. 이와 같이 2003~2004년 사이에 신규 생산품이 출하되면서 ASEAN에서의 생산품목 수는 북미, 유럽과 견줄 수 있는 규모가 되었다. 한편 ASEAN 중에서 베트남은 오랫동안 투자가 이루어지지 않았던 지역이었으나, 나라 정세가 정치, 치안 면에서 안정을 찾아가고 있는 가운데 근면한 국민성을 활용하기 위해 100% 수출전용의 노동집약형 제조회사를 2002년에 설립하여 2005년도 말에는 엔진 기능부품을 생산하였고, 디자인(설계)센터의 인원도 800명 규모로 성장하였다.

양적인 규모가 확대되는 배경에는 이러한 시책의 실행이 있었지만, 2001년부터 시작된 ASEAN과 중국의 FTA 구상과 이후의 기본합의를 중대 사안으로 받아들여 Denso ASEAN 그룹으로서는 글로벌 경쟁을 이겨나갈 '경쟁력 강화대책'을 수립하여 이를 추진하는 것도 긴급한 과제가 되었다. ASEAN에서의 주요 과제는 ① 코스트 절감, ② 품질개선, ③ 인재육성으로, 모두 현장제조중심 체질에 직결되는 중요한 테마이다. 이에 대한 대책에 대해서 살펴보자.

〈그림 7-9〉 원재료의 현지도달률의 향상

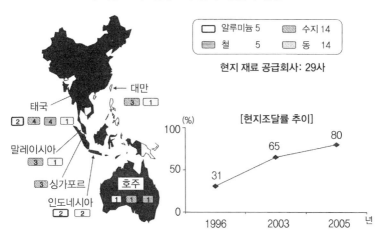

(1) 재료 · 부품의 현지도달률을 대폭적으로 향상시킨다(80~90%).

아무리 해도 양적으로 코스트 채산이 맞지 않는 재료, 부품을 제외하고는 외주나 자체생산을 통하여 현지조달을 실시한다. 2000년 싱가포르에 설립된 재료평가센터가 완전 가동되면서 세계전략차의 생산개시에 맞춰 최신 사양의 재료를 공급하고 있다(<그림 7-9>).

에어컨용 콘덴서의 사례에서 알 수 있듯이, 자동차의 영원한 숙제는 어떻게 하면 연비가 뛰어난 자동차를 만드는가 하는 것인데, 이를 위해 부품메이커도 재료인 경우는 성능향상과 아울러 박판(薄板)화 및 경량화에 철저를 기해 왔다. 또 부품인 경우는 가공의 난이도가 높고 앞으로도 현지 부품메이커의 발굴이 곤란한 가공부품은 태국의 공장에 전용 부품가공센터를 설치하여 부품의 현지조달률을 기필코 향상시킬 것이며 또 기술이전에도 힘쓰고 있다.

(2) 코스트 절감이 가능한 효율적인 생산을 철저하게 추진한다.

2000년에 차량 국산화규정이 철폐되고 2002년에 AFTA가 완전히 실시됨으로써, 역내에서는 어디서나 0~5%의 관세로 수입을 할 수 있게 되었다. 과거의 자국 최적화에서 역내 최적화로 변화한 것은 코스트 경쟁력이 없으면 각국이 가지고 있는 공장도 필요 없게 되기 때문이다. 따라서 과거와 같이 각국, 각공장에서 사업 및 제품을 주축으로 이뤄졌던 경영방침에서 지역 개념을 추가하여 '제조서미트(국제생산자대표회의)'를 개최하고 있다. 이 제조서미트는 2002년에 ASEAN과 대만을 시작으로 호주, 그리고 인도까지 확대되었으며 또 현지인도 포함시켜 제조책임자를 중심으로 매년 실시되고 있다. 생산품질, 생산성, 재고관리 등의 기본지표를 서로 공개하고 사례발표를 실시하는 절차탁마의 도장으로 운영되고 있는데, 듣기만 하고 실시하지 않는 도움이 안되는 공장은 탈락하게 된다. 실제로 이 제조서미트를 운영해 보면, 참가자들의 눈빛은 항상 빛나고 있으며 자기의 공장에 유익한 최선의 사례는 결코 놓치지 않고 곧장 실행하려는 자세를 보이고 있다. 이러한 배경에는 나라를 물분하고 각국이 모두 어려운 환경에 처해 있어서(대폭적인 코스트 절감과 가격하락), 어떻게 해서든지 이를 극복해 보자는 강한 의지가 있었기 때문이라 할 수 있다.

생산시스템을 개선하여 생산 로트 사이즈를 대폭 축소함으로써(예를 들면 2~4개 단위의 현장물류) 재고의 압축 및 공장 스페이스의 절약을 이룬 사례, 그리고 신규 라인을 설치하기 전에 '종이박스 시뮬레이션'을 실시하여 생산라인의 단축, 눈에 보이는 관리, 설비투자의 절감을 이룬 사례 등이 구체적인 성과로 나타나고 있다. 기존의 중·소규모의 생산라인은 대량생산에 특기를 가지고 있는 일본이 주체가 되어 계획되었다. 그러나 태국인 직원을 계획단계부터 참가시키고 생산라인을 태국인의 키에 맞추어 종이박스를 잘라 이것을 작업자, 기계와 함께 움직이게 하는 등의 시행착오를 거치는 이러한 생산라인 구축 방식은, 그 후 인도 등에서도 실시되어 설비투자 등이 대폭 절감되기도 했다.

〈표 7-4〉 일본계 제조기업의 주요 경영과제(전 업종)

단위: 우선도 지수

	ASEAN(901사)		중국(379사)		인도(51사)	
1	코스트 절감	80.6	코스트 절감	76.3	코스트 절감	80.4
2	인재 육성	63.3	인재 육성	66.2	인재 육성	52.9
3	고부가가치 제품의 개발	48.4	현지조달화 추진	43.8	R&D 강화	49.0

자료: JETRO(2003년 조사)

(3) 기술혁신과 연계된 기동력 있는 현장제조와 기능향상을 꾀한다.

제2차세계대전 이후 일본의 발전은 현장제조를 바탕으로 이뤄졌다고 한다. 말하자면 새로운 제품과 새로운 기술은 현장제조와 동시에 진행되고 또 제조기법이 창안됨으로써 비로소 제 값어치를 하게 된다는 것이다. ASEAN에서 현지조달률이 높아지고 각각의 기능이 자립화를 이루려면, 폭넓은 현지인재의 육성과 간부 발탁은 중요한 경영 과제가 된다. 2003년에 JETRO(일본무역진흥기구)가 실시한 일본계 제조업 조사에 의하면(<표 7-4>), ASEAN, 중국, 인도에서 공통으로 나타나는 주요 경영과제로서 1위가 코스트 절감, 2위가 현지 인재의 육성이었다. 즉, 인재육성은 일본계 기업이 공통적으로 가지고 있는 고민거리이며, 이 지역에서 진정으로 역점을 두지 않았던 결과라고 볼 수도 있다.

Denso는 2005년에 태국에 '덴소 트레이닝 아카데미 타이랜드'를 설치했다. 해외에서는 처음으로 만들어진 기능·기술에 관한 종합적인 트레이닝 센터로서 명칭에 아카데미를 붙인 것은 그냥 한번 지나가는 연수가 아니라 향후의 기술변화·혁신에도 적시에 대응할 수 있는 높은 수준의 기능을 다양한 실기를 통하여 몸에 익히는 것을 목표로 하고 있기 때문이다. 또한 기술자에 대해서도 강좌교육에 머물지 않고 용접과 납땜질 같은 기능을 실제로 체험시킴으로써 기술이론을 피부로와 닿게 하는 연수 프로그램을 편성하고 있다. 그리고 관리자나 경영층에 대한 훈련(관리자교육, 경영자교육, 이문화훈련)을 싱가포르와 일본에서 집중적으로 실시함은 물론, 현지에서 이들과 상대하는 일본인 파견자에게도 똑같이 실시함으로써, 현지인과의 커뮤니케이션을 통한 상호이해를 심화시켜 업무추진이 순조롭게 이뤄지도록 지원을 하고 있다.

4. 맺으면서: 동아시아 경제공동체의 공동번영을 위하여

ASEAN은 중국, 인도, 일본, 한국, 호주 등과 서둘러 FTA 교섭을 확대해 왔고 인도와는 쌍방의 수출입 무역량이 착실하게 증가하고 있다. 이와 같이 FTA 실시 이전이었지만 ASEAN에서 중국, 인도와의 무역이 크게 확대되고 있는 것은 서로가 보완관계에 있으며 함께 발전하고 있음을 의미한다. 역시 '중국권·ASEAN·인도' 그룹이 동아시아의 중핵지역이 되고 있다고 할 수 있다. 왜냐하면 어느 나라나 대륙과 연결되어 있고, 일부를 제외하면 개발도상에 있으며 향후의 정치, 경제정책에 있어서 큰 변화가 예상되기 때문이다. 앞으로 경제, 무역, 인재양성 등의 분야에서 공동번영의 관계가 구축된다면, 상호의존도가 긴밀해질 뿐만 아니라 정치·경제 분야의 안정도 기대될 것이다.

이 동아시아의 중핵 지역의 인구는 2004년에 31억에 이르러 세계인구의 절반을 차지한다. 사람이 타고 다니는 차는 개인소득이 향상되면서 자전거가 이륜차(Motorbike)로, 그리고 사륜차(Motor Vehicle)로 변화하게 된다. 세계 이륜차의 대부분이 인구가 많은 이 지역에서 생산·판매되고 있다. 2010년에는 중국이 1,400만 대, ASEAN이 1,300만 대, 인도가 1,000만 대로 예상되고 있다. 이륜차의 수요자 층이 언젠가는 사륜차로 옮겨갈 것을 생각하면, 이 지역의 자동차산업도 장차 세계적인 규모로 발전할 것으로 기대된다.

이 동아시아 중핵 지역의 GDP 규모는 아직 세계의 9%에 지나지 않지만, 2020년에는 20%를 넘을 것으로 예상되고 있다. 일본은 현재 12%를 차지하고 있고 한국, 호주, 뉴질랜드를 포함한 선진국의 합계는 15%가 된다. 동아시아의 발전, 공동체 형성을 향한 진로에는, 역시 개발도상에 있는 이 동아시아 중핵국·지역에 선진과학기술을 가지고 있는 일본이 산업·문화·인재양성 분야에서 주체적이고 또 적극적인 교류를 강화해 나가는 것이 필요할 것이다.

또한, 개발도상국에서는 경제정책, 조세정책, 산업정책, 인재양성 등의 기본정책이 경제발전, FDI(외국인 해외직접투자)에 큰 영향을 미치기 때문에 EPA(경제연계협정), FTA의 추진과 아울러 일본 정부가 폭넓고도 적극적으로 관여해 주기를 기대하고 싶다. 이와 같은 경제환경 속에서 민간기업 특히 제조업으로서 현지에서 발전을 계속하려면, 제조업 스스로가 이러한 외부환경의 도움을 받으면서 '품질', '코스트', '네트워크'의 3항목 간의 유기적인 관계 구축이 필요하다. 이 중에서 '품질'과 '코스트'는 제조업으로서는 보편적인 핵심요소이지만, 사업이 단일국가에서 지역단위로 더욱 더 확대되고 있는 오늘날은 기업단위이더라도 '네트워크'를 구축하고 이를 최대한 활용하는 것이 성공의 열쇠가 된다. 공급 사슬을 광역적이고도 효율적으로 구축하는 것은 물론이거니와, 각국의 정치, 경제, 그리고 지역연합의 움직임이 어떻게 변화하는지, 이에 대비하여 기업 활동에서 장기적인 경쟁력을 확보하고 있는지, 이를 위해 이 업종을 포함한 벤치마킹을 다각도로 실시하여 스스로를 검증하고 있는지를 확인할 필요가 있다고 생각한다.

동아시아 지역에서 EPA, FTA 교섭을 담당했던 일본 정부 심의관은 "글로벌화는 결국은 Worldwide Job Sharing입니다"라고 말한 적이 있다. 각국이 잘하는 분야, 특기, 전문성이 서로를 보완해 나가면 쌍방의 경제발전에 그치지 않고 세계의 평화에도 기여하게 된다. ASEAN은

화교, 인도계 등을 포함하는 다민족 국가군이므로, 동아시아 경제공동체 형성의 움직임에 있어서 경제적 측면뿐만 아니라 다면적이며 복합적인 역할을 담당할 수 있을 것으로 보인다. 그리고 기업의 입장에서도 경쟁력을 강화하고 자체적인 노력을 기울임으로써 산업계, 본국, 지역에 대한 공헌은 물론 공동번영의 실천자로서 기여하는 것이 중요하다고 생각한다.

제8장

현대자동차의 글로벌화와 전략 방향

■ 류기천(柳基千)

1. 들어가면서

　한국 자동차산업이 지금까지 거둔 성과는 실로 대단한 것이다. 본격적인 생산을 시작한 지 30여 년이 지난 지금 국내 생산은 370만 대로 세계 6위의 자동차 생산국이 되었으며, 완성차 수출 규모도 250만 대를 넘어섰다. 주요 선진시장인 미국 및 유럽시장에서의 판매도 증가하고 있으며, 중국, 인도를 비롯한 신흥시장 진출도 성공적으로 이루어지고 있다. 양적 성장뿐만 아니라 품질, 소비자 신뢰도, 브랜드 이미지 등 질적인 측면에서도 빠르게 발전하면서 세계적인 수준에 근접해 가고 있다. 이제 추격(catch-up)단계를 벗어나 선진 자동차산업국으로 도약하려는 단계에 와있다고 평가할 수 있다.

　이러한 한국 자동차산업 발전의 중심에는 현대자동차가 있으며, 현대자동차의 발전 과정이 바로 한국 자동차산업의 발전 과정이라 해도 과언이 아니다. 1967년 설립된 현대자동차는 국내 최초 고유 모델 개발1), 독자엔진 개발, 미국시장 진출 등을 통해 한국 자동차산업의 발전

---

1) 고유모델이란 해당 업체가 자신의 의도하에 컨셉구상 단계부터 주도해 개발한

〈그림 8-1〉 현대자동차의 국내 생산, 국내 판매, 수출 추이

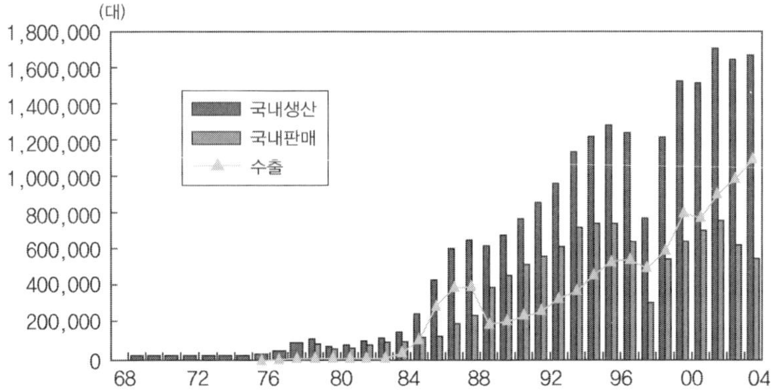

자료: 한국자동차공업협회, 자동차통계연보, 각년도판.
주: KD수출 제외

을 주도해 왔다. 양적인 측면에서 보면, 2005년 현대자동차의 국내생산은 168만 대를 기록하여 전체 국내생산 중 45%를 차지하였으며, 수출은 113만 대를 넘어서며 전체 수출의 44%를 차지하였다. 세계 최대 시장이며 글로벌 자동차업체들의 격전장인 미국에서도 현지생산을 시작하였고, 해외생산 규모도 63만 대까지 확대되었다. 품질과 소비자 신뢰도가 향상되고, 제품의 고부가가치화가 진전되는 등 질적인 측면에서도 한국 자동차산업의 발전을 주도하고 있다.

이러한 성과를 바탕으로 현대자동차는 이제 세계 자동차업계 리더로 도약하려는 단계에 와있다. 현대자동차가 세계 자동차산업의 리딩 기업으로 도약하기 위해서는 해결해야 할 과제가 많은데, 그중 하나가 글로벌화라고 할 수 있다. 이 글에서는 현대자동차의 글로벌화 역사에 대하

모델이라고 할 수 있다. 이는 기술적 자립, 독자적인 기술개발 능력과는 다른 개념이다. 당시 우리나라 자동차업체들은 해외업체들이 개발하여 생산하고 있는 모델을 도입·생산하고 있었는데, 포니는 현대자동차가 독자적으로 기획·구상해서 개발한 모델이라는 의미에서 고유모델이라고 평가되고 있다.

〈그림 8-2〉 현대자동차 지역별 해외판매 실적(2005년)

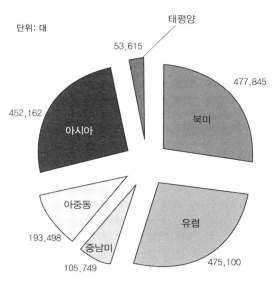

단위: 대

태평양
53,615

북미
477,845

아시아
452,162

유럽
475,100

아중동
193,498

중남미
105,749

자료: 현대자동차

여 살펴보고, 현대자동차 글로벌 전략의 특징을 추출해 볼 것이다.[2]

2. 현대자동차의 글로벌화 전개과정

1) 현대자동차 글로벌화 현황

현대자동차는 2005년에 세계시장에 233만 8,000대의 자동차를 판매하였다.[3] 이 중 국내판매는 57만 1,000대로 전체 판매의 24%를 차

---

[2] 현대자동차는 1999년 3월 기아자동차를 인수하여 현대기아자동차그룹이 되었다. 따라서 현대자동차의 글로벌 전략은 기아자동차의 글로벌 전략과 연관되어 추진되고 있다. 하지만 이 글에서는 현대자동차를 중심으로 분석하고, 필요한 경우에만 기아차를 포함해서 언급하도록 한다.

〈표 8-1〉 현대자동차 해외 현지생산거점 현황

현지법인명	소재지	생산능력(연)	주요 생산 모델
HMMA	미국 앨라배마 몽고메리	30만 대	쏘나타, 싼타페
BHMC	중국 북경시 순의구	30만 대	쏘나타, 아반떼, 투싼, 베르나
HMI	인도 타밀라두 주 첸나이 시	25만 대	비스토, 베르나, 아반떼, 쏘나타
HAOS	터키 이즈밋 시	6만 대	베르나, 그레이스, 스타렉스

자료 : 현대자동차
주1: 단순 KD조립거점은 제외.
주2: 북경현대기차는 제2공장 설립을 위한 기공식을 2006년 4월 18일 거행하였음

지하였으며, 해외 판매는 176만 7,000대로 전체 판매의 76%를 차지하였다. 해외 판매를 지역별로 보면, 북미 지역이 48만 8,000대로 가장 큰 비중을 차지하고 있으며, 다음이 유럽으로 47만 5,000대의 순이다. 최근 중국 판매의 급신장으로 아시아 지역 판매가 45만 2,000대를 기록하여 최대 판매시장으로 부상하고 있다.

해외판매 중 수출은 113만 1,000대, 해외 현지생산 판매는 63만 6,000대를 기록하였다. 해외 현지생산 판매를 국별로 보면, 인도 25만 2,000대, 중국 23만 4,000대, 터키 6만대, 미국 9만 1,000대의 실적을 거두었다.

2005년 12월 말 현재 현대자동차의 해외 생산거점은 터키, 인도, 중국, 미국 등 4개국에 구축되어 있으며, 현재 체코 공장 설립을 추진 중이다.[4]

3) 완성차를 기준으로 한 실적임. KD 판매대수(부품을 수출해서 현지에서 조립 판매한 것)는 15만 7,000대임.
4) 기아자동차는 중국에 현지생산거점을 구축하고 있으며, 슬로바키아 공장은 2006년 하반기에 가동할 예정이다. 또한 미국 조지아 주 공장 설립을 추진 중이다.

2) 현대자동차의 글로벌화 전개과정

현대자동차의 글로벌화는 수출, 현지조립거점(KD생산거점) 구축, 글로벌 생산체제 구축의 단계를 거쳐 왔다.

(1) 수출

현대자동차는 2004년에 수출누계 1,000만 대 돌파라는 금자탑을 쌓았다. 1976년 7월 에콰도르에 포니를 처음 수출하기 시작한 지 28년 만의 쾌거다. 이러한 성과는 토요타에 이은 세계 두 번째의 기록이며, 혼다, 닛산을 훨씬 앞서는 기록이다. 특히 500만 대 수출까지 22년이 걸린 현대자동차는 6년 만에 1,000만 대를 돌파하는 기염을 토했으며, 2000년대 들어와서는 매년 100만 대씩 수출을 늘리는 호조를 이어가고 있다. 그뿐만 아니라 1983년 38개국에 불과했던 수출대상국가가 2004년에는 194개국으로 늘어남으로써 세계 전역에 현대자동차가 미치지 않는 곳이 없게 되었다.

1980년대 중반 미국시장의 성공적인 진출로 1987년에 40만 대까지 수출을 확대한 현대자동차는 이후 품질 문제로 고전하면서 20만 대 수준까지 수출이 감소하는 부진을 겪었다. 1990년대 중반 이후 회복되기는 하였으나 본격적인 수출 확대는 외환위기를 극복하면서 이루어졌다. 외환위기를 효과적으로 극복한 현대자동차는 1999년 3월 기아자동차를 인수하고, 2000년 5월 기아자동차를 포함한 자동차 전문그룹으로 출범하면서 새로운 도약의 발판을 마련하였다. R&D, 구매, 마케팅 등의 분야에서 기아자동차와의 통합시너지 효과를 극대화했을 뿐만 아니라 완성차와 부품, 소재를 포함한 수직적 분업체제를 구축함으로써 연관 부분 간의 시너지 효과를 극대화하여 경쟁력을 높일 수 있는 발판을 마련하였다.

〈그림 8-3〉 현대자동차 수출 추이(1976~2005년)

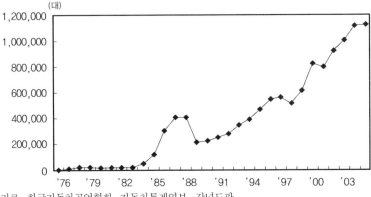

자료: 한국자동차공업협회, 자동차통계연보, 각년도판.
주: KD 수출은 제외

　현대자동차의 경쟁력은 바로 해외시장에서의 판매증가로 나타났다. 엄격한 품질관리를 통한 품질 향상과 적극적인 마케팅, 그리고 수출시장 다변화 등에 힘입어 수출이 확대되기 시작하여, 2003년에는 연간 수출 100만 대 돌파라는 성과를 거두었으며, 2004년에도 112만 대를 수출하는 실적을 거두었다. 2005년에는 중국, 인도 등에서 현지생산이 확대되고, 미국 앨라배마 공장이 가동됨에 따라 수출은 전년도 수준을 유지하였다. 특히 주력 수출시장인 미국과 EU의 자동차 수요가 감소하고, 원/달러 환율이 하락하는 등 수출 여건이 좋지 않았음에도 불구하고 이러한 성과를 올린 것은 그만큼 현대자동차의 경쟁력이 높아졌음을 보여주는 것이라고 할 수 있다. 아울러 최대 경쟁시장인 미국시장에서의 판매도 2005년 42만 대를 기록, 세계적인 업체들과의 경쟁에서 결코 뒤지지 않는다는 것을 확인시켜 주고 있다. 특히 쏘나타, 그랜저 XG, 싼타페 등 중대형 승용차와 SUV가 주력 모델로 자리 잡음으로써 저가브랜드의 이미지를 탈피해 가고 있는 것도 현대자동차의 높아진 위상을 반영하는 것이다.

〈그림 8-4〉 현대자동차 초기품질지수(IQS) 추이

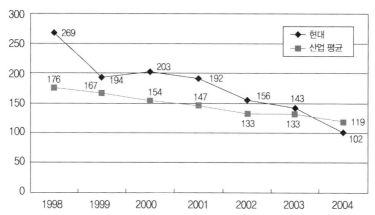

자료: J.D. Power
주: IQS(Initial Quality Survey, 초기품질지수) 신차 판매 후 3개월된 차량을 대상으로
   조사한 결함수를 100대당 수치로 환산한 것. 수치가 낮을수록 품질이 좋은 것을
   의미.

　　현대자동차의 이러한 성과를 뒷받침하는 가장 중요한 요인은 품질
과 소비자들의 신뢰도 향상이다. 자동차 품질수준을 보여주는 대표적
인 지표인 초기품질지수(IQS)를 보면 1998년에 269를 기록하여 산업
평균인 176에 크게 뒤지는 수준이었다. 그러나 이후 품질에 대한 확고
한 의지와 전사 차원의 중장기적인 품질목표를 바탕으로 지속적인 품
질개선이 이루어지면서 2004년 조사에서는 102를 기록, 브랜드별 순
위에서 토요타를 제치는 성과를 거두었다. 품질개선 정도에 있어서도
1998년부터 2004년까지 62%가 개선됨으로써 산업평균 개선 정도인
32%를 훨씬 뛰어넘는 빠른 개선이 이루어지고 있다. 특히 2004년 조
사에서 쏘나타가 중형차 엔트리 미드사이즈 부문에서 초기품질지수 1
위를 차지했을 뿐만 아니라 '2004 1위상(2004 Award Winner)'을 수상
했으며, 싼타페와 엑센트는 소형 SUV와 소형차 부문에서 각각 2위를
차지하였다. 그뿐만 아니라 2005년 조사에서 투싼이 세계 최초로 신차

투입 첫해에 90점대를 기록함으로써 세계적 수준의 품질을 다시 한번 확인시켜 주었다.

이러한 품질 향상에 힘입어 소비자들의 평가도 크게 개선되고 있다. 2003년 제이디 파워(J. D. Power)사가 실시한 상품성 만족도 조사인 어필 조사(APEAL STUDY)에서 뉴EF쏘나타와 싼타페가 각 부문에서 경쟁모델들을 제치고 각각 1위와 2위를 차지하는 성과를 거두었다. 또한 미국 소비자연맹이 발행하는 《컨슈머 리포트》는 2004년 모델에 대한 평가에서 쏘나타를 세계 최고의 신뢰 모델로 선정했으며, 아반떼 XD와 싼타페, 그랜져XG 등을 추천 모델로 선정하였다. 브랜드별 평가에서도 현대자동차는 렉서스와 인피니티 등 세계 고급 브랜드와 동등한 수준의 신뢰도를 확보하였다. 이러한 높은 만족도는 고객들의 현대자동차에 대한 재구매로 나타나고 있다. 제이디파워 사가 실시한 2004년 재구매율 조사에서 현대자동차는 57.5%를 기록해, 혼다, 포드, 닛산 등을 훨씬 앞서는 성과를 거두었다.

(2) 현지조립거점 구축

수출이 본격적으로 확대되기 시작한 1980년대 후반부터 KD수출이라는 새로운 형태의 전략이 취해졌다. 현지의 관세장벽 등을 회피하면서 수출을 늘리려는 전략이다. 1989년에 생산이 개시된 캐나다 브루몽 공장이 현지에서의 판매부진과 입지선정의 문제 등으로 생산비용이 높아져 1993년 말 가동을 중단함으로써 현대자동차의 현지생산 전략도 소극적으로 바뀌게 되었다.[5] 즉, 이후 현대자동차의 현지생산은 규모

---

5) 현대자동차는 1985년 7월 캐나다에 현지공장을 설립하기로 결정하고, 1986년 9월 기공해서 1989년 7월 완공하였다. 생산능력은 연 10만 대 규모였고, 생산 모델은 쏘나타로 결정하였다. 그러나 품질 문제가 확대되면서 기대한 만큼의 판매성과를 거두지 못하였다. 미국 소형차시장에서 돌풍을 일으켰던 엑셀의 경우 품질문제

〈표 8-2〉 현대자동차 해외 조립거점 현황

국가	주요 생산 모델	생산능력(천 대)	생산개시 연도
말레이시아	아토스, 엑센트, 매트릭스, 포터	35	1999.10
대만	매트릭스, 겟츠, 그랜져, 엘란트라	45	2001.2
러시아	베르나, 쏘나타	25	1903.3
베네주엘라	엑센트, 엘란트라	30	1996.6
수단	베르나	10	2002.7
이집트	엑센트, 베르나	15	1995.2
인도네시아	아토스, 엑센트, 트라제	20	2001.2
파키스탄	아토스, 포터	20	1999.10

자료 : 현대자동차, 『2006자동차산업』(2006).
주: 조립거점은 자본관계를 갖지 않고, 기술제휴 관계를 통해 KD조립을 행하는 공장

도 작고 목적도 수입장벽을 회피하면서 KD수출을 늘리는 쪽으로 선회
한 것이다. 그러나 장기적으로는 개발도상국에서 선진국으로, 단순
KD조립에서 완전한 현지화로 나아간다는 전략이 추진되었다. 1997년
에 현지생산을 시작한 터키가 그 예로 터키를 중동 및 서유럽에 대한
전진기지로 자리매김한다는 전략이었다. 이에 따라 터키의 생산 규모
는 다른 지역과 달리 초기부터 5만 대로 출발했고, 지속적으로 확장한
다는 계획 아래 추진되었다.

브루몽 공장 이후 현대가 추진한 현지생산은 태국에서 재개되었는
데 1993년에 가동에 들어간 태국에서는 엑셀과 엘란트라가 생산되었
다. 이후 남아프리카공화국 경제권으로 자동차수입이 제한되어 있던
보츠와나와 짐바브웨에서 현지생산이 시작되었고 아시아 지역에 대한
공략이 이어졌다. 필리핀, 인도네시아, 베트남 등에 대한 현지생산이
1~2만 대 규모로 추진되어 주로 엑셀, 엑센트 등 소형차 생산이 시작
되었으며, 연간 5만 대로 시작된 터키에서는 엑센트, 아반떼, 그레이스

로 인해 1989년 판매가 전년도에 비해 31%나 감소하는 부진을 보였는데, 브루몽
공장에서 생산한 쏘나타 역시 품질문제 등이 발생하면서 판매확대에 실패하였다.
결국 현대자동차는 1993년 브루몽 공장을 폐쇄하게 된다.

등이 생산되었다.

(3) 글로벌 생산체제 구축

2000년대 들어 현대자동차의 글로벌 생산이 본격적으로 확대되었다. 2004년 40만 대를 넘어선 현대자동차의 해외생산은 2005년에는 63만 대로 증가하였다. 1997년 터키 공장 완공에 이어 1998년 인도 공장을 설립함으로써 서남아시아와 유럽시장에 대한 교두보를 마련한 현대자동차는 이후 중국과 미국으로 현지생산을 확대하였다. 인도 공장의 경우 진출 3년 만에 시장점유율 2위 업체로 도약하였으며, 상트로와 엑센트, 쏘나타 등이 각 세그먼트에서 베스트 셀링카의 자리를 차지할 정도로 좋은 성과를 거두고 있다.

2002년 11월에는 최대 성장시장인 중국시장 공략을 위해 북경현대기차를 설립하고 쏘나타 생산을 시작하였는데, 생산 1년만인 2003년에 5만 대 이상을 판매하는 초고속 성장을 함으로써 '현대 속도'라는 신조어를 유행시키기도 하였다. 특히 중국 자동차 탄생 50주년을 맞아 북경현대는 '중국 자동차 산업 50년 대사건'과 '발전 속도가 가장 빠르고 성장잠재력이 가장 큰 기업'으로 선정됨으로써 진가를 높이고 있다.

특히 2005년 5월에는 미국 앨라배마 공장이 생산을 시작함으로써 글로벌기업으로서 한 단계 도약하였다. 2006년 기아 슬로바키아 공장이 가동되고, 현재 추진 중인 현대자동차 체코 공장, 기아자동차 조지아 주 공장이 설립될 경우 세계 주요 지역에 현지 생산체제를 갖춘 세계적인 글로벌 기업으로서의 면모를 갖추게 될 것이다. 이와 함께 기존의 북미와 유럽, 일본 연구개발센터 외에 북미 디자인센터와 미국 주행시험장을 확대하는 등 연구개발체제의 글로벌화도 적극 추진하여 명실상부한 글로벌 경영체제를 구축해 가고 있다. 이하에서는 각 공장별 현황을 간단히 살펴보도록 한다.

① 터키(HAOS)

1993년에 터키 합작공장 설립을 추진하기 시작하였다. 현대자동차가 터키 합작투자를 결정한 1990년대 초의 터키시장은 유망시장으로 부각되고 있었다. 1993년 터키의 총 인구는 6,000만 명에 달했으며, 자동차시장도 1990년의 23만 대에서 1993년에는 44만 대로 2배 가까이 확대되었다. 현대자동차의 터키 수출도 1990년 628대에서 1993년에는 1만 1,000대로 증가하였다. 1994년 경제위기로 자동차시장이 거의 절반으로 위축되었지만 곧 회복되어 2000년에는 100만 대 규모까지 확대될 것으로 전망하고, 현지공장 설립을 추진하였다.

현대자동차는 터키의 키바르그룹(Kibar Business Group)과 50:50의 합작회사 HAOS(Hyundai Assan Otomotiv Sanyai ve Ticaret A.S.)를 설립하기로 하였다. 1995년 9월 공장설립을 시작하여 1997년 9월에 완공되었다. 초기 생산능력은 5만 대 규모였으며, 소형승용차인 엑센트와 소형버스인 그레이스를 생산하기 시작하였다. 1996년 터키 승용차시장에서 엑센트가 속한 소형차급의 비중이 90%에 달했으며, 그레이스가 속한 소형버스·밴이 소형상용차의 50% 정도를 차지하고 있었고, 이 두 모델에 대한 소비자들의 반응도 좋아서 현지 생산모델로 결정하였다.[6]

하지만 터키의 경제사정으로 인해 현지생산 실적은 예상에 비해 저조하였다. 2004년 5만 8,000대, 2005년 6만 대의 생산실적을 기록하였으며, 이중 터키 내수 판매용이 70%, 나머지 30% 정도가 수출용이다.

② 인도(HMI)

현대자동차는 인도 자동차산업 역사상 처음으로 단독투자 허가를 받아 HMI(Hyundai Motor India)를 설립하였다. 당시 인도는 외국인 투자한도를 51%로 정하고 있어 현대자동차의 단독투자가 불가능한 상

---

6) 터키시장에 대한 엑센트 수출은 1991년 1,301대에서 1993년 7,143대로 증가하였으며, 그레이스의 수출도 같은 기간에 2대에서 1,564대로 증가하였다.

황이었으나 '단독투자를 허가해 주면 10만 대 이상의 대규모 투자를 하고, 엔진과 트랜스미션 공장을 건설할 뿐만 아니라 부품 현지화율도 4년 이내에 70% 이상으로 끌어올리겠다. 또한 적극적으로 기술을 이전하면서 인도 현지에서 자동차를 설계해 국민차를 만들겠다'라는 적극적인 제안을 통해 인도 정부를 설득하였다.

1996년 5월 공장 설립이 시작되었다. 인도시장의 성장잠재력을 보고 40만 대 규모의 자립형 공장을 설립하려는 목표를 갖고 있었지만 시장의 불확실성과 경제성을 고려해 우선 12만 대 규모의 공장을 짓기로 결정하였다. 캐나다 브루몽 공장에서 프레스 장비와 일부 주요 설비를 저렴한 값으로 가져오는 한편 값비싼 자동화 설비 대신 현지 노동력을 활용할 수 있으면서 유지 보수에 큰 어려움이 없는 설비를 투입해 노동집약형 공장을 건설했다.

현대자동차는 1998년 9월부터 상트로를 생산·판매하기 시작하였고, 소비자의 접근용이성과 물류비 최소화라는 두 가지 측면에 중점을 두고 지역 판매 거점을 구축해 나갔다. 이를 위해 인도 동서남북으로 4개의 지역 거점을 세우고 이를 중심으로 판매망을 구축했다. 2005년 현재 직영점 3개, 딜러 146개, A/S센터 382개를 갖추고 있다.

현대자동차는 자체 생산하기로 결정한 부품(엔진, 트랜스미션, 플라스틱 범퍼 커버)과 본사에서 공급하는 KD 부품을 제외한 나머지 부품들은 인도에서 직접 조달하기로 하였다. 자동차 품질에 큰 영향을 미칠 수 있는 부품들과 부피가 큰 고가 부품들은 한국 협력업체들의 동반 진출을 유도해 17개 업체가 진출해 있다. 또한 물류비를 최대한 줄이고 효율적인 관리를 위해 가능하면 공장 근처에 부품업체들을 입지하도록 해서, 전체 77개 부품업체 중 46개 사가 1시간 거리(50km 이내)에 위치하고 있다.

현대자동차 인도 공장의 생산은 지속적으로 확대되고 있다. 2003년

15만 대에서 2004년에는 21만 5,000대로 증가하였으며, 2005년에는 25만 2,000대로 확대되었다. 2006년에는 28만 대 생산을 계획하고 있다. 또한 설립 예정인 제2공장 규모를 당초 15만 대에서 30만 대로 확대하고, 제1공장 규모도 30만 대로 늘려 60만 대 체제를 갖출 계획이다.

③ 중국(BHMC)

2002년 5월 베이징기차(北京汽車)와 합작계약을 체결하고 10월에 베이징현대기차(BHMC)를 설립하였다. 그해 12월에 EF쏘나타 생산을 시작해서 '현대속도'라는 신조어를 탄생시켰다[7]

2003년 사실상 본격적인 판매를 시작한 첫 해에 5만 대 판매를 달성하였으며, 부품 국산화율도 50% 이상 달성하였다. 2004년 1월에 엘란트라를 판매하기 시작했는데, 엘란트라는 중국 가정의 가장 이상적인 승용차로 평가되면서 연 10만 대 판매를 넘어섰다. 2005년 1/4분기에는 중국 전체 승용차 메이커 중 판매 1위를 기록하는 호조를 보였으며, 6월에는 투싼을 투입하여 중국시장 공략을 확대하고 있다.

2005년 말 현재 300여 개의 딜러를 확보하고 있으며, 현지에서 개발해서 조달하고 있는 부품의 비중이 75%, 한국에서 수입해서 공급하고 있는 비중이 25% 정도이다.

그동안 베이징현대가 보여준 빠른 성장은 타의 추종을 불허한다. 2002년 1,000여 대에 불과했던 판매 대수가 2003년 5만 2,128대, 2004년에는 14만 대를 넘어섰으며, 2005년에는 23만 대로 늘어났다. 생산능

---

7) 베이징현대자동차는 2002년 10월 18일 현지법인 출범과 동시에 생산라인 건설에 착수, 불과 65일 만에 1호차를 생산해 중국인들을 놀라게 하였다. 2004년 5월에는 공장 가동 1년 5개월 만에 생산누계 10만 대를 돌파함으로써 상하이GM의 기록(30개월)을 대폭 앞당겨 중국 관리들과 현지 언론으로부터 '현대 의식', '현대 속도'라는 말이 탄생하게 되었다.

력도 계속 확대되어 2002년 12월 5만 대 규모로 시작한 것이 2004년 4월 15만 대, 2005년 5월에는 30만 대가 되었다. 2006년 4월 18일에 30만 대 규모의 제2공장 기공식을 갖고 현재 공장을 건설 중이다.

2007년 말에 제2공장이 완공되어 가동에 들어가면 중국 내 생산규모가 현재 연산 30만 대에서 2008년 60만 대로 늘어나 디이(第一)-폭스바겐의 66만 대에 이어 상하이(上海)GM과 함께 2위를 차지할 것으로 예상된다. 2002년 말부터 중국 현지생산을 시작한 베이징현대자동차는 2003년 5만 2,128대를 팔아 시장점유율 순위 13위를 기록했지만 2004년에는 판매량이 그 3배인 14만 4,090대로 늘어 5위로 껑충 뛰었다. 이어 2005년에는 23만 3,668대를 판매, 광저우혼다(23만 768대)를 제치고 상하이GM(32만 대), 상하이-폭스바겐(25만 대), 디이-폭스바겐(24만 대)에 이어 4위로 한 단계 올라갔다. 2006년 1분기에도 6만 6,814대를 판매해 작년 동기 대비 15% 증가하였으며, 연말까지 모두 30만 대를 판매, 시장점유율 3위를 차지한다는 목표를 세우고 있다.

④ 미국(HMMA)

2002년 4월 현대자동차는 약 10억 달러를 투자하여 미국 앨라배마주 몽고메리 시에 미국 현지공장을 건설하기로 결정했다. 이 공장은 현지에서 부품을 조달할 뿐만 아니라 각종 시험까지도 현지에서 수행하는 종합 자동차공장으로 설계되었다. 이를 위해 캘리포니아 얼바인에 2,400만 달러를 투자하여 현대·기아디자인센터를 설립함으로써 미국 내 현대·기아 기술연구소, 디자인연구소와 연계하여 현지화한 공장을 운영한다는 전략이다.

앨라배마 공장은 현대가 자체 개발해 처음 적용하기 시작한 '글로벌바디 라인'을 갖추고 있는데, 이는 승용차와 SUV를 동시에 생산할 수 있는 첨단 생산라인이다. 이곳에서 현재 쏘나타가 시간당 73대가 생산되고 있는데, 이는 한국의 울산이나 아산 공장보다 높은 수준이다.

2005년 5월부터 쏘나타를 생산하기 시작하여 지난 해 9만 1,000대를 생산하였으며, 2006년에는 연초에 디트로이트 오토쇼에서 선보인 신형 싼타페를 투입하여 연간 30만 대 체제를 구축하게 된다.

한편 기아자동차의 미국 조지아 주 공장이 가동될 경우 앨라배마 공장과의 시너지 효과도 기대하고 있다.[8] 공장이 들어설 조지아 주 웨스트포인트 시는 앨라배마 공장에서 북동쪽으로 134km밖에 떨어져 있지 않아 현대자동차와 함께 진출한 부품업체들을 활용할 수 있을 것으로 기대하고 있다.

3. 현대자동차의 글로벌화 전략 방향

1) 현대자동차 글로벌화의 필요성

WTO체제의 출범 등으로 세계화가 진전되고, 자동차시장의 경쟁도 지역 간 구분이 없는 전면적인 경쟁이 전개되면서, 글로벌화는 경쟁력 확보의 중요한 요소의 하나가 되었다. 특히 현대자동차의 경우 취약한 내수기반과 환리스크의 증대 등으로 인해 글로벌화의 필요성이 더욱 커지고 있다.

먼저 취약한 내수기반의 극복이다. 한국 국내 자동차시장은 성숙단계에 접어들어 큰 폭의 성장을 기대하기 어려운 상황이다. 1996년 165만 대로 최고치를 기록했던 한국 내수판매는 1998년 외환위기로 인해 거의 절반 수준으로 급감하였다. 이후 빠른 회복세를 보여 2002년에 162만 대까지 이르렀으나 다시 2004년에 109만 대까지 감소했다. 자

---

8) 기아자동차 조지아 주 공장은 연간 30만 대 규모로 2009년부터 생산을 시작할 예정이다.

동차 보급수준과 관련 인프라 등을 고려할 경우 내수가 회복된다고 해도 160만 대 수준이 한계일 것으로 예측되고 있다. 주요 6대 자동차 생산국의 최근 5년간 평균 내수 규모를 볼 때 200만 대에 못 미치는 것은 한국이 유일하다.[9] 따라서 글로벌 리더로의 도약을 목표로 하고 있는 현대자동차로서는 해외 판매 확대가 절실하며, 이를 위해서는 적극적인 글로벌화가 필요하다.

다음은 증대되고 있는 환리스크의 극복이다. 금융시장이 개방되면서 시장의 변동성 또한 커지고 있다. 외환시장이 대표적인 경우인데 환율의 급변동에 따른 리스크가 매우 커지고 있다. 1998년 외환위기 이전 900원대였던 원/달러 환율은 외환위기로 인해 1300원 이상까지 높아졌다가 2002년 이후 하락세가 이어지고 있다. 특히 최근 세계적인 달러화 가치 하락으로 인해 원/달러 환율은 950원대까지 하락하였으며, 향후 몇 년간은 지속적인 하락세가 이어질 것으로 예측되고 있다. 이에 따라 수출의존도가 매우 높은 현대자동차로서는 환율하락에 따른 리스크에 대비하는 것이 매우 중요한 과제가 되었다.

또한 빠르게 확산되고 있는 FTA에의 대응이다. WTO체제로 인해 개방화가 진전되는 한편, FTA를 통한 지역별 경제블록화도 계속 확대되고 있다. 따라서 주요 블록 내에 생산기반을 구축하는 글로벌 경영체제의 구축이 세계시장 공략에 절대적으로 유리할 것으로 판단된다.

---

9) 주요국의 자동차 내수규모를 보면(2001~2005년의 5년간 평균), 미국 1,719만 대, 일본 585만 대, 중국 413만 대, 독일 347만 대, 프랑스 252만 대, 스페인 175만 대, 브라질 147만 대 등이다. 반면, 한국의 내수규모는 132만 대로 세계 6대 자동차 생산국가 중 그 규모가 200만 대를 넘지 못하는 유일한 국가이다.

2) 현대자동차 글로벌 전략의 특징

현대자동차 글로벌 전략의 특징을 몇 가지로 요약하면 아래와 같이 설명할 수 있다.[10]

① 해외공장은 30만 대 규모가 기본 모델이다.

30만 대의 최신 생산시설이면 아시아, 유럽, 북미 등 어느 지역이든지 원가경쟁력을 오랫동안 유지할 수 있다는 판단하에 초기에 일정 규모 이상을 확보하는 전략을 취하고 있다.

② 노동품질의 요구수준이 낮고 품질의 신뢰성이 높은 생산시스템을 채택하고 있다.

제품품질의 신뢰성을 유지하기 위해 최신의 자동생산 시스템과 모듈생산체제로 품질관리를 표준화하고 있다.

③ IT로 연결된 네트워크 단지에서 제품을 생산한다.

베이징현대의 현대자동차 공장 주위에는 70개 이상의 핵심 부품회사들이 서로 연결되어 있다. 하나의 자동차 산업단지가 형성되어 있는 것이다. 수많은 부품들이 모듈로 결합될 때마다 품질검사가 이루어진다. 마지막 단계의 모듈을 만드는 공장에서 이미 모든 부품들의 품질검사와 모듈의 성능검사도 끝나서 조립공장에 투입된다.

④ 최신 모델을 출시한다.

현지에서 생산되는 모델은 유행이 지난 모델이 아니라 최신 스타일의 모델이다. 이를 통해 현지 소비자들에게 최고의 제품을 공급하고 소비자들의 신뢰를 획득하고 있다.

⑤ 투명 경영으로 파트너와 돈독한 협력관계를 발전시킨다. 투자호

---

10) 이하의 내용은 서울대 경영학과 임종원 교수의 연구(미간행) 내용을 주로 참조하였다.

름이 공정하고 투명하게 관리되어 신뢰도를 증가시켜 준다.

⑥ 그린필드(Greenfield) 어프로치를 선택한다.

그린필드란 목초지대를 의미한다. 기존의 공장을 인수 합병하는 것이 아니라 자동차산업의 인프라가 거의 없는 목초지대에 새로운 자동차 산업단지를 건설하는 접근방법이다. 현대자동차는 혁신적인 공장단지를 건설하여 산업의 원가구조를 혁신시켜 현지국의 자동차산업 경쟁력을 높이는 데 기여하고 있다.

그린필드 어프로치는 해외경험이 풍부한 기업, 핵심 산업에서 시장지위가 강한 기업, 기업의 명성과 브랜드 파워를 보유한 기업이 장기적으로 시장의 성장이 예상되고 현지국의 기술수준이 낙후된 시장, 그리고 문화적 차이가 큰 시장에 진입할 때 선택하는 전략이라고 할 수 있다. 현대자동차는 가격경쟁이 심하고 수요가 정체되어 있으며, 세계적 기업이 시장을 지배하고 있는 시장에 그린필드 어프로치를 선택함으로써 기존 개념의 수정을 요구하고 있다.

3) 현대자동차의 글로벌 전략 방향

2010년 세계 자동차산업의 글로벌 리더로 도약한다는 목표를 갖고 있는 현대자동차의 글로벌 전략 방향을 간단히 요약하면 다음과 같다.

(1) 1-2-3 글로벌 공급전략

우선 전 세계 판매 600만 대를 목표로, 국내시장 100만 대, 수출 200만 대, 해외 현지생산 300만 대 체제를 갖춘다는 계획을 갖고 있다. 거점별 경쟁력을 강화하여 주변시장을 침투하는 스프링쿨러 전략을 선택하여 세계시장을 공략한다는 전략이다.

(2) 선진국시장과 고부가가치 제품 공략

세계 자동차산업의 글로벌 리더로 도약하기 위해서는 선진시장 공략과 고부가가치 제품을 늘리지 않으면 안 된다. 이를 위해서는 전 세계 자동차업체의 각축장인 미국과 유럽에서 신차투입 주기를 단축하고, 우수한 품질의 신차종으로 정면 승부를 한다는 전략이다.

(3) 현지밀착 경영

권역별 현지화 전략 및 권역별 전략차종 개발을 통해 판매를 확대한다는 전략이다. 북미시장의 경우 중대형차와 SUV, 유럽은 리터카와 소형차를 투입해 시장을 확대할 계획이다. 현지사정에 정통한 마케팅 전문가를 영입해 권한과 책임을 부여하는 현장책임경영도 강화하고 있다.

(4) 글로벌 R&D체제 구축

글로벌 리더로의 도약을 위해 가장 중요한 것은 R&D 능력을 강화하는 것이다. 해외연구기지를 확충하고, 기아자동차와 중복되는 부문은 통합함으로써 거점별 R&D 기지를 유기적으로 통합하는 글로벌 연구개발 네트워크를 구축한다는 전략이다.

4. 맺으면서

2000년대 들어와 현대자동차의 글로벌화가 본격적으로 전개되고 있다. 해외진출의 동기라는 측면에서 볼 때, 현대자동차의 경우는 기본적으로 시장지향형 진출이라고 할 수 있다. 부상하는 시장(emerging markets)으로서의 중국과 인도, 그리고 세계 최대 시장으로서의 미국이 대표적인 예라고 할 수 있다. 세계 자동차산업이 소수의 과점체제로 재편되는 과정에서 현대자동차의 경우 좁고 정체된 내수시장을 극복할 수 있는 새로운 생존전략을 모색할 수밖에 없으며, 그것이 해외진출로 나타난 것이다.

현대자동차는 이제 글로벌화를 본격적으로 추진하는 단계에 접어들었다. 선진 지역과 신흥 지역 모두 생산거점을 확보하게 되었으며, 해외생산이 빠르게 증가하고 있다. 앞으로 경제블록별 거점을 선점하고 나아가 지역별 전략차종을 생산함으로써 해외생산 비중을 2010년까지 50%까지 확대한다는 계획이다.

한편, 현대·기아자동차의 위상이 바뀌고 글로벌화가 진전됨에 따라 각 거점별 경영체제의 구축, 즉 생산·판매·연구 기능 등을 종합한 지역 완결형 경영체제 구축이 중요한 과제가 되고 있다. 또한 거점 간 네트워크 구축 및 업무조정을 위한 효율적인 경영관리시스템 구축 역시 중요한 전략과제의 하나이다. 그리고 글로벌 기업으로서 해결해야 할 새로운 문제들이 밀려오고 있으며, 이를 해결하기 위해서 현대·기아자동차의 글로벌 경영시스템을 구축하는 것이 중요한 과제이다.

❖ 참고문헌

디지털내일. 2004. 「현대자동차 글로벌 리더십」, Human&Books

한국노동교육원. 2005. 「자동차업종 세계화 전략의 성과와 노사관계정책 시사
　　　점 연구」, 2005.9

한국자동차공업협회. 2005. 『한국자동차산업50년사』.

_____. 『한국의 자동차산업』, 각연도판.

_____. 『자동차통계연보』, 각연도판.

현대자동차. 1998. 『현대자동차 30년사』.

_____. 2006. 『2006 자동차산업』.

NAM, Myung Hyun. 2005. "Interrelationship between Internationalization and
　　　the Improvement of Competitive Advantage of the Firms from Newly
　　　Industialized Countries: A Case of Hyundai Motor Company",
　　　University of New South Wales, ph.D thesis.

제9장

중국의 자동차산업과 일본 메이커의 기술이전

일본계 3대 자동차 메이커를 중심으로

■ 궈옌칭(郭燕靑)

1. 들어가면서

근래에 규모의 경제를 목표로 해온 중국의 자동차산업에서는 기술 개발력이 부족하고 해외로부터의 기술이전에서 산업기술의 소화 및 흡수에 필요한 효율적인 기업시스템이나 기업운영 메커니즘이 부족하다는 문제점이 있으며, 또한 직접투자에 따른 '외자 의존'에 의한 발전에도 한계를 보이기 시작하였다. 이러한 인식 아래서 중국 자동차산업과 일본 자동차산업은 문제점들을 극복하기 위해 최근 상호의존관계를 점차 강화시키고 있다.

이 글은 위와 같이 기술이전에 있어서 중국과 일본 사이의 기업관계가 강화되고 있는 사실과 그 경과에 주목하여, 중국에 있어서의 일본계 기업으로부터의 기술도입과 기술이전의 구조에 대해서 고찰한다. 특히 토요타, 혼다, 닛산 등 일본계 3대 자동차 메이커와 중국 자동차기업과의 기술제휴 관계에 대한 동향을 검토함으로써 일본계 자동차기업이 중국에서 달성한 역할을 분석하고, 향후 중국 자동차산업의 발전 진로를 모색하는 것을 목적으로 한다.

2. 자동차산업의 중일 간 기술이전의 발전 경위

1) 1980년대 일본계 기업의 중국진출 및 기술제휴 동향

1972년 중일 간의 국교가 정상화된 이후, 중국에 대한 대형차의 수출계약이 잇달아 성립되고 1983년까지 10년 동안의 중국에 대한 자동차수출 대수는 약 12만 대에 이르러 중국은 일본에 있어서 중요한 수출시장이 되었다. 개혁개방 정책이 진행되면서 1981년 이후에는 일본계 자동차 메이커의 진출이 활발해졌다. 중국 진출에는 민수전환 기업 (軍轉民 기업) 또는 국유기업과의 제휴라는 두 가지 방법과 '기술무역 결합방식'이 있었다. 개혁개방정책의 일환으로 군수산업이 민간부문으로 진출한 것이 민수전환 기업이다. 이때부터 일본계의 몇 회사는 민수전환 기업의 요청을 받고 이들이 민수전환 기업과 기술제휴를 시작하였다. 그러나 1980년대 후반부터 일본계 메이커의 중국 진출 의욕은 급속하게 저하되었다.

이 단계에서는 주로 '기술무역 결합계약' 형태로 자동차산업의 제휴가 이루어졌다. '기술무역 결합계약'에 의한 일본계 메이커의 중국사업은 다음의 네 가지 유형으로 분류할 수 있다. 첫째, '기술무역 결합계약'으로 제휴를 추진하고, 그 실적을 바탕으로 완성차 수출로 이행하는 것이다. 둘째, 부품 등 기술제공 방식, 셋째, 자동차의 현지조립생산(SKD)을 중심으로 하는 기술제공 방식, 넷째, 합작 방식이다.

2) 1990년대 일본계 기업의 현지생산 및 생산기술의 기반조성

1992년부터 시장경제화가 급속하게 진행되었다. 1992년부터 1993년에 걸쳐서 단참에 투자 붐이 일어났는데, 그 계기가 된 것은 정부가

〈표 9-1〉 2002년 이후 일본계 자동차 메이커의 주요 프로젝트

2002년	미츠비시	하얼빈(哈爾浜)비행기	소형승용차(DINGO)기술제공	
	토요타	톈진(天津)기차	소형차(VIOS)생산	톈진토요타기차
	토요타	디이(第一)기차	합병생산이나 기술제공에 관한 포괄제휴	톈진토요타기차제2공장건설등
	닛산	둥펑(東風)기차집단	합작생산 및 기술제공에 관한 포괄제휴	둥펑기차(有限)의건설 등
	혼다	둥펑기차, 광저우(廣州)기차	수출전용 승용차공장의 건설	2004년 생산개시
	이스즈	상하이(上海)기차	대형트럭생산	2004년 생산개시
2003년	혼다	광저우기차	소형차(FIT)생산	광저우혼다기차
	혼다	둥펑기차	SUV 생산	둥펑혼다기차
	토요타	톈진이치샤리(天津一汽夏利)	소형차(VITZ)기술제공	
	토요타	청두이치(成都一汽)기차	LAND CRUISER생산	쓰촨(四川)토요타
	토요타	광저우기차	엔진(합작생산)	2005년 생산개시
	닛산	둥펑, 펑선(風神)기차	소형차(SUNNY)생산	
	다이하츠	이치화리(一汽華利)	소형차(TERIOS)기술제공	
	후지중공업	구이저우(貴州)항공공업	합작 종결, REX 생산중지	
	토요타	디이기차	LAND CRUISER생산	
2004년	토요타	톈진기차	COROLLA생산	톈진이치샤리
	토요타	톈진기차	고급차(CROWN)생산	톈진토요타기차
	토요타	광저우기차	CAMRY생산	2006년부터 합작생산 예정
	토요타	디이기차	엔진생산	2005년부터 이치토요타창춘(長春)발동기에서 생산
	다이하츠	디이기차	경승용차 합작생산	2005년 생산개시
	마츠다	창안(長安)福特	승용차 합작생산	2006년 생산개시
	미츠비시	베이징(北京)기차	SUV(PAJERO SPORT)위탁생산	
	닛산	둥펑기차	고급차(TEANA)생산	둥펑기차

	닛산	둥펑기차	소형차(TIIDA)생산	둥펑기차
2005년	토요타	텐진기차	MARK II 생산	텐진이치토요타
	스즈키	창허(昌河)비행기	소형차(AERIO)생산	장시창허스즈키 (江西昌河鈴木)
	스즈키	창허비행기	엔진	합작회사명 미정
2006년	토요타	디이기차	고급차 훙치(紅旗)기술 제공	

자료: 『중국자동차공업 통계연감』, 2004, 2005년판에 의해 작성.

자동차공업을 국가의 기간산업으로 육성하기 위해서 1994년에 최초의 정책성 법률인 '자동차공업 산업정책'을 시행했기 때문이다. 그 내용을 요약하면, 각종 우대정책을 이용해서 외자의 중국투자를 장려하고, 제품수출을 통하여 중국의 국제수지에서 외화 밸런스를 도모한다는 것이다. 또한 공동연구개발 체제, 기술이전을 추진함과 동시에 국내기업의 보호육성에도 배려한 것이었다. 이 정책은 외자계 메이커에 있어서 중국 진출에 대한 가장 큰 마이너스 요인이 되었던 '중국 비즈니스의 불명확성'이라는 인상을 크게 불식시켰다. 한편으로 당시 일본의 자동차 메이커들 사이에서는 수출시장이 한계에 도달하였다는 견해가 확산되고 있었기 때문에 경영기반을 강화하는 일환으로서 중국시장에 대한 접근이 검토되기 시작한 시기이기도 하였다.

1993년 11월에는 일본자동차공업회, 일본자동차부품공업회 등에 의한 민간합동 방문단이 조직되었고, 베이징에서 '중일자동차공업발전교류회'가 개최되었다. 이와 같이 양국 간의 교류가 진전되어 일본 자동차 메이커의 중국 진출에 대한 기운은 급속하게 높아졌다. 1992년 마츠다가 하이난성 개발건설총공사(海南省開發建設總工司)와 소형승용차를 생산하는 합작회사를 건설한 것을 시작으로, 이스즈는 장시(江西)기차제조공장과 소형트럭 합작회사를 설립하였고, 후지중공업이 구이저우(貴州) 항공공업에 경승용차 생산기술을 제공하는 등 제휴가 연달아 이루어졌다. 거대 메이커로는 닛산이 1993년에 정저우(鄭州) 소형기

차공장과 소형트럭을 생산하는 합작회사를 설립하고, 토요타가 1994
년에 진베이(金杯)기차에 소형버스 생산기술을 제공하는 등, 중국에서
본격적으로 생산기반이 구축되기 시작한 시기였다.

3) 2001년부터 중국에서의 자동차 현지생산 본격화

2001년 말의 중국의 WTO 가맹은 자동차산업에 커다란 영향을 미
치고 있다. 외자계 메이커들은 WTO 가맹에 따라 중국이 국제기준을
도입하게 되면 과거와 같은 중국시장의 '불투명성'이 거의 없어지고
장차 '거대한 시장'으로 성장할 가능성을 읽고 신속하게 움직이기 시
작하였다. 2002년 4월에 토요타와 디이(第一)기차가, 같은 해 9월에는
닛산과 둥펑(東風)기차가 각각 합작사업 등에 관한 제휴를 맺었다. 혼다
는 광저우(廣州)기차와의 합작사업으로 모델 차종의 확대 및 수출전용
차 생산공장의 건설에 착수하였다. 마츠다, 미츠비시도 모델 차종을 확
충하였다.

3. 일본 3대 자동차 메이커의 중국투자와 기술이전 비교

1) 토요타

토요타자동차의 중국 진출은 제2차세계대전 이전부터 시작되었다.
전후에는 잠시 동안 공백이 있었지만, 중일국교정상화 때부터 디이기
차 등과의 교섭이 시작되었다. 처음에는 다음과 같이 기술지도와 지원
을 중심으로 제휴가 이루어졌다.
첫째, 디이기차에 대한 기술지도이다. 1972년 9월 일본과 중국이 국

교를 정상화함과 동시에 제1차 중국자동차공업 방문단이 일본의 자동차 메이커 회사들을 방문하였다. 1978년에 디이기차 사장을 비롯한 기업관리 학습단 일행 20명이 방일하여 5개월에 걸쳐서 토요타 등 주요 메이커의 관리방식을 시찰하였다. 당시 토요타 생산방식의 추진자였던 오노(大野耐一)는 디이기차의 요청으로 1977년과 1981년에 두 차례에 걸쳐서 디이기차를 방문하여 기술지도를 실시하였다. 오노의 기술지도를 받은 디이기차는 1979년부터 토요타 생산방식을 도입하였다. 구체적인 성과로서는 '간판방식'를 도입하여 1983년에 부하(負荷) 재고의 비용을 전년의 절반 가깝게 삭감하였다. 그 후 히노자동차(日野自動車)의 기술원조로 트랜스미션 공장을 완성하였고, 그때까지 부분적으로 도입하였던 토요타 생산방식을 통합하여 공장단위에서 '적기공급방식(JIT)'을 본격적으로 전개하였다.

　둘째, 기술무역 결합계약에 의한 기술제공과 각종 기술지원이다. 중일국교정상화 이후 1970년대에 자동차의 중국 수출이 급증하는 가운데 토요타는 베이징, 광저우를 시작으로 다수의 서비스 거점을 설립하는 등 중국 자동차산업에 대한 각종 지원을 계속하였다. 주요한 것으로는 베이징 운전기사훈련센터, 선양(瀋陽)의 진베이기차 내의 기능공육성센터, 텐진(天津)기차 내의 국제화기술센터의 설립 등이 있다. 중국에서 보급된 린 생산방식('精益생산방식')은 토요타 생산방식을 바탕으로 만들어진 것이다. 그 중에서 가장 주목되는 것은 선양 진베이기차에 대한 기술제공이다. 토요타는 1988년 선양 시의 진베이기차와 원박스카인 HIACE(중국 분류로는 소형버스)의 차체제조기술 제공계약을 체결하고 1991년부터 진베이기차의 자회사인 선양진베이 객차제조공장에서 생산을 개시하였다. 당초에는 연간 약 1만 5,000대를 생산하였지만, 기술제공 범위가 구동시스템 등에까지 확대된 데 힘입어 생산 대수는 순조롭게 증가하였고, 현재는 연간 약 6만 대를 생산하고 있다.

그러나 1990년대에 들어서면서 일본 정부 쪽에서 자동차산업의 중국진출을 적극적으로 추진함과 동시에 중국에서도 1994년에 최초의 종합적인 '자동차공업 산업정책'을 시행하는 등 자동차산업을 둘러싼 중국의 투자환경은 질적으로 변화하였다. 이러한 상황 아래 토요타는 본격적인 중국 진출에 착수하였다. 1994년 9월에 토요타그룹 대표로 구성된 중국사절단을 파견하고, 중국에서의 자동차생산의 발판으로서 톈진기차 및 상하이기차와 각각 합작 교섭을 개시하였다. 그러나 상하이기차와의 교섭은 1995년에 결렬되었고, 다른 한쪽인 톈진기차와는 합작회사 설립을 위한 준비가 시작되었다.

토요타는 톈진기차와의 합작 교섭과 병행해서 관련부품공장의 설립도 추진하였다. 1995년 12월에는 톈진기차와 합작하여 톈진펑진(天津豊津)기차전동부품을 설립하였고, 1996년 5월에는 톈진토요타기차발동기를 설립하였다. 엔진은 톈진샤리(天津夏利, Charede)에 공급하기 위하여 1998년부터 생산하였고, 1997년 3월에는 정밀단조 부품을 생산하는 톈진토요타단조부품을 설립하였다. 당시에는 톈진기차와의 합작에 따라서 톈진덴소기차전기, 톈진토요타합성, 톈진아이신(Aisin)기차부품 등 그룹기업 및 하청기업 등의 진출로 20사 이상의 계열기업이 톈진 주변에 집합하였다.

1998년 10월에 토요타는 쓰촨(四川)여행차제조공장과의 합작으로 쓰촨성 청두(成都)에 쓰촨토요타기차를 설립하였다. 토요타에 있어서는 첫 번째의 중국 합작회사이다. 출자비율은 쓰촨여행차제조공장이 50%, 토요타가 45%, 토요타통상이 5%이고, 2001년부터 중형버스 'COASTER'의 생산을 시작하였다. 1990년대 중반부터 톈진기차와 추진해 온 합작 교섭은 1999년에 겨우 결실을 맺었다.

1999년 11월에 토요타와 톈진기차그룹 산하의 톈진기차샤리와 합작한 톈진토요타기차의 설립이 중국 정부로부터 승인되었다. 2000년

7월에 공장건설을 시작한 이후 2년 가까이 시간을 들여서 2002년 10월에 생산을 개시하였다. 1994년 톈진기차와 합작 교섭을 개시한 이후 10년 가까운 세월을 소비하여 염원하던 승용차 생산을 개시하였다. 그것은 VIOS로 VITZ의 플랫폼을 베이스로 한 중국전용 모델로서 개발되었다. 1300cc와 1500cc를 갖추고 연산 3만 대 규모에서 시작하였다. 엔진은 토요타의 합작회사인 톈진토요타기차발동기에서 조달하였고 중국 자동차공장에서는 최초로 '간판방식'을 도입하여 코스트 삭감을 도모하였다. 품질도 일본과 같은 수준으로 하였고, 관공서의 관리직이나 기업경영자의 부유층을 대상으로 판매하였다. 2003년에는 생산능력을 3만 대에서 5만 대로 늘렸지만, 향후에는 COROLLA를 같은 라인에서 생산할 예정이므로 8만 대까지 더욱 끌어올릴 계획이다.

토요타는 2001년 7월에 자본금 3,000만 달러로 100% 출자한 '토요타기차중국투자'를 설립하였다. 이 회사는 톈진토요타기차 및 새로 설립하는 판매회사, 부품센터 등을 산하에 두고, 중국에서의 사업전개를 본격화하였다. 톈진토요타기차의 주식을 약 10% 취득하고, 향후에는 쓰촨토요타기차와 톈진의 부품합작회사 6개사도 출자비율을 높여갈 것이다. 특히 2002년 4월에 토요타는 이전부터 교섭을 추진해 온 디이기차와의 제휴교섭을 성사시켰고, 자동차의 합작생산과 기술제공 등에 관한 포괄제휴계약에 조인하였다.

마지막으로, 2003년 이후의 프로젝트를 소개하면 아래와 같다.

① 2003년 4월 토요타는 디이기차와 5개 차종의 승용차를 공동 생산하는 프로젝트에 합의하였다. 이 합의로 인하여 다이하츠 등의 그룹기업을 비롯해서 승용차의 풀라인 생산체제가 거의 갖추어졌다. 2005년에는 15만 대 규모의 생산체제를 완성한다. 토요타는 2010년에 중국에서의 승용차 점유율 10% 획득을 목표로 이들 프로젝트를 추진하고 있다.

〈표 9-2〉 토요타와 디이(第一)기차의 제휴 내용

목 표		양사의 협력으로 2010년에는 연산 30~40만대의 자동차를 생산, 판매.
토요타	중고급차	텐진토요타기차 제2공장을 건설하고, 2005년부터 CROWN급 고급차, CAMRY, COROLLA 등 중급차를 연간 5만 대 생산.
	기술원조	디이기차의 창춘(長春)공장에 기술원조를 실시하고, 2003년 중반부터 토요타 BRAND의 SUV LAND CRUISER를 연간 1~2만대 생산예정. 디이기차에서 엔진, 트랜스미션 등 부품 생산.
	판매회사	2003년 합작으로 판매회사를 설립 예정.
다이하츠		이치화리(一汽華利)에 기술원조를 실시하여 2003년 가을부터 TERIOS를 생산.

자료: FOURIN, 『2004·2005 중국 자동차산업』.

토요타의 중국에서의 사업은 <표 9-2>와 같고, 2005년부터 텐진이치(天津一汽)토요타에서는 MARK Ⅱ의 생산을 시작한다. 그 결과 2006년 중국에서의 생산대수는 연간 약 50만 대가 된다고 한다.

토요타는 디이기차와의 제휴를 바탕으로, 디이기차의 산하에 들어간 텐진이치샤리에 소형차 VITZ의 기술을 제공하였다. 2002년 10월부터 생산을 시작한 VIOS도 프레임과 부품을 공용으로 하고 있으며, 세 가지 차종의 부품공유화 등으로 코스트 삭감을 도모하고 있다.

② 합작회사에서 LAND CRUISER의 생산을 개시했다. 토요타는 2003년 7월 디이기차와의 합작으로 창춘이치펑예(長春一汽豊越)기차를 설립했다. 생산 차종은 LAND CRUISER 100으로 2003년에는 678대를 생산했고, 쓰촨토요타에서는 2003년에 LAND CRUISER PRADO를 390대 생산하였다.

③ 디이기차의 '홍치(紅旗)'생산을 텐진에서 개시하였다. '홍치'가 디이기차의 본거지인 창춘이 아닌 텐진에서 생산된 것은 2002년에 체결된 토요타와 디이기차의 포괄제휴에 홍치 개발에 관한 기술 제공이

〈표 9-3〉 디이(第一)기차와의 공동프로젝트 합의 내용

CROWN	톈진토요타기차 제2공장을 건설하고, 2005년부터 CROWN을 연산 5만 대 규모로 생산 개시.
COROLLA	톈진이치샤리 공장을 활용하고, 2004년부터 COROLLA를 CKD방식으로 연간 3만 대를 조립.
LAND CRUISER100	2004년부터 디이기차에서 LAND CRUISER 100을 CKD방식으로 연간 1~2만 대를 조립.
LAND CRUISER PRADO	쓰촨토요타기차에서 LAND CRUISER PRADO를 2004년부터 연간 약 5,000대를 생산.
TERIOS	2003년 가을부터 다이하츠의 TERIOS를 연간 약 1만 대 생산.

자료: FOURIN, 『2004·2005 중국 자동차산업』.

포함되어 있었기 때문이다.

④ 광저우(廣州)기차와 승용차 및 엔진의 합작생산을 하였다. 광저우 기차는 이미 혼다와 제휴로 ACCORD나 ODYSSEY를 생산하고 있으며 최근 수년 동안에 생산 대수가 크게 증가하고 있는데, 토요타와의 제휴로 일본의 대표적인 자동차 메이커 2개사와 제휴하게 되었다. 토요타는 이미 디이기차와 포괄제휴를 하고 있지만, 생산거점이 중국 북부에 있기 때문에 향후에 수요가 큰 폭으로 전망되는 중국 남부의 거점으로서 광둥 성(廣東省)에서의 설립이 긴급한 과제가 되어 있었다.

⑤ 중국에서 세 번째의 엔진공장을 설립하였다. 2004년 토요타는 지린성(吉林省) 창춘 시에 디이기차와 합작으로 엔진을 생산하는 이치토요타창춘발동기를 설립하였다. 생산능력은 연 13만 기로 2005년부터 V형 6기통 엔진(배기량 2500~3000cc)을 연산 6만 기로 시작한다. 톈진토요타기차 제2공장에서 2005년부터 생산할 CROWN용 엔진으로서 공급하는데, 향후에는 디이기차에도 공급할 계획이다.

⑥ 창춘이치펑예(長春一汽豊越)기차에서 하이브리드 차를 생산한다. 2004년 9월 15일자 ≪일본경제신문≫에 의하면, 토요타는 2005년에 연간 수천 대 규모로 하이브리드 차의 생산을 시작한다. 배터리, 모터

등 주요부품을 일본에서 수입하여 녹다운 조립방식으로 생산한다. 2004년 6월부터 시행된 자동차산업 발전정책에서는 하이브리드 차 등의 에너지절약, 환경보전형 자동차의 도입을 장려하고 있어서, 이러한 생산은 때를 잘 타고난 것으로 볼 수 있다.

2) 혼다

혼다(本田技硏工業)가 중국에서 승용차 생산을 시작하기까지의 준비기간은 토요타보다 매우 짧았다. 그 발판이 된 것은 1994년 둥펑(東風)기차와 합작으로 광둥 성 후이저우(惠州) 시에 설립한 둥펑혼다기차부품에서의 부품생산이다. 1998년 둥펑기차와 합작해서 설립한 둥펑혼다기차 발동기에서 엔진 생산을 시작하였다. 같은 해 1998년에는 광저우기차와 합작해서 광저우혼다기차를 설립하고, 1999년 3월부터 ACCORD의 생산을 개시하였다. 1994년 부품공장을 설립한 이후 불과 5년 만에 승용차생산을 시작한 것이며, 그 후에는 생산이 급속하게 증가하였다. 혼다의 중국에서의 진출 경위는 다음과 같다.

① 광저우혼다기차에서 중·고급차를 생산

1998년 7월에 둥펑집단의 중개로 광저우기차와 합작하여 광저우혼다기차를 설립하였다. 공장은 푸조가 철수하고 남긴 건물과 설비를 이용해 1년에 걸쳐서 설치를 바꾸었다. 1999년 3월부터 ACCORD 2400cc를 연산 3만 대 규모로 생산을 개시하였고, 2000년에는 고급차의 수요 급증으로 생산목표인 3만 대를 넘는 3만 2,000대를 생산하였다. ACCORD의 판매가 호조를 보임으로써 2001년부터 생산능력을 5만 대로 증강하였다. 부유층 등에서 수요가 높은 3000cc 차도 생산을 개시했고, 2001년의 생산 대수는 목표를 웃도는 5만 1,000대이며, 2002년에는 5만 9,000대까지 확대하였다. 또한 2002년에는 새로이

ODYSSEY 2300cc의 생산도 개시하였다. 2003년에는 생산능력을 확대해 연산 12만 대 규모로 하였고, 더욱이 2004년에는 24만 대 규모의 증산체제에 들어갔다.

② 소형차의 생산 개시

외자계 기업의 관리직이나 맞벌이부부 등의 중간소득층이 늘어나 보급형 승용차의 증가가 예상됨에 따라 2003년 9월에 소형자동차 'FIT SALOON'의 생산을 시작하였다. FIT SALOON은 2001년에 일본에서 출시한 FIT를 베이스로 하여 개발한 차종으로 배기량 1300cc의 '경제차'로서 자리매김하였다. 외자계 메이커로서는 배기량이 같은 수준인 폭스바겐의 POLO와 토요타의 VIOS가 경합을 벌이고 있는 차종이다.

③ 수출전용 승용차 생산공장의 건설

혼다는 2002년 12월에 중국 정부로부터 수출전용 승용차 공장건설의 인가를 받고, 2003년 5월 광저우에서 공장건설에 착수하였다. 신공장은 혼다와 둥펑기차, 광저우기차 3개사가 합작한 것으로서 출자 비율은 혼다가 65%, 광저우기차가 25%, 둥펑기차가 10%이다. 중국에서는 국내 메이커를 보호하기 위해서 외자의 투자비율은 50% 이하로 억제하고 있지만, 이 프로젝트는 수출가공지역에 건설하는 수출전용공장이기 때문에, 외자에 의한 과반수 이상의 출자 비율이 특례로서 인정되었다. 생산차종은 배기량이 1000~1600cc인 소형승용차 JAZZ(FIT)로 2004년 후반에 생산을 개시하고, 제품은 유럽 및 아시아에 수출할 예정이다. 부품은 광동우혼다와 공동구매 등으로 원가절감을 도모하고 있다.

④ 둥펑기차와의 합작

2003년 8월에 둥펑기차와 합작하여 둥펑혼다기차를 설립하고 CR-V 등 SUV를 생산한다. 공장은 둥펑기차의 본거지인 후베이성(湖北省) 우한(武漢) 시에 두고, 자본금은 둥펑기차와 혼다가 절반씩 출자한다. 신회사는 둥펑기차, 우한시 및 한국의 현대자동차가 출자한 우한완퉁(武漢万通)기차 공장을 모체로 하고, 거기에 용접이나 완성검사공정을 신규로 도입한다. 우한완퉁기차는 현대자동차의 원박스카를 생산하였지만 실적이 저조하였기 때문에, 이 회사 주식의 50%를 혼다가 인수하고 회사명도 둥펑혼다기차로 변경하였다. 둥펑기차는 이미 닛산과 포괄제휴를 하고 있지만, 둥펑기차로서는 승용차의 생산 차종를 증강하고, 혼다로서는 급증하는 중국 승용차의 수요에 대응한다는 양사의 이해관계가 맞아떨어진 것이다. 생산능력은 당초 연산 3만 대 규모에서 시작하여 2007년까지는 12만 대로 끌어올리고 생산차종도 세단이나 미니밴 등까지도 확대할 계획이다. 혼다의 중국에서의 승용차 생산능력은 광저우혼다기차가 2004년에 24만 대로 끌어올려 중국 생산능력은 36만 대가 된다.

⑤ 판매의 전략화

판매점 수는 2002년 130곳에서 2005년 말에 300곳으로 확대할 목표를 세우고 있으며, 최종적으로는 1,000곳까지 확장할 예정이다. 판매점은 모두 현지 자본으로 되어 있다. 판매점에는 완성차 및 부품의 판매, 사후 관리, 정보의 피드백이라는 네 가지 기능을 사용자에게 제공함으로서 판매로 끝나는 것이 아니라 차후에 재구입으로 연결되도록 지도한다. 또한 판금, 도장을 할 수 있는 시스템도 도입하고 있다. 메이커의 판매점에 대한 납차(納車)는 전도금 제도를 채택하고 있으므로 중국 진출기업이 골머리를 썩고 있는 '대금회수 문제'는 발생하지 않는다. 광저우혼다는 2003년 1월 완전 모델 교체를 실시한 ACCORD의 생산을 개시하였다. 배기량은 2400cc로 판매가격을 약 26만 위안(약 3,900만 원)으로 책정하여 종래보다 13%를 인하하였다. 2002년 이후에는 승용차 생산이 급증하여 판매가격이 하락하게 되어 가격 인하를 단행하였다. 또한 2003년 2월에는 ODYSSEY의 판매가격을 29만 8,000위안(약 4,470만 원)에서 26만 8,000위안(약 4,020만 원)으로 인하하였다. 거의 같은 수준인 GM의 미니밴과 경합하고 있으며, 가격 인하로 경쟁력을 높인다.

⑥ 총괄회사의 설립

2004년 1월 혼다는 100% 출자한 사업총괄회사 '혼다기연공업(중국)투자'를 베이징에 설립하였다. 이 회사는 혼다가 중국에 투자한 4륜차, 2륜차, 범용 제품 등 11개사의 사업을 총괄한다.

⑦ 중고차 판매사업의 개시

2004년 7월 광저우혼다기차는 중고차 판매 허가를 받았다고 발표하였다. 광저우혼다는 약 200곳의 판매점 가운데 20곳에서 연내에 중고차 판매를 시작한다. 중국에 진출한 합작회사로서는 첫 번째로 중고차 사업을 개시하는 것이다. 중국에서는 지금까지 중고차의 회수나 판매는 전문업자에게만 인정되었으며 신차 판매점에서는 취급할 수 없었다. 그러나 2004년 6월부터 실시된 '자동차산업 발전정책'에서는 중고차 판매를 장려하고 있으며 광저우혼다기차에 대한 중고차 판매 허가는 그 분야에서 처음이라고도 할 수 있다. 토요타, 폭스바겐, GM 등도 중고차사업에 강한 관심을 보이고 있으므로, 앞으로 중국의 중고차사업은 활발해질 것으로 예상된다.

⑧ 엔진 생산의 확대

혼다는 1998년 7월에 둥펑기차와의 합작으로 둥펑혼다발동기를 설립하였다. 2000~3000cc급 엔진을 생산하고, 1999년 이후부터 광저우혼다에서 생산하는 ACCORD 등에 공급하고 있다. 새로 생산을 개시한 FIT SALOON이나 기존 승용차의 수요가 급증하고 있기 때문에 앞으로는 현재 12만 기에서 2004년까지 29만 기로 끌어올린다. 부품의 현지 조달률도 2001년 약 60%에서 약 70%까지 높인다.

중국에서의 생산을 살펴보면, 혼다의 중국에서의 생산은 크게 성장하였다. 2003년의 생산 대수는 11만 7,178대로 전년에 비해서 약 2배로 늘어났다. 모델별로는 ACCORD가 78.5%, ODYSSEY가 44.2%로 증가되었다. 2003년에는 새로운 FIT의 생산을 시작하였다.

3) 닛산

닛산자동차는 토요타와 마찬가지로 제2차세계대전 이전부터 중국과 관련을 맺고 있었다. 1929년에 연간 수만 대의 보급형 차량을 제조하기 위해서 중국 동북부에 만주자동차제조㈜를 설립하였다. 그러나 자재와 기계설비 등의 부족으로 자동차 제조는 계획대로 추진되지 않았고, 주로 일본에서 부품을 수입하여 조립생산을 하였다. 닛산의 중국사업은 국교가 정상화된 다음 해인 1973년부터 수출사업으로서 시작하였지만, 본격화된 것은 1980년대에 들어서면서부터였다. 1984년 11월에는 기술무역 결합계약에 따라 디이기차에 소형 트럭 'ATLAS'의 기술제공을 시작으로 1986년 12월에는 난징(南京)기차에 ATLAS, 1988년 3월에는 디이기차에 CARAVAN의 기술을 제공하였다. 이들의 기술무역 결합계약은 1990년대 초에 완료되었다. 1990년대 이후의 닛산의 중국진출은 크게 두 단계로 나눌 수 있다.

(1) 첫 번째 단계: 중국진출의 기반 조성(1990년대부터 WTO 가맹 무렵)
① 정저우(鄭州)소형기차공장과의 합작회사 설립
닛산은 1980년대 중반부터 자동차 현지생산을 목표로 둥펑기차와 합작 교섭을 추진해 왔지만, 1989년 둥펑기차가 CITROËN을 합작 파트너로 결정하였기 때문에 둥펑기차와의 관계는 잠시 중단된 것처럼 보였다. 그러나 같은 계열인 닛산디젤의 둥펑기차 신공장 건설에 관한 컨설턴트 계약이나, 1986년에 체결한 생산관리 기술제공 계약 등이 중

국 측에서 높은 평가를 받게 됨으로써 닛산과 둥펑기차의 간접적인 관계는 존속되고 있었다. 그 결과, 1993년 닛산으로서는 최초의 합작사업으로 둥펑기차 산하의 정저우소형기차공장과 정저우닛산기차를 설립하였다. 이 단계에서는 닛산과 둥펑기차의 제휴관계가 구축되었다고 해도 좋을 것이다. 정저우닛산기차는 구 정저우소형기차공장의 트럭공장을 이어받아 1995년부터 1톤 픽업트럭의 생산을 개시하였다.

② BLUEBIRD의 위탁 생산

2001년부터 둥펑기차 산하의 펑선(風神)기차에서 BLUEBIRD 2000cc의 위탁 생산을 시작하였다. 부품은 닛산과 대만의 합작회사인 위룽(裕隆)기차의 현지공장, 일본 국내에서 닛산과 거래하는 기업의 현지공장, 둥펑기차 산하의 현지 메이커 등 세 가지 루트로부터 조달하고 있으며 현지 조달률은 60%에 이른다.

③ 정저우닛산기차의 증자와 생산차종의 확충

닛산은 중국사업의 확대를 위해서 2002년 정저우닛산기차에 대한 투자비율을 종래의 5%에서 30%로 인상하였다. 또한 생산 확충의 일환으로서 2002년부터 PALADIN(분류상으로는 소형버스)의 생산을 개시했다. 중국에서 처음으로 생산하는 SUV로 차종은 XE(2400cc)와 SE(3300cc)의 두 종류이다.

④ 둥펑기차집단과의 포괄적 제휴

닛산은 2002년 9월 둥펑기차와 합작회사 설립 등에 관한 포괄적 제휴에 합의하였다. 승용차, 트럭, 버스 등 풀 라인으로 생산하는 합작회사 설립이 포괄적 제휴 최대의 포인트이다. 새로운 회사의 명칭은 종래의 명칭을 계승하여 신둥펑기차유한공사로 하고 본거지도 종래의 둥펑기차의 본사가 있는 후베이성 우한 시에 두고 있으며 자본금은 171억 위안(약 2조 4,000억 원)이다. 투자비율은 절반이고 둥펑기차는 생산설비 등을 현물투자한다. 닛산의 투자액은 일본계 기업의 지금까지의 중

〈표 9-4〉 닛산과 둥펑(東風)기차집단과의 사업계획

신모델 생산	광저우 펑선(風神)기차에서 2003년부터 신형 SUNNY를 생산. 2004년부터 후베이성 둥펑기차에서 CEFIRO(실제로는 TEANA가 됨)를 생산.
생산능력	2006년까지는 승용차 6개 차종으로 연 33만 대. 둥펑 BRAND의 상용차를 연 22만 대로 총 55만 대를 지향. 또한 향후 10년 동안 90만 대로 확대할 예정.
부품 현지조달률	당초에는 40% 정도였으며, 최종적으로 엔진이나 트랜스미션 등 기간부품을 제외한 80% 정도까지 끌어올릴 계획.
판매망	일본에서의 수출차, 중국에서 위탁생산하고 있는 BLUEBIRD, 합작회사 생산 소형트럭 등 3개 계열로 현재 약 100곳이 있지만, 이들을 통합해서 2006년까지는 현지 자본으로 해서 300곳으로 증가.

국 합작사업으로서는 최대 규모이다. 기존의 둥펑기차는 합작회사 설립 시에 산하의 승용차, 상용차, 부품메이커 등을 합작회사에 양도해서 실질적인 자산관리회사가 된다. 즉, 합작회사가 둥펑기차의 핵심이 되는 주요차량을 생산한다. 또한 둥펑기차와 CITROËN, 혼다와의 합작사업은 신회사에서 분리된다.

신합작회사의 과제는 많다. 둥펑기차는 이전부터 트럭 생산이 중심이었으므로, 본격적인 승용차의 생산경험이 없는 점이나 지금까지 부품메이커의 집적이 적다는 점을 들 수 있다. 또한 생산거점이나 소비지역이 연안부의 대도시에 있는 토요타, 혼다 등 거대 메이커에 비해서, 닛산은 후베이 성이라는 내륙부에 있기 때문에 물류 면에서 지리적인 핸디캡이 있다. 상용차 부문에 종업원 수가 많은 것도 특징 중의 하나이다. 자동차 공장에서 복리후생 시설까지 일괄 처리되는 국유 기업의 경영을 앞으로 어떻게 효율화할 것인지가 주요한 과제가 된다.

(2) 2003년 이후의 프로젝트
① 둥펑기차와 새로운 합작회사 설립
닛산과 둥펑기차는 2003년 7월, 1년 전 9월에 합의한 포괄적 제휴를

바탕으로 둥펑기차유한공사를 설립하였다. 신회사의 본거지는 후베이 성 우한이고, 승용차는 광둥 성 펑선기차와 후베이 성 상판(襄樊)공장에서 생산하며, 상용차는 후베이 성 둥펑기차 공장을 생산거점으로 한다. 둥펑기차의 중기사업계획에 의하면, 상용차는 이미 허가를 받은 6개 차종에 추가적으로 1개 차종의 인가를 신청한다. 전체 생산 대수는 7개 차종의 승용차와 둥펑브랜드의 상용차와 합해서 2003년 30만 대에서 2007년에는 62만 대로 확대할 계획이다. 닛산은 중국 전체의 10% 이상의 시장점유율 획득을 목표로 한다. 판매망은 2007년에는 700곳으로 늘린다고 한다. 상판공장은 기존의 생산라인을 승용차용으로 개조·증설하여 생산능력을 연산 12만 대로 확대하여 2004년 9월부터 고급차 TEANA의 생산을 개시한다. TEANA는 새로 생산할 6개 차종 중에서도 주목 상품이 될 승용차로서, 운전석과 인테리어를 구매자의 취향에 맞춰 고를 수 있도록 한다.

② 광둥 성에 신공장을 설립

광둥 성 광저우 시(廣州市)에 있는 둥펑기차 산하의 펑선기차에서는 닛산이 BULEBIRD와 SUNNY를 생산하고 있지만, 생산능력이 약 3만 5,000대로 낮았기 때문에 닛산과 둥펑기차를 합작해서 신공장을 건설하기로 하였다. 신공장(둥펑기차)은 펑선기차와 인접해 있으며, 2003년에 건설을 시작한 후 2004년 6월에 준공하여 생산을 시작하였다. 신공장은 연산 능력 15만 대로 닛산의 중국에서의 주력공장으로 자리매김하고 있다. 프레스, 차체, 도장, 조립라인이 있으며, 4개 차종, 8개 모델이 동시에 생산가능하고 수요에 대응해서 변량으로 차량의 교체 투입도 가능하다. 펑선기차에서 생산하고 있는 BULEBIRD와 SUNNY의 생산도 한다. 닛산은 2004년에 국내에서 발매한 소형차 'TIIDA'를 2005년 봄부터 광저우에서 생산을 개시한다. 당초에는 연간 약 3만 대에서 생산을 개시하며, 국내 발매로부터 1년 이내에 현지생산을 단행하는 것은 이례적이라고도 할 수 있다.

2003년 현재 닛산은 중국에서 승용차, 소형트럭, 소형버스를 생산하고 있다. 승용차는 펑선기차에서 위탁생산하고, 소형트럭 및 소형버스는 정저우닛산기차에서 생산하고 있다. 2003년 생산 대수는 8만 7,179대로 BULEBIRD의 대폭적인 증가에 힘입어 전년에 비해서 74.5% 증가하였다. 상용차에서는 소형트럭의 성장은 낮지만, 소형버스(PALADIN)가 3배 이상으로 늘었다.

4) 일본계 3대 자동차 메이커의 중국 투자와 기술전략 비교

중국의 신자동차산업 정책에 따라서 외자의 출자비율 상한은 50%가 되었으며 세계 메이커가 중국 메이커 2개사까지 합작할 수 있게 되었다. 이로 인해 현지 파트너와의 협력체제 아래에서 사업 확대를 추진할 수 있고, 복수의 중국자동차 메이커가 복수의 세계자동차 메이커와 합작관계를 맺을 수 있게 된다. 2010년대를 바라보고 중국에 진출한 일본계 자동차 메이커의 파트너전략의 중심은 부품조달과 모델믹스정책을 포함한 기술 및 가격전략으로 전환할 것으로 보인다.

먼저, 중국시장에서 점유율 20% 획득을 위해서 토요타는 거점을 정비하고 있다. 토요타는 2000년에 텐진기차와의 승용차 합작인가를 받고 중국진출의 거점을 획득하였다. 2002년에는 텐진기차를 매수한 디이기차와 포괄적 제휴에 조인하여 중국 최대의 자동차 메이커를 파트너로 하였다. 더욱이 2003년에는 광저우기차와 중형승용차 합작 프로젝트에 조인하고 2004년 8월에는 중앙정부의 인가를 얻어 거점 확보를 가속화하고 있다. 토요타는 광저우에 합작거점을 획득함으로써 2010년 중국 승용차 시장점유율 목표를 10%에서 15~20%로 끌어올리려고 한다. 2004년에 중국의 시장점유율 목표를 단념한 폭스바겐과는 대조적이다.

토요타는 자동차 무역마찰을 회피하지 않을 수 없었던 1980년대에 중국 정부로부터의 진출 유치를 거절했기 때문에 중국 지도층으로부터 불신감을 샀다. 이로 인해 1995년 상하이기차의 제2파트너 입찰에서 실패하였고 또 그룹이 총력을 기울여서 톈진에 부품거점 진출을 하였음에도 불구하고 승용차 합작인가가 지연되기도 했다. 중국의 민족감정 수준에서 2003년 PRADO 광고 사건이 일어난 것도 그러한 경위가 원인이 되었다. 이미 중국사업을 수익원으로 성장한 폭스바겐, GM과 비교해서 토요타의 출발이 늦은 것은 부정할 수 없다. 그러나 토요타는 폭넓은 승용차 제품라인, 세계 최고수준의 제품기술, 제조기술과 더불어 협력부품 메이커와의 연계를 통하여 주요 생산 지역에 부품거점의 육성을 추진할 계획이다. 2004년 9월에 파트너인 디이기차에 하이브리드 승용차 PRIUS의 제조기술을 제공한 것이나 고급승용차 Lexus의 판매망을 전개한 것을 보면 기업 이미지의 강화를 꾀하려는 토요타의 의도가 짐작된다.

다음은, 혼다의 연속적인 성공에 관한 것이다. 혼다는 PEUGEOT가 광저우기차와 합작을 해소한 것을 계기로 1998년에 광저우 거점을 획득하였다. 혼다 주도의 생산체제와 광저우기차 주도의 중국 국내 판매망 구축을 토대로 중급승용차 부문에서의 브랜드력 구축에 성공하였고, 승용차의 생산 대수를 가동을 시작한 1999년의 1만 대에서 2003년에는 11만 7,000대로 확대시켰다. 또한 혼다는 2002년에 둥펑기차, 광저우기차와 공동으로 수출전용공장의 합작 거점을 만들었으며 2004년에는 둥펑기차와의 SUV 생산거점을 우한 시에 설립하였다. 중기적으로는 광저우혼다에서 24만 대, 광저우 수출공장에서 5만 대, 우한 공장에서 12만 대로 총 41만 대의 생산능력 정비를 추진하고 있으며, 거기에는 중국의 승용차 톱 5라는 지위를 견지하려는 의도가 엿보인다.

　그러나 토요타와는 광저우기차가, 닛산과는 둥펑기차가 공동 파트너
이다. 혼다로서는 본사의 경영 실력에서는 토요타에 밀리고, 현지 합작
사업 규모에서는 둥펑과 닛산의 합작 거점인 '둥펑요시엔(東風有限)'에
뒤지고 있다. 이 때문에 현지사업에서 성과를 올리고 있는 가운데 파트
너로부터의 신뢰와 우선순위를 유지하도록 해야 한다. 혼다가 선행해서
판매력을 강화하고 있는 중급 세단 부문의 승용차시장에는 마즈다 M6,
토요타 Camry, 현대 쏘나타 등 경합차의 모델 증가가 예상된다. 혼다는
판매 및 서비스 망을 강화함과 동시에 FIT나 CR-V를 투입함으로써
보급형 승용차, SUV 분야에서도 선행자의 이익 획득을 지향하고 있다.
　마지막으로, 둥펑과의 협력을 최우선으로 하고 있는 것이 르노·닛산
이다. 닛산은 산하의 닛산디젤을 중심으로 1980년대부터 둥펑기차집
단과 협력관계에 있었지만 자체의 계속된 경영부진으로 인해 사업을
전개할 여력이 없었으며 2002년까지의 사업전개는 정저우의 픽업트럭
의 합작 거점에 그쳤다. 그러나 2002년에는 둥펑기차와 대형 합작에
합의하여 2003년에는 자본금 20억 달러를 보유한 최대급의 자동차 합
작회사 '둥펑요시엔'을 발족시켰다.
　발표에 의하면, 둥펑요시엔은 2007년까지 닛산 브랜드 승용차 30만
대, 둥펑브랜드 상용차 32만 대의 판매 규모를 지향할 계획이다. 둥펑
기차는 닛산과의 합작에 있어서 우량자산의 대부분을 둥펑요시엔에 투
입하고, 닛산은 둥펑기차의 고용 복지를 유지하는 것으로 합의되었다.
합작 발족 후의 동향을 보면, 승용차의 생산거점을 광저우 시에 둘 방
침이다. 르노는 2004년에 둥펑기차와 승용차 합작 프로젝트에 합의하
였으며, 2006년부터 현지생산을 개시할 예정이라고 보도되었다.
　일본계 3대 자동차 메이커의 중국거점 생산실적, 능력, 기술제휴에
관한 동향에 대해서는 <표 9-5>, <표 9-6>, <표 9-7>이 참고가
될 것이다.

〈표 9-5〉 토요타 중국생산거점의 생산실적, 능력 및 기술제휴 동향

(단위: 대, %)

토요타 그룹				
지표 및 연도		토요타그룹	이치텐진(一汽天津) 토요타	쓰촨(四川) 토요타	창춘펑예 (長春豊越)
중국 내 생산실적	1998년				
	1999년				
	2000년				
	2001년				
	2002년	2,147	2,147		
	2003년	50,602	49,534	390	678
	2004년 1~6월	38,710	35,001	1,258	2,451
중국 내 생산능력	1998년				
	1999년				
	2000년				
	2001년				
	2002년	120,000			
	2003년	140,000	120,000	10,000	10,000
	2004년 1~6월	70,000	60,000	5,000	5,000
가동율	1998년				
	1999년				
	2000년				
	2001년				
	2002년	1.8%	1.8%		
	2003년	36.1%	41.3%	3.9%	6.8%
	2004년 1~6월	55.3%	58.3%	25.2%	49.0%
중국의 생산구성비	1998년				
	1999년				
	2000년				
	2001년				
	2002년	0.2%	0.2%		
	2003년	2.3%	2.3%		
	2004년 1~6월	2.6%	2.6%	0.1%	0.2%
기술제휴		1. 1981년 디이기차에서 토요타 생산시스템의 소개와 기술지도. 2. 1985년 베이징과 광저우에 서비스 거점을 개설. 3. 1990년 선양진베이(瀋陽金杯)기차에 대한 HIACE 기술제공 합의로 선양 시에 '토요타진베이기능공양성센터'를 설립.			

	4. 1995년 텐진에 '토요타기차국산화기술지원센터'실립.
	5. 1997년 중국 정부의 전기자동차연구 협력에 합의.
	6. 2002년 디이기차와 포괄적인 전략제휴에 합의.
	7. 2003년 동경모터쇼에서 디이기차는 향후 토요타의 연료전지 (FC) 기술을 도입할 의향을 표명하였고, 토요타 FC 기술을 사용한 승용차를 판매할 가능성을 시사.
	8. 2004년부터 토요타그룹 산하의 다이하츠는 이치화리(一汽華利)에 기술을 제공하고 TERIOS, HIJET 생산을 개시.

〈표 9-6〉혼다 중국생산거점의 생산실적, 능력, 기술제휴 동향

(단위: 대, %)

혼다그룹				
지표 및 연도		혼다그룹	광저우(廣州)혼다	광저우둥펑(廣州東風)혼다	우한둥펑(武漢東風)혼다
중국 내 생산실적	1998년				
	1999년	10,008	10,008		
	2000년	32,228	32,228		
	2001년	51,131	51,131		
	2002년	59,024	59,024		
	2003년	117,178	117,178		
	2004년 1~6월	81,914	81,914		
중국 내 생산능력	1998년				
	1999년	30,000	30,000		
	2000년	50,000	50,000		
	2001년	50,000	50,000		
	2002년	50,000	50,000		
	2003년	120,000	120,000		
	2004년 1~6월	135,000	120,000		15,000
가동율	1998년				
	1999년	33.4%	33.4%		
	2000년	64.5%	64.5%		
	2001년	102.3%	102.3%		
	2002년	118.0%	118.0%		
	2003년	97.6%	97.6%		
	2004년 1~6월	60.7%	68.3%		

(단위: 대, %)

혼다그룹				
지표 및 연도	혼다그룹	광저우(廣州) 혼다	광저우둥펑 (廣州東風)혼다	우한둥펑 (武漢東風)혼다
중국의 생산구성비	**1998년**				
	1999년 1.8%	1.8%		
	2000년 5.3%	5.3%		
	2001년 6.6%	6.6%		
	2002년 4.8%	4.8%		
	2003년 5.4%	5.4%		
	2004년 1~6월 6.0%	6.0%		
기술제휴	1. 2004년 1월 베이징에 중국사업 총괄회사 '혼다기연공업(중국) 투자유한공사'를 설립, 중국 내의 경영자원배분을 신속하게 하는 체제를 지향함. 2. 광저우혼다에서는 고효율 생산시스템과 조립공정에 서브 라인 을 도입함. 우한 신공장에서는 범용성이 높은 최신 용접로봇 을 도입. 3. 2004년 후반기부터 광저우기차와의 합작회사에서 수출전용공 장의 계획에 의하면, 이 공장 가동 후에는 일본이 유럽을 대상 으로 수출하고 있는 JAZZ의 일부를 중국산으로 전환하여 중 일 양국에서의 공급체제가 발족됨. 4. 신형차로는 2005년 중국시장에 하이브리드 승용차 'ACCOR D 하이브리드(V형 6기통)'를 투입하는 방향으로 검토. 이 차 종에는 혼다의 하이브리드 시스템 IMA를 탑재.			

〈표 9-7〉 닛산 중국생산거점의 생산실적, 능력, 기술제휴 동향

(단위: 대, %)

르노닛산그룹			
지표 및 연도	르노닛산그룹	둥펑요시엔화두 (東風有限花都)공장	정저우(鄭州) 닛산
중국 내 생산실적	**1998년**		
	1999년		
	2000년		
	2001년 23,211	18,501	
	2002년 56,809	38,897	
	2003년 130,872	66,139	9,909
	2004년 1~6월 71,722	34,496	7,530

(단위: 대, %)

르노닛산그룹			
지표 및 연도		르노닛산그룹	둥펑요시엔화두 (東風有限花都)공장	정저우(鄭州) 닛산
중국 내 생산능력	1998년	80,000		30,000
	1999년	80,000		30,000
	2000년	90,000	10,000	30,000
	2001년	110,000	30,000	30,000
	2002년	130,000	50,000	30,000
	2003년	160,000	50,000	30,000
	2004년 1~6월	160,000	90,000	30,000
가동율	1998년			
	1999년			
	2000년			
	2001년	21.1%	61.7%	
	2002년	43.7%	77.8%	
	2003년	81.8%	132.3%	33.0%
	2004년 1~6월	44.8%	38.3%	25.1%
중국의 생산구성비	1998년			
	1999년			
	2000년			
	2001년	3.0%	2.4%	
	2002년	4.6%	3.2%	
	2003년	6.0%	3.0%	0.5%
	2004년 1~6월	5.3%	2.5%	0.6%
기술제휴	1. 2003년 둥펑요시엔은 구공장에서 SUNNY, BLUEBIRD 생산을 신공장으로 이관하고, 신공장은 차체 프레스, 차체 용접, 도장, 차량조립의 각 공정에 세계 최신기술을 도입. 2. 승용차설계 및 개발에 있어서 닛산은 2004년 3월 광저우에 승용차 R&D센터를 설립함. 총 투자액은 3.3억 위안으로 닛산테크니컬센터와 연계하면서 중국을 대상으로 한 승용차개발을 지원해 간다는 계획. 승용차 R&D센터는 2005년 말 가동을 예정하고 있으며, 부지면적은 약 20만 평방미터임. 3. 2006년까지 6개 차종으로 예정했던 신둥펑의 승용차 투입계획을 2007년까지는 7개 차종으로 확대.			

자료: <표 9-5, 6, 7>은 모두 FOURIN, 『2004·2005 중국자동차산업』 및 『2004·2005 아시아 자동차산업』에 의해서 작성.

4. 일본계 자동차 메이커의 중국진출과 기술이전 분석

1) 전략적인 위치

현재 자동차산업은 중국의 전략산업으로서 투자나 기술이전의 중요한 대상이 되고 있다. 특히 일본기업에서 그러한데 전략적인 위치 설정이라는 기업전략이 중심에 있다. 이는 2000년에 들어서면서 투자규모가 커지고 도입하는 차종의 디자인이 점점 많아지고 있다는 것을 보아도 알 수 있다.

2) 산업 집적지의 형성

기술을 매개로 하여 대형 메이커가 특정지역에 집약됨으로써 기술협력의 좋은 결과를 낳게 된다. 일본계 자동차기업이 모여 있는 주장(珠江) 삼각주 자동차산업단지의 형성이 그 예이다. 주장경제권은 '세계의 공장'이라고 불릴 정도로 성장하고 있다. 그 성장을 이끌고 있는 것은 전자·전기산업이었지만, 근래에는 자동차 메이커의 계속된 진출로 인하여 광저우를 중심으로 자동차 관련기업이나 그 저변산업이 집적하고 있으며, 그것을 바탕으로 주장경제권은 새로운 발전을 이룩하여 산업구조를 크게 변화시키고 있다.

광저우혼다의 국산화에 기여하고 있는 협력부품 메이커는 2004년 처음으로 광저우를 중심으로 주장 삼각주에 64개사, 상하이를 중심으로 창장(長江) 삼각주에 54개사, 기타 지역을 포함해서 전국적으로 164개사에 달하고 있다. 2004년부터 광저우혼다가 24만대 생산체제를 개시함으로써 자동차관련 산업의 광저우 집적이 더욱 활발해질 것으로 생각된다. 혼다 다음으로 토요타는 광저우 교외의 신개발구인 난샤(南沙)에 진출하고 있다. 그리고 닛산은 둥펑과의 승용차 합작회사의 본사를 광저우 시 정부가 자동차 기지로 정비하고 있는 화두(花都) 구에 두기로 결정하였다. 이미 화두에는 일본계 자동차 관련기업의 진출이 잇따르고 있다. 난샤개발구에는 광저우혼다, 토요타, 닛산이 승용차 증산 또는 생산개시를 할 것으로 예측하여 JFE의 강판, GE의 플라스틱과 같은 중요한 저변산업이 형성되고 있다. 이 난샤 지역을 비롯한 광저우 주변에는 자동차관련 산업의 집적이 이루어져 주장경제권이 크게 강화되고 있다.

3) 일본계 기업의 진출내용의 변화

일본 자동차산업의 부품생산 시스템도 중국으로 이전되기 시작하였다. 중일 간 부품생산기술의 상호교류는 현지 산업기술의 기반 형성에 있어서 점차 중요시되고 있다.

먼저, 구미 부품메이커의 중국에서의 거점 전개에 관한 특징으로서는, 국내 각지에 거점을 복수로 두고 구미 메이커 및 그 합작 파트너에게 공급하고 있으며, 아시아 지역에서는 중국으로 투자를 집중시켜 중국 거점의 전략적인 중요성이 높아진 점 등을 들 수 있다. 그리고 일본계 부품메이커와의 차이점으로는 아시아에서 중국에 생산거점을 집약화하고 있으며, 개발·시험 기능에 대한 투자를 높여 장래에는 아시아에서의 개발·설계 거점으로 활용할 것을 예정하고 있고, 제품 횡단적인 구매센터를 두고 있는 것 등을 들 수 있다.

일본계 자동차 메이커는 구미계 자동차 메이커와 비교해서 중국 진출이 늦었기 때문에, 신뢰할 수 있는 자국의 계열 부품메이커를 동반 진출시켜 중국에서의 생산체제를 신속하게 구축할 필요가 있었다. 다

〈표 9-8〉 총주주수익률(TSR)로 본 자동차 메이커의 흥망

구분	1985~1991	1991~1996	1996~2000	2000~2004
전략 지위	일본 메이커의 해외진출 본격화	일본 메이커의 확대와 미니밴· SUV 시장의 성장	다각화와 규모 추구의 시대	미국 빅 3의 쇠락
승자	푸조 26% 포드 26%	포드 26% BMW 13% 혼다 12% 토요타 12%	포드 55% 르노 31% BMW 30% GM 27%	닛산 34% 현대 31% 푸조 8% 혼다 7%
패자	혼다 2% 닛산 2% 다임러 크라이슬러 1%	현대3% 다임러 크라이슬러 3% 푸조 △1%	FIAT 8% 현대 △6% 닛산 △9%	다임러 크라이슬러 △13% GM △15% 포드 △19% FIAT △37%

자료: 三澤一文, 「メ―カ―別 『競爭DNA』から讀む 21世紀中國自動車市場の覇者」, ≪週刊ダイヤモンド≫, 9月 4日号(東京: ダイヤモンド社, 2004), pp.94~95에서 인용.
주: 1999년 제휴 이전의 다임러 크라이슬러는 다임러와 크라이슬러 2회사를 합친 추 정치로 보임.

만 부품메이커는 자동차 메이커의 의뢰로 생산은 중국으로 이관하였지 만, 원재료와 부품은 일본에서 대부분을 수입하는 경우도 있을 수 있기 때문에 일본계 자동차 메이커는 사실상 부품의 수입의존도를 그렇게 낮출 수 없을 것으로 생각된다.

4) 중국 자동차 메이커의 기술전략 유형

여기에서는 TSR(총주주수익률: 기업가치 증가분과 배당수익률의 합)을 통해서 세계의 주요 자동차 메이커의 전략적인 자리매김을 해보자. <표 9-8>의 분석에 의하면 세 그룹으로 나눌 수 있는데, 토요타와 혼다가 제1그룹에 속하고, 닛산이 제2그룹에 속한다. 제1그룹은 가치 창출 점진형으로 그 특징은 기본적으로 성실한 현장제조를 바탕으로 성공하고 있다는 점이다. 제2그룹은 가치창조 안정형으로 GM, 다임러

크라이슬러 등이 해당되는데, 그 특징은 리스크를 회피하려는 경향이 기업조직 속에 뿌리를 내리고 있다는 것이다. 또, 제3그룹은 가치창조 기복형은 포드나 폭스바겐처럼 기회를 포착하는 유형이라 할 수 있다. 앞으로의 중국 자동차시장에 있어서는 제1그룹이 가장 강할 것으로 내다볼 수 있다.

5. 맺으면서

1) 자동차산업기술의 중일 간 격차

먼저, 일본과 중국의 자동차기술 수준의 격차는 분야별로 다르다. 범용기술 분야(창문, 범퍼 등)에서는 3~4년, 일반기술 분야(샤프트, 피스톤, 라디에이터, 내장부품, 브레이크 등)에서는 6년, 하이테크 분야(수동변속기=MT, 스티어링, ABS, 네비게이션 시스템 등)에서는 8년 정도, 초하이테크 분야(엔진제어장치, 자동변속기, 파워 스티어링, 에어백 등)에서는 10년 이상이나 격차가 난다. 양국의 자동변속기 기술의 격차는 네비게이션 기술보다도 크다.

다음으로 중국의 자동차산업의 발전을 가로막는 것에는 세 가지 요인이 있다. 2003년 현재부터 2010년까지는 7년이 남아 있다. 삼성전자는 현재의 이익증가율이 토요타에 필적하지만 1997년까지는 부채를 안고 있었다. 기사회생하여 재편한 것과 반도체설비에 대한 투자를 거쳐서 5년 만에 완전히 회복하였다. 걸린 시간은 7년이 아니라 5년이었다. IT와 자동차는 시간 개념이 다르지만, 2010년에 무슨 일이 일어나더라도 놀랍지가 않을 것이다. 장래를 예측하기 위해서는 열쇠가 될 몇 가지 요소가 향후 어떻게 작용할지를 명확하게 할 필요가 있다. 중국 IT 산업에서는 벤처기업에 대한 투자가 이루어지고 있는데, 그것은 실리콘밸리 전개 방식을 모방한 것이라 할 수 있다. IT산업은 성공하면 바로 세계의 최첨단 레벨을 따라잡을 수 있는 세계이다. 중국 자동차기술 발전에 있어서의 세 가지 유리한 기회들을 살펴보면 다음과 같다.

첫째, IT 분야에서 파생한 메카트로닉스는 현재 발전도상에 있다. 로봇제어 소프트 분야에서 중국의 진보는 현저하다. 최근에 엔진 등 자동차 분야의 핵심기술을 보유하고 있는 벤처기업이 출현하고 있으며, 그들의 잠재능력은 매우 크다.

둘째, 현재의 IT 분야만큼은 아니지만, 중국 자동차산업 분야에서는 점차로 해외주재 중국인과 미국, 일본 및 유럽의 대학·기업이 공동 연구개발을 시작하고 있다. 그 대상은 선진국의 주요 자동차 메이커가 중심이며, 중국의 자동차 메이커도 포함되어 있다. 이에 따라 선진 자동차 기술과의 교류가 신속하게 실시될 수 있다.

셋째, 중국 기업도 독자적으로 연구개발에 대한 투자를 시작하고 있다. 자동차 R&D 분야에서는 중국이 수년 후에 최첨단 수준을 따라잡을 정도로 연구개발 속도가 가속화되고 있다고 생각한다.

2) 중국 자동차산업의 경쟁력의 문제와 대책

중국 상무부(商務部) 산업손해조사국과 정부산하 자동차 연구기관인 중국기차기술연구센터(中國汽車技術研究中心: CATARC)는 최근에 중국 자동차산업의 경쟁력에 대해서 종합한 보고서 '중국자동차산업 국제경쟁력 평가연구보고'를 발표하였다. 이 보고서는 중국의 자동차산업에 대해서 국내 메이커가 아직도 세계적으로 '약소 메이커'의 영역에서 탈피하지 못하고 있으며, 경쟁력은 일본, 미국 등 자동차 선진국 수준의 절반 이하라고 지적하고 있다. 기초가 약하다는 것도 재차 밝혔

는데, 이 보고서는 중국을 비롯해서 미국, 일본, 독일, 한국의 자동차
산업에 비해서 제품가격, 품질, 생산원가, 신제품 개발능력, 정책·법규
에 대한 대응상황, 연구·개발(R&D)비용, 기업의 평균 규모, 생산효율,
국내·외의 시장 점유율, 부품 및 관련 산업의 수준, 국내의 연간 판매
량 등 경쟁력에 관한 14개 항목을 수치화해서 정리한 것이다. 종합 경
쟁력의 톱은 미국으로 1.27 포인트이고, 중국은 0.53 포인트로서 조사
대상 중에서는 최하위였다. 경쟁력은 미국의 41.7%, 일본의 42,4%,
독일의 47.3%, 한국의 61.6% 정도에 그치고 있다고 한다.

  여기에서의 수치는 당시를 기준으로 작성된 것이지만, 관계자는 지
금까지 국내메이커의 자주개발능력이나 브랜드 이미지에 실질적인 변
화가 보이지 않는다며 '경쟁력이 낮은 것은 변함 없다'고 지적하고 있
다. 중국은 2004년 6월, 자동차 산업발전의 가이드라인이 되는 규정
'자동차산업 발전정책'을 공포하였고 시장 경쟁을 통해서 2010년까지
세계 500대 기업에 들어가는 몇 개의 자동차그룹을 설립한다는 목표
를 분명히 하였다. 그러나 보고서에 의하면, GM이나 폭스바겐, 토요타
등 해외 거대 메이커가 2002년에 세계에서 각기 9~15% 전후의 점유
율을 확립하고 있는 것에 비해서 중국의 대형 메이커라고 할 수 있는
디이기차, 둥펑기차의 세계시장 점유율은 각기 1%, 0.7%이다. 또한
중국자동차공업협회에 의하면, 2004년 국내 메이커가 자주개발한 승
용차가 중국시장에서 차지하는 점유율은 19.7%로, 2003년의 24%에
서 4.3% 포인트 하락하고 있다. 외자계의 맹공격이 계속되는 가운데
아직도 중국시장을 이끄는 브랜드력이 있는 국내의 대형 메이커가 육
성되지 않는 것이 현실이다.

  중국의 자동차 경쟁력을 고려할 때, 지역의 자동차 부품메이커의 기
술력이 중요하다고 할 수 있다. 이것은 효과적인 기술이전이 실현되기
위한 중요한 조건이 된다. 2003년도 중국기계공업 500대 기업에 들어

간 자동차부품회사는 57개사로 자동차공업회사 전체의 44.9%이다. 이 것은 중국 자동차산업의 초석이라고도 할 수 있다. 한편, 자주개발능력 의 결여는 중국 자동차 부품산업의 최대의 문제점이다. 중국 자동차 부품산업은 '도입-소화형'의 기술창출 방식에서 벗어나지 못하고 있다. 뒤떨어지면 도입하고, 또 뒤떨어지면서 다시 도입하는 악순환을 되풀 이하고 있다. 중국 자동차 부품산업의 기술창출은 앞으로 이러한 방식 을 답습해서는 안 된다. 도입-소화형에서 '도입소화와 자주창출의 결 합'형으로 전환을 서둘러야 한다.

3) 중일 간 자동차산업 기술이전의 구조적인 문제

종합적인 분석에 의하면, 중일 간 자동차산업의 기술이전은 다음과 같은 구조적인 문제를 안고 있다.

첫째, 중국에 진출하는 일본 자동차기업은 현재 중국을 수출시장에 서 제조기지로 하는 전략적인 전환을 실시하고 있다고 할 수 있다. 이 러한 상황에서 일본 자동차산업시스템을 풀세트로 중국에 이전시키는 것에 대해서 어떻게 받아들일 것이며, 또 이 풀세트 산업시스템에 현지 기업이 따라갈 수 있을까 하는 우려가 있다.

둘째, 새로운 중국의 자동차산업정책은 아직 과점(寡占) 시장에 의해 서 유지되고 있다. 이러한 시장구조 아래에서는 시장보호라는 안일한 환경에 젖어 있는 현지자본 메이커는 점점 핵심 경쟁력을 잃어 가고 있다. 자주적인 기술개발에 있어서 때때로 문제가 발생하는 것은 그 때문이다. 이러한 문제 속에는 동시에 지적소유권이라는 법적인 시장 환경 정비에 관한 문제가 있다.

셋째, 자동차 산업발전에 있어서의 정부의 역할 문제이다. 이를테면 자동차산업의 발전에 필요한 효과적인 시장 환경을 조성하는 것이야말로 정부의 역할인 것이다. 기술이전은 그러한 시장에 의해서만 좋은 효과를 낼 수 있고, 또한 잘 육성된 기술시장에 의해서 기술개발은 좋은 결과를 낼 수 있다.

4) 자동차기술 발전에서 본 신자동차산업 정책

중국 정부는 2004년 6월 1일 새로운 자동차산업 발전정책을 발표하였다. 신산업정책의 큰 흐름은 완성차에 대한 국내자본의 과반수 출자로 주도적 지위를 견지하면서, 자동차산업에 대한 시장 경쟁원리의 도입 확대와 정부개입의 축소를 지향하는 것이다.

이를 위해서 2001년에 가맹한 WTO와의 합의 내용의 이행, 국내 자동차메이커의 재편과 통합을 촉진하여 강력한 기업그룹을 육성하는 것 등을 축으로 기술개발 능력의 획득과 독자 브랜드의 육성 등을 지향하고 있다. 또한 중국의 국익을 중시하면서 현지 자동차 메이커와 세계 자동차 메이커와의 사이에서 보다 평등한 경쟁·경합의 환경형성을 촉진함으로써 경쟁 메커니즘을 통한 강력한 자동차산업의 형성을 지향하고 있다.

자동차산업에서의 기술획득 전략은 1994년에 제기되었으며, 2004년에 발표된 정책에서는 내용이 더욱 명확하게 개선되었다. 1994년의 정책에는 '독자적인 제품개발과 기술연구기구를 설치하고 독자적인 개발능력을 육성'한다고 되어 있는 것처럼 완성차 분야에서는 애매한 내용에서 그쳤지만, 2004년의 신정책에는 중점적 육성부품의 목록이 작성되어 있는 등 부품산업의 육성에 역점이 놓여졌다.

신정책에서는 WTO 가맹에서의 합의를 바탕으로 부품의 현지조달 의무가 철폐되었지만, 원가경쟁력의 획득을 위해서 부품의 현지조달을 통한 부품산업육성을 지향하도록 되어 있다. 또한 중국 수요자의 취향

파악을 위해서 차체의 독자개발 능력에 대해서는 이를 '파악한다'는 표현을 쓰면서 역점을 두었지만, 자동차의 기본성능을 좌우하는 플랫폼의 개발기술에 대해서는 '육성한다'는 표현에 머물렀다.

그러나 신산업정책은 현 단계에서 이해관계가 조정되지 않는 과제에 대한 언급을 피하고 있다. 신산업정책에서는 환경을 중시하는 방안을 내세우고 있지만, 현재의 소비 수준에서는 승용차가 일반가정에 보급되는 것은 시기상조라 하여 정책 초안에서 거론되어 온 배기량 1.3리터 이하 승용차에 대한 세금우대는 보류되었고, '소배기량 차의 발전을 지원한다'는 표현에 그쳤다.

외자 파트너에 대해서는 최대 2개사까지로 한다는 규제는 남아 있지만, '국내 파트너와 공동으로 제3자의 자동차기업과 합작할 경우에는 예외로 한다'는 면제조항이 있기 때문에 실질적으로 제휴 파트너의 선정은 꽤 자유롭다.

그 밖에도 자주적 기술개발능력의 획득을 위한 구체적인 촉진책이 명확하지 않은 점이나, 중앙 정부가 자동차 소비촉진을 제창하는데도 상하이 시 등 일부 지방 정부가 자동차 소비를 제한하는 등의 모순에 대한 해소방안이 제시되지 않은 것, 자주적 판매망의 구축을 둘러싼 규제, 기업연맹의 결성 움직임과 새로운 지방보호주의 출현에 따른 과점화에 대한 우려의 해소 등, 몇 가지 과제가 남아 있다.

❖ 참고문헌

安藤哲生·川島光弘·韓金江 編. 2005.『中國の技術發展と技術移轉』. 京都: ミネ
ルヴァ書房.

市村眞一主 編. 2005.『アジア自動車産業と中國の挑戰』. 東京: 創文社.

小林英夫·竹野忠宏 編. 2005.『東アジア自動車部品産業のグローバル連携』. 高
崎: 文眞堂.

塩見治人 編. 2001.『移行期の中國自動車産業』. 東京: 日本経濟評論社.

末廣　昭. 2000.『キャッチアップ型工業化論』. 名古屋: 名古屋大學出版會.

藤本隆宏·新宅純二郎. 2005.『中國製造業のアーキテクチャ分析』. 東京: 東洋経
濟新報社.

丸川知雄·高山雄一 編. 2005.『グローバル競爭時代の中國自動車産業』. 東京: 蒼
蒼社.

李　春利. 1997.『現代中國の自動車産業』. 東京: 信山社.

(株)アイアールシー. 2004a.『トヨタ自動車グループの實態 2004年版』. 名古屋.

_____. 2004b.『日産自動車グループの實態 2004年版』. 名古屋.

_____. 2005.『ホンダグループの實態 2005年版』. 名古屋.

天野宏欣. 2005a.「急成長する中國自動車産業と日系部品メーカーの事業機會」.
≪知的資産創造≫, 2005年 2月号. 東京: 野村總合研究所.

_____. 2005b.「特集: 日系メーカーの淘汰は必定, 知られざる中國自動車大革命」.
≪週刊ダイヤモンド≫, 2005年 5月 21日号. 東京: ダイヤモンド社.

三澤一文. 2004.「メーカー別『競爭DNA』から讀む 21世紀中國自動車市場の覇
者」. ≪週刊ダイヤモンド≫, 2004年 9月 4日号. 東京: ダイヤモンド社.

Martin Kenney with Richard Floridaed. 2004. *Locating Global Advantage: Industry Dynamics in the International Economy*. Stanford, California: Stanford University Press.

제10장　　**동아시아공동체와 'Social Asia'**

■ 사토 모토히코(佐藤元彦)

1. 들어가면서

　최근 동아시아공동체에 관한 출판물이 잇달아 간행되고 있다.[1] '기러기형 모델(프로덕트 라이프 사이클의 국제파급 이론)'로 대표되어 온 수직적 국제분업에서 수평적 국제분업으로 큰 변화가 일어나고 있으며 재화 및 서비스 무역의 자유화뿐만 아니라 투자의 자유화가 원칙으로 굳혀지고 있는 가운데, 동아시아공동체에 관한 논의가 실감된다.

　그러나 동아시아공동체라는 것은 역사나 문화, 또 사회를 포함한 관점으로부터 논의될 필요가 있다. 생산의 탈(脫)국가화가 급속하게 진행되면서 리스크에 대응하기 위한 관점에서 동아시아의 연대를 특별히 고찰할 필요가 있다는 것이 이 글의 문제의식이다. 돌이켜보면 EU에서도 '소셜 유럽(Social Europe)'라는 큰 과제에 대해서 대책이 강구되어 왔다. 아래에서 살펴보겠지만 동아시아에서도 이미 상당한 규모로 노

---

[1] 일본에서 나온 연구의 예를 들자면, 谷口誠, 『東アジア共同体』(岩波新書, 2004); 黑柳米司 編, 『アジア地域秩序とASEANの挑戰』(明石書店, 2005); 青木保ほか 編, 『東アジア共同体と日本の針路』(日本放送出版協會, 2005) 등이 있다.

동력의 국제이동이 이뤄지고 있어서, '소셜 아시아(Social Asia)'의 검토
가 필요할 것으로 생각된다.

확실히 동아시아에서는 아시아 외환위기를 계기로 사회안전망(Social
Safety Net: SSN)에 대한 관심이 높아지고 있다. 그러나 현재의 상황에서
는 각국의 국가단위의 SSN의 제도화가 모색되고 있지만 그것으로 충
분한 것인가? 다시 말해, 서유럽 각국을 비롯한 선진국에서 국가를 단
위로 하여 SSN의 정비가 시작되었던 시기와 오늘날의 상황과는 세계
경제의 구조의 측면에서 차이가 있다.

오늘날의 세계경제의 특징을 나타낼 때 빈번이 사용되는 용어로 글
로벌화(Globalization)가 있는데, 얼마 전까지는 국제화(Internationaliza-
tion)가 자주 사용되었다. '국민경제' 간의 국제적 거래의 증대에 그치
지 않고 경제 주체로서 기업과 금융기관이 국경을 초월한 사업전개를
심화시킴으로써 국민경제라고 하는 틀이 애매해졌기 때문에, 국제화가
아닌 글로벌화라고 하는 개념으로 오늘날의 세계경제를 규정하는 움직
임이 두드러지고 있다. 경제수준을 측정하는 가장 중요한 지표로서 이
전에는 GNP(국민총생산)가 이용되었지만, 최근에는 그 대신에 GDP(국
내총생산)가 주로 이용되고 있는 것은 이와 같은 변화가 반영되어 있기
때문이다. 즉, 국경을 초월한 경제활동이 전개됨으로써 총생산을 측정
하는 기준으로서의 '국민'의 의의가 축소되고 있다고 말할 수 있다.

이러한 세계경제의 구조를 염두에 두었을 때, '국민'을 염두에 두었
던 종래형의 국가단위의 SSN의 제도화가 어디까지 유용한 것일까? 다
른 한편으로, 세계가 경제적으로 일체화된 상황에는 이르지 못하고 있
다는 사실을 감안한다면, 경제발전을 뒷받침하고 있는 지역적인 지리
공간을 기반으로 하면서도 동시에 탈국가적인 형태의 SSN의 제도화를
위해 노력을 강구할 필요가 있지 않을까? 사실 유럽에서는 이러한 점
들이 지역통합의 과정에서 사회헌장 등으로서 구체화되었다. 동아시아

에서는 경제통합의 때가 무르익었다고는 할 수 없으나, 각국 단위의 노력과 병행하여 이 지역 수준에서의 SSN의 제도화를 위한 움직임이 나타나고 있다. 이 장의 목적은 그러한 움직임을 소개하면서 동아시아의 지역적인 SSN의 제도화를 위한 과제를 종합하고, 아울러 그 전망에 대해서 고찰하는 것이다. 여기서는 특히 유럽의 경험으로부터 배워야 하는 점들에 대한 성찰을 중시하고자 한다.

또한 지금까지 구미를 비롯한 선진 각국을 주된 대상으로 해온 SSN의 조사 연구는, 최근 동아시아도 그 대상에 넣기 시작했다. 그러나 에스핑 앤더슨(G. Esping-Andersen)의 레짐론(Regime 論)으로 대표되는 것처럼, 비교의 관점이 지나치게 부각되는 경향이 강하며, 동아시아와 선진국 또는 동아시아 각국 간의 비교에 초점을 두고 있는 연구가 많이 존재한다. 그러한 연구의 의의를 부정하려는 것은 아니지만, 과연 그것으로부터 무엇을 이끌어내려 하는지가 반드시 명확하지 않고, 비교 자체가 목적이 되고 있는 것은 아닌가 하는 인상을 지울 수 없는 것이 적지 않다. SSN을 탈국가적인 관점으로부터 생각하는 움직임이 단번에 가속된다고는 보기 어렵지만, 글로벌화의 진행과 함께 SSN의 제도적 틀을 어떻게 생각하면 좋을지에 관한 관점은 역시 계속 가져갈 필요가 있을 것이다. 그러한 의미에서 이 글은 '아시아 복지 네트워크'론2)이나 '국제사회 보장론'3)과 마찬가지의 문제의식을 배경으로 하고 있다.

---

2) 이 점에 관해서는 廣井良典·駒村康平 編,『アジアの社會保障』(東京大學出版會, 2003); 國際協力機構·國際協力總合硏修所 編,『日本の社會保障の経験』(2004)를 참조.

3) 이러한 논의는 최근 일본국내외를 막론하고 제기되고 있으며, 일본인이 쓴 대표적인 것으로는 岡伸一,『國際社會保障論』(成文堂, 2004)를 참조.

2. 동아시아에서의 노동력의 국제이동

동아시아에서 탈국가적·지역적 SSN의 제도화의 중요성을 검토할 때에는 생산요소, 특히 노동력이 어느 정도로 국경을 넘나들고 있는지, 또 이 점에 관한 향후의 전망은 어떨지에 대해서 먼저 몇 가지 알아둘 필요가 있다.

이른바 외국인노동자 문제에 대해서는 통계적 정비가 아직 충분하지 않다. 예를 들면, ILO(국제노동기구)의 『통계연감(Yearbook of Labor Statistics)』에서도 각국의 외국인노동인구 통계는 기재되어 있지 않다. EU에 대해서는 가맹국별로 총인구에서 차지하는 외국국적의 인구비율이 계산될 수 있는 데이터가 정비되어 왔다. 그러나 노동인구에 관한 데이터는 일부의 국가에 한해서 이용이 가능하며, 독일·프랑스 등의 주요국도 마찬가지다. 동아시아의 정비 상황은 더욱 좋지 않은데 체계적·포괄적이라고는 말할 수 없는 데이터가 몇 가지 있을 뿐이지만, 그러나 이에 의거하면 여기서 파악하려는 것을 어느 정도까지는 규명할 수 있다고 판단되어, 아래에서는 차례로 소개를 하면서 검토해 보고자 한다.

우선 <표 10-1>은 동아시아 각국·지역의 총노동인구에서 외국인 노동자가 어느 정도를 차지하고 있는지를 집계한 것이다. 1996년에 대한 데이터 출처와 2000년에 대한 데이터 출처는 서로 다르기 때문에 시간의 변화에 수반된 상황의 변화를 확실히 파악할 수 없지만, 그래도 노동인구에서 차지하는 외국인 노동인구의 비중이 어느 정도인지에 대해서 대략적인 상황파악은 가능하다. 국가·지역에 따라 수치상의 편차가 있음을 알 수 있으며 또한 싱가포르와 말레이시아, 홍콩 등에서는 상당한 비중의 외국인노동자가 생산활동의 일부를 담당하고 있음을 알 수 있다. 참고로 이와 같은 데이터를 얻을 수 있는 EU 각국에 대해서

〈표 10-1〉 동아시아 주요국·지역의 외국인 노동인구(단위: 천 명, %)

국가 · 지역명	년도	노동 인구(A)	그중 외국인(B)	B/A
싱가포르	1996	1,748	454.2	25.0
	2000	2,192	612	27.9
말레이시아	1996	8,399		19.7
	2000	9,616	800	8.3
태국	1996	32,232		3.0
	2000	33,973	1,103	3.2
한국	1996	20,817		1.0
	2000	21,950	285	1.3
대만	1996	9,068		3.0
	2000	9,784	307	3.1
홍콩	1996	3,073		10.0
	2000	3,370	217	6.4

자료.: 노동인구 데이터는 모두 ILO, *Yearbook of Labor Statistics*에 의함.
주. 2000년의 외국인 노동인구 데이터는 井口泰, 『外國人勞働者新時代』(ちくま新書, 2001), p.165의 <표 8>의 데이터 소스를 참고로 하여 계산하여 갱신하였고, 이것으로부터 B/A를 계산. 또 1996년 데이터에 대해서는 싱가포르 국립대학의 Dept. of Sociology의 *Working Paper* No. 147(1999년)에 게재되어 있는 B/A의 수치를 바탕으로 B를 계산.

살펴보면, 총노동인구에 대한 외국인 노동인구의 비율은 네덜란드가 16.9%, 핀란드가 7.2%, 스웨덴, 노르웨이, 덴마크가 각각 4.5%, 4.3%, 3.6% 등으로 되어 있다.[4] 이러한 유럽 각국에서는 노동력의 국제이동이 실제로 오랜 세월에 걸쳐서 장려되어 온 것임을 생각하면, 그렇지 않은 환경에 있었던 동아시아에서 유럽 각국의 실적을 웃도는 상황이 이미 출현하고 있는 것은 주목할 만한 부분이다.

다음의 <표 10-2>는 동아시아 역내의 노동력이동을 2000년 시점에서 정리한 IOM(국제이주기구)의 연보(*World Migration*)에 근거한 것이다. 외국인 노동인구의 스톡 데이터가 <표 10-1>과 다른 점이 염려되지만, 주목해야 할 점은 외국인 노동인구 스톡의 증가율이다. 싱가포르

---

4) 모두 EU, *Population Statistics 2004*에 의거하여 필자가 계산한 2002년 시점의 수치임.

〈표 10-2〉 동아시아의 역내 노동이동(2000년)

취업국가 · 지역	외국인 노동자 수 (스톡, 천 명)	평균증가율 (과거 5년, %)	주요 출신국가 · 지역
말레이시아	850+(200)	1.5	인도네시아, 태국, 필리핀, 방글라데시
태국	103+(562)		미얀마, 라오스, 방글라데시, 인도
싱가포르	590+(17)	9.1	인도네시아, 말레이시아, 중국, 태국, 필리핀
브루나이	80		인도네시아, 말레이시아, 필리핀
홍콩	310	6.6	필리핀, 태국
대만	380+(3)	9.2	태국, 필리핀, 인도네시아
중국	60		홍콩, 일본
한국	123+(163)	8.0	중국, 필리핀
일본	710+(192)	4.5	한국, 중국, 필리핀, 태국

자료: IOM, *World Migration*(2003), p.199.

나 대만에서는 연 9.0%를 웃돌며, 한국과 홍콩에서도 이와 대등한 높은 증가율을 나타내고 있다. 어느 곳이나 각각의 국가·지역의 인구증가율뿐만 아니라 GDP 성장률을 웃도는 수준이다. 말레이시아는 1.5%에 머물고 있는데, 이 자료의 원래 설명에 의하면 1993년부터 1997년 사이에 외국인노동자 인구는 2.6배 이상으로 증가했지만 아시아 외환위기의 영향으로 그 이후는 감소했다고 되어 있다.

이러한 상황을 감안하여 IOM은 아시아, 특히 동아시아에서는 시장에 견인되어진 노동이동 시스템이 형성되고 있다고 논평하고 있다. 또, 이러한 증가의 배경에 대해서는 GDP성장에 비하여 노동인구의 증가율이 매우 낮게 나타나고 있다는 점(IOM의 자료에 의하면, 말레이시아와 한국에서의 경제성장률은 노동인구 증가율의 2배 이상, 싱가포르에서는 4배), 게다가 한편에서는 노동생산성의 상승을 반영하고 있지만 다른 한편에서는 임금율의 상승으로 이어져 노동비용의 상승으로 연결되고 있는 점 등의 관점에서 설명이 이루어지고 있다. 노동자의 국제이동에 대해서는 푸시(Push) 요인과 풀(Pull) 요인이 여러 가지의 다양한 형태로 제기되고 있으며 또 이와 관련하여 노동자의 이주와 소득수준의 사이에는 역U자 커브와 같은 관계가 있다는 논의도 이뤄지고 있지만, 더욱 결정적인 논의는 찾아볼 수가 없다. 여기에서도 현상적인 확인에 그치고 말지만, 하여튼 동아시아 역내에 있어서 노동력의 국제적 유동성이 높아지고 있는 사실은 이상의 한정된 자료를 보더라도 확인할 수 있다.

〈표 10-3〉 대만 등에 있어서 출신국별 외국인 노동자 수의 추이

	년도	인도네시아	말레이시아	필리핀	태국
대만	1994	6,020	2,344	38,387	105,152
	1995	5,430	2,071	50,538	126,903
	1996	10,206	1,489	65,464	141,230
	1997	14,648	736	72,747	132,717
	1998	22,058	940	79,664	133,367
	1999	41,224	158	84,186	139,526
	2000	75,237	114	51,145	142,020
	2001	89,608	73		139,924
홍콩	1994			62,161	5,812
	1995	4,205		51,701	5,861
	1996	2,870		43,861	4,301
	1997	2,019		78,513	3,960
	1998			64,160	4,709
	1999			114,779	4,339
	2000			121,762	
싱가포르	1994			11,324	2,849
	1995	20,975		10,736	15,624
	1996	29,065		15,087	17,601
	1997	31,928		16,056	17,770
	1998			13,373	17,069
	1999			21,812	24,525
	2000			22,873	
한국	1994			5,054	
	1995	6,732		4,395	
	1996	10,718		2,968	
	1997	8,390		3,674	
	1998			2,091	
	1999			4,302	
	2000			4,743	

	년도	인도네시아	말레이시아	필리핀	태국
말레이시아	1994		11,674	12,232	
	1995	29,712		11,622	11,830
	1996	38,652		12,340	9,363
	1997	317,685		13,581	8,860
	1998			4,660	9,031
	1999			5,978	17,716
	2000			5,450	

자료: Scalabrini Migration Center, Asian Migration Atlas 2000(http://www.Scalab rini.asn.au/atlas) 에 근거하여 작성.

주. 필리핀에 대해서는 '계약 노동자'의 수. 단, 1999년과 2000년의 데이터는 공항으로부터 출발기록에 근거한 데이터. 또 계약노동자 이외를 포함한 수에 있어서는 대만 주재자에 한해서는 다음과 같은 수치가 알려져 있다 (단위: 천 명).
1994년: 38,473 1995년: 54,647 1996년: 83,630 1997년: 100,295
1998년: 114,255 1999년: 113,928 2000년: 100,324 2001년: 85,787

또한 이상의 자료에 덧붙여 ≪아시안-퍼시픽 미그레이션 저널(Asian and Pacific Migration Journa)≫의 발행처로 알려진 필리핀의 스카라브리니 이주센터(Scarabrini Migration Center)의 데이터 베이스를 근거로 한 외국인 노동자 인구추이를 <표 10-3>과 같이 정리하였다.

마지막으로 이러한 상황에서 조금 더 유의해야 할 점이 있다. 아시아의 국제적인 노동력이동은 지금까지는 대체적으로 후발경제로부터 선발경제로의 비숙련 노동자의 이동이 중심을 이루었다는 문맥에서 논의가 되어 왔다. 본고에서 지금까지 거론한 자료도 그러한 인식에 가까운 상황을 나타내고 있을지도 모른다. 그러나 최근에 주목받고 있는 것은 고도의 숙련을 가진 노동자의 국제이동이다. 투자의 자유화로 인해, FDI(해외직접투자)가 선발국으로부터 후발국으로 일방통행으로 이뤄지는 시대에 종지부가 찍혀질 날이 그리 멀지 않았다고 내다볼 수 있다. 상호 투자를 포함한 그러한 움직임 속에서, 일시적이지 않는 형태로 고숙련 노동력의 국제이동이 증가하고 있다. <표 10-4>는 그러한 한 단면을 나타내고 있는데 참고로 앞의 <표 10-1>에 나타난 외국

〈표 10-4〉 동아시아의 고숙련 노동자의 국제이동(2000년)

수용국 · 지역	고숙련 노동자수		주요 출신국 · 지역
	(스톡)	(플로)	
인도네시아	22,800	n.a.	일본(15%), 호주(10%), 한국(8%), 필리핀(6%), 태국(5%)
태국	n.a.	44,100	일본(30%), 일본이외의 OECD 각국 (42%), 대만, 중국, 인도, 필리핀
말레이시아	31,949	n.a.	일본(17%), 인도(17%), 싱가포르(9%), 중국(7%), 대만(4%)
싱가포르	110,500	n.a.	(불명)
한국	17,700	34,700	미국, 캐나다, 일본, 영국
베트남	30,000	n.a.	홍콩, 대만, 한국, 싱가포르, 태국

자료: IOM, *World Migration*(2003), p.210.

인 노동인구에 대한 고숙련 외국인 노동자수의 비율을 계산해 보면, 싱가포르가 18.1%, 인도네시아와 말레이시아는 각각 69.1%, 4.0%이며, 또 한국은 6.2%로 나타나고 있다. 인도네시아의 경우는 또한 이른바 외국인 전문가의 비중이 높은 후발경제 특유의 측면이 나타나고 있다는 점을 부정할 수 없다. 그러나 동아시아의 각경제가 향후 수직적 분업으로부터 수평적 분업으로의 이행을 가속시킴으로써, '아크로바트 비행편대 모델'[5])과 같은 실태가 나타나게 된다면, FDI의 초기단계로 한정적으로 이뤄지는 고도의 숙련 노동자의 국제이동이 아니라, 더욱 지속적이며 장기적인 고도 노동자의 노동시장이 동아시아에서 형성될 것으로 보인다.

이 점에 관련하여 덧붙이자면, 일본의 현장제조를 뒷받침해 왔던 '단카이 세대(団塊の世代: 제2차세계대전 직후 수년간의 베이비 붐 때에 태

---

5) '아크로바트 비행편대 모델'이란, 홍콩대학의 에드워드 첸 교수가 산업 간 국제분업을 염두에 두고 제시된 '기러기형 모델'과 대비시키기 위해 산업 내 분업에 착목하여 전개한 국제분업 유형론의 하나이다. 즉, 시차를 두지 않고 동시에 비행편대가 이동하고 있는 모양을 본뜬 모델이다.

어난 대규모 노동인구)'의 숙련 노동자가 대량으로 정년퇴직을 맞이한 후에, 동아시아의 다른 지역에서 재고용되는 케이스가 예상된다는 점이다.

이상 동아시아에서의 노동력의 국제이동의 현상과 전망에 대해서 살펴보았는데, 새삼스럽게 알게 된 것은 유럽의 현 시점에서의 상황과 비교해도 노동력의 국제이동이 증가하고 있다는 점이다. 유럽에서는 통합의 과정에서 국경을 초월한 노동력의 이동이 진행되었다고 할 수 있는데 비하여, 동아시아에서는 통합을 위한 정식 과정이 시작되기 이전에 생산의 국제화를 배경으로 노동력의 국제이동이 진행되고 있는 상황이다. 그렇다면 이러한 상황 속에서 이른바 외국인노동자에 대한 SSN의 제도화에 대해 어떤 노력이 이뤄지고 있을까?

3. 동아시아의 지역적 SSN에 대한 대응

동아시아 혹은 인접하는 지역을 포함한 아시아태평양 지역에 있어서 탈국가적인 SSN의 문제에 최초로 관심을 보인 것은 유엔 아시아태평양 경제사회위원회(UN·ESCAP)라고 할 수 있다. 아시아 외환위기 이후에 세계은행과 아시아개발은행, 국제노동기구(ILO) 등의 국제기관도 해당 지역의 SSN의 제도화에 강한 관심을 보여왔지만, 지역 전체에 관련되는 SSN에 관한 논의를 선도한 것은 무엇보다도 ESCAP였다.[6] ESCAP에서는 '새롭게 발생하고 있는 사회적 문제들'위원회의 주도 아래, 동아시아 각국 간의 SSN 측면에서의 연계를 도모하기 위한 노력이

---

6) 세계은행, 아시아개발은행, ILO에 의한 아시아태평양 지역의 SSN제도화를 위한 노력에 대해서 소개하고 있는 것으로는 國際協力機構·國際協力總合研修所, 『途上國のソーシャル·セーフティ·ネットの確立に向けて』(2003)를 참조.

1999년부터 강구되었다. 같은 해에 ESCAP 사무국은 SSN의 정책과 프로그램을 강화할 목적으로 프로젝트를 추진하였고, 그 성과는 2년 후인 2001년에 방콕에서 개최된 지역 세미나에서 정리되어 발간되었다. 이 프로젝트에서는 제1단계로 인도네시아, 필리핀, 태국 및 한국의 4개국에 대하여 국별 SSN에 관한 조사·연구가 개별적으로 실시되었다. 그리고 이를 바탕으로 제2단계에서는 국별 상황과 과제가 관계 4개국뿐만 아니라 ESCAP를 구성하고 있는 다른 나라에도 공유될 수 있는 기회가 열려졌으며, 아울러 지역·국제 수준에서의 SSN 제도화를 위한 제언도 마련되었다.[7] 특히 강조되었던 점은 SSN에 관한 경험과 정보의 교환 및 성공사례의 학습이었고, 거기에는 SSN 제도화의 논의가 각국·지역 단위로 개별화되는 데 대한 우려가 제시되었다. 그러나 ESCAP에 의한 노력은 그 후 그다지 활발하지 못했다.

오히려 현 시점에서 더 조직적인 형태로 위와 같은 노력을 기울이고 있는 것은 APEC(아시아태평양경제협력체)라고 생각된다. APEC 내부에서는 아시아 외환위기 이후에 SSN에 대한 대책을 강화하려는 기운이 높아졌으나, 구체적인 움직임은 2000년 11월 브루나이에서 개최된 각료회의에서 APEC이 SSN을 강화하기 위한 한시적인 작업반(태스크 포스팀)의 설치에 합의함으로써 비롯된 것이다. 1999년 9월 시점에서 가맹국의 총리와 재무장관 앞으로 보낼 SSN의 중요성에 관한 각서가 제출되기는 했지만, 구체적인 작업으로 옮겨지기 시작한 것은 역시 2000년 후반부터이다. 다음 해인 2001년 중에는 세 번의 작업반 회합이 중국에서 개최되었고, 이것에 기초해 같은 해에 제3회 고위실무자급회합에서는 두 개의 제안이 제시되었다. 첫 번째 제안은 실제적인 APEC 사회안전망 능력배양 네트워크(Social Safety Net Capacity Building Network: CBN)

---

7) UNESCAP, *Strengthening Policies and Programmes on Social Safety Nets*(ESCAP, 2002).

의 설치에 관한 것이었으며, 두 번째는 정책입안자와 전문가, 관계당사
자로 구성되는 국제회의체의 창설이었다. 이 모두가 같은 해 10월에
상하이에서 개최된 제13차 APEC 각료회의에서 승인되었고, 이에 기초
하여 다음 해인 2002년 7월에는 CBN이 개시되었다. CBN은 2003년에
APEC 가맹국에 대해서 공통의 관심사를 정리하기 위한 조사를 실시하
였다. 그 결과를 바탕으로 하여 현재 6개 분야의 활동에 대해 높은 우선
순위가 주어져 있다. 6개 분야란, 위기 전의 SSN의 계획과 예방적 조치,
정책행동의 효과를 측정하기 위한 능력, 위기상태에 있는 인구의 분석,
관련 제도와 자금조달, SSN사업에 있어서의 투명성 및 설명책임의 강
화, 집계가 어려운 데이터의 수집과 최신 데이터에의 접근 등이다.

한편, 두 번째의 제안을 수용하여 SSN에 관한 제1회 전문가국제회
의(2002년 7월, 서울), 제2회 전문가국제회의(2004년 4월, 방콕), SSN에
관한 고위급세미나(2004년 7월, 선양), '급격한 사회경제 변화의 속에서
의 SSN의 강화'에 관한 국제심포지엄(2005년 8월, 서울) 등이 개최되었
다. 이 가운데 두 번의 전문가국제회의에서는 모두 '아시아태평양 지역
의 SSN활동에 대한 국제적 시야'가 의제의 하나로서 다루어졌고, 공통
의 관심사를 감안한 제도화의 중요성이 제기되고 있다. 또 마지막 회의
는 2004년의 제16차 APEC 각료회의에서 심의를 근거로 하여 개최되
었는데, 거기에서는 ILO와 세계은행 등의 국제기관이 참가한 가운데,
SSN에 관한 가맹국의 다양한 요구를 조사하는 것과 CBN의 향후 활동
에 관한 행동계획을 작성하는 것이 결정되었다. 전자에 있어서는 공통
적인 부분을 공유 가능한 제도로 만들어나가는 것으로 합의되었다. 이
상의 어느 회의에서나 세계은행, 아시아개발은행, ILO와 같은 국제·지
역기관이 참가하고 있는데, 그것은 단지 SSN 제도화에 대한 지원의
측면에 그치지 않고, 그것을 지역 혹은 국제라고 하는 관점으로부터
검토해야 한다는 중요성을 감안하고 있다는 것을 의미하고 있다.

이상과 같은 노력을 통해서 어떠한 공통의 논점이 부각되고 있는 것일까?

첫 번째 문제는, 선진 각국의 경우는 시장경제 혹은 자본주의의 발달과정상에서 보장 또는 보험이라는 문맥 아래서 SSN이 정비되어 왔는 데 비하면, 아시아에 있어서는 아직도 그러한 과정의 도상에 있는 경우가 적지 않다는 사실이다. 바꿔 말해, 선진 각국의 경우 SSN의 최대관심사는 '취업으로부터의 이탈(가장 심각한 케이스가 실업)'이라고 할 수 있는 데 비해, 아시아의 경우는 불완전고용, 위장실업, 인포멀 부문 등의 개념에서 나타나고 있듯이 고성장을 경험한 이후에도 아직 취업 그 자체가 여전히 과제로 남아 있다는 것이다. 이러한 점을 배려하지 않고 선진국형의 SSN의 정비를 추진하는 것은 오히려 취업자와 취업 자체가 과제인 사람들 사이에 리스크 대응력의 차이를 확대시키는 결과를 초래할 수 있다. 따라서 아시아 각국에 있어서는 SSN의 정비와 취업 촉진 정책을 병행하여 동시에 추진해야 할 필요성이 있을 것이다. 그러나 취업의 촉진은 그렇게 간단하지만은 않으며, 일반적으로 중장기적인 시간을 필요로 한다. 다른 한편으로, 취업자의 리스크 대응력을 강화하는 정책을 소홀히 하게 되면, 아시아 외환위기의 쓰라린 경험이 반복될 우려가 있다. 이러한 점에 공통된 어려움이 있는 것이다.

또한 최근 선진 각국에서 비정규노동자, 니트(NEET: 일본의 불안정 취업자), 장기적 실업·생활보호수급자, 그리고 고령자·장애인과 같은 사람들을 고용으로 연결할 수 있는 구체적이고 유효한 프로그램의 작성이 급선무인 점을 감안한다면, 여기서의 논의가 이러한 공통된 어려움을 극복하는 데 참고가 될 수 있을 것이다. 예를 들면, 세이프티 넷(안전망)이라고 하기보다는 스프링 보드(도약판)로서의 사회보장이 필요하다는 논의[8]는 취업 자체가 과제인 사람들에 대해서 종래의 정책론 특히 노동집약적 경제성장 정책론 이상으로 폭넓은 대응책을 제시하고 있다는 점에서 주목을 받을 만하다.

두 번째 문제는, 탈국가적·지역적 SSN의 근간을 이루고 있는 외국인 취업자에 대한 대응이다. SSN 자체가 정비의 도상에 있다고 하지만, 외국인 노동자에 대한 대응을 동시에 검토하는 것은 불가능한 일이 아니며, 오히려 국가·지역별 검토가 아닌 국제적·지역적인 원칙을 미리 정해 둔다면, 깔끔한 대응이 가능하다고 생각된다. 다만 실태로서는 외국인이 불완전고용·위장실업의 상태에 놓여 있는 경우가 적지 않고, 이러한 경우에는 앞의 첫 번째 문제와 이 문제가 서로 얽혀져서 간단히 풀릴 문제가 아닐지 모른다. 그러나 이때에 지금 세계적으로 받아들여지고 있는 인권(특히 사회권)이나 인간안전보장의 관점에서 대응방법을 구체화하는 것은 어렵지 않을 것이다. 거꾸로 이러한 논의를 추진함으로써 각국·지역에서의 SSN의 방법에 대해서 일정한 방향성이 도출되는 경우도 있다. SSN 제도화의 논의는 각국·지역 내부에 한정시킬 것이 아니라 세계적으로 이해되고 있는 규범에 기초하여 그것을 끊임없이 검토하는 과정이 중요하며, 특히 국경을 초월한 사안에 대한 대책을 강구할 때이면 더욱 더 그러한 배려가 요구되는 것이다.

이 점에 관련하여 조금 더 덧붙이자면, 국제기관도 지원·원조를 통해 큰 역할을 수행할 수 있다는 점이다. 개별 국가·지역에서의 SSN 제도화에 대한 지원·원조가 아닌 탈국가적·지역적인 노력을 우선적으로 기울이게 된다면, 그러한 방향성에 탄력이 붙을 것으로 보인다. 다만 현재 상태로서는 아직도 개별적인 지원이 눈에 띄고 있다. 국제기관끼리 조정이 충분히 이뤄지고 있다고는 말하기 힘들며, 국제기관에 따라서는 SSN에 대한 사고가 서로 다르기 때문에 각국·지역이 혼란을 일으키는 경향도 엿보인다. 특히 ILO는 조직의 성립 과정을 반영해서

---

8) 이러한 논의에 대해서는 城戸喜子·駒村康平 編, 『社會保障の新たな制度設計』(慶応義塾大學出版會, 2005)를 참조.

인지 몰라도 여전히 사회보장(사회보험)과 근로 기준의 관점이 강해 인 포멀 부문에까지 대상을 확대하는 문제에 대해 관심을 보이기는 하지 만, 그러한 문제에 대한 접근방법은 과거와 같은 인식에서 아직도 탈피 하지 못하고 있는 측면이 강하다. 이에 비해서, 세계은행이나 아시아개 발은행 등은 아시아 외환위기의 경험으로부터 사회적 보호라고 하는 관점을 강하게 표명하고 있으며, 사회보장 및 근로 기준으로는 접근할 수 없는 문제에 대한 관심이 강하다. 그런데 최근에 ILO는 디슨트 워 크(decent work: 품위있는 노동)[9]라고 하는 개념을 제기하여, 종래의 노동 관, 근로관으로부터의 전환을 꾀하고 있다. 그 점을 고려한다면 ILO와 세계은행 등이 SSN 제도화를 위한 접근방법에 있어서 논의를 수렴시 켜 나갈 것으로 예상된다. 하여튼 중요한 것은, 탈국가적·지역적인 접 근을 선행시켜야 한다는 것이며, 이와 연계된 형태로 각국·지역이 국 내의 SSN을 정비하는 것이라고 생각한다.

4. 유럽의 경험과 동아시아에 대한 교훈

이상과 같은 동아시아의 SSN 제도화를 향한 최근의 움직임은 어떤 과제와 전망을 안고 있는 것일까? 여기에서는 특히 유럽의 '소셜 유럽' 을 지향한 움직임을 다시 짚어보고 동아시아에 있어서 어떠한 점이 교 훈이 될지를 정리해 보자.

유럽에서는 1989년 12월에 당시 EC을 모체로 한 사회헌장이 성립 되었다. 그 후 마스트리히트 조약(1992년 2월)체결에는 '사회정책에 관

---

9) 디슨드 워크란, 소마비아 ILO 사무국장이 취임 직후에 제기한 개념인데 ILO가 확보해야 할 일의 형태로서 그 내용을 보면, '권리가 보장되고 충분한 수입을 얻 을 수 있으며, 적절한 사회적 보호가 이뤄지는 생산적인 일'을 의미한다.

한 합의'가 부속되어, 이것은 1993년 11월에 발효했다. 이것들은 모두 유럽에 있어서 탈국가적·지역적인 사회보장, SSN의 형성을 촉진시킨 움직임으로서 역사적으로 대단히 중요한 의의를 가지고 있다. 이러한 내용에 대해서는 이미 많은 연구가 있고 또 여기에서의 문제관심이 내용의 현실화를 위한 과정이므로 내용의 소개는 생략한다.

　그런데 이러한 움직임이 나오기 이전의 유럽에서는, 사회보장정책의 이른바 '정합화(整合化)'가 진행 중이었다.[10] 노동력의 자유이동이 목표에 포함되어 체결된 로마조약(1957년 3월)에서는 두루 알다시피 제48조와 제49조에서 가맹국의 출신자가 역내의 어디에서도 국적에 의한 차별을 받지 않고 노동할 권리가 보장되는 것이 규정되어 있다. 하지만 현실적으로는 각 가맹국의 사회보장제도의 적용조건이 나라에 따라 달라서, 외국인노동자에 대해서 사회보장이 전혀 적용되지 않는 결과를 초래하거나, 복수의 사회보장이 동시에 적용되는 경우가 발생하였다. 이점에 대해 대표적인 예가 덴마크와 독일의 사례로서, 사회보장제도에 가맹할 때에 일어나는 지역주의와 직역(職域)주의의 차이에 관한 문제이다. 지역주의를 채택하고 있는 덴마크에서는 국내거주자 모두가 사회보장의 대상이 되지만, 직역주의를 채택하고 있는 독일에서는 직장단위로 사회보장이 적용된다. 이런 경우, 예를 들면 국경 근처 독일에 거주하면서 덴마크에서 일하는 노동자는 어느 나라의 사회 보장도 적용되지 않는 문제가 발생한다. 이와 정반대로 덴마크에 거주하고 독일에서 일하는 경우에는 양국의 사회보장이 동시에 적용된다.

　그래서 고안된 것이 국적·거주지에 관계없이 취업한 나라의 사회보장제도가 우선적으로 적용되는 원칙이었다(규칙 1408/71호 13조). 일시

---

10) '정합화', 또 뒤에서 나오는 '조화화'라는 개념은 모두 岡伸一, 『歐州統合と社會保障』(ミネルヴァ書房, 1999)에 의거하고 있다. 또 유럽에 관한 이 절에서의 기술은 많은 부분을 이 책에서 원용하였다.

적·단기적으로 외국에서 일하는 경우에는 어떻게 되는지, 그리고 여러 나라에 걸쳐서 일하는 경우에 대해서는 어떻게 하는지 등, 단순히 이 원칙을 적용할 수 없는 경우도 있지만, 기본적으로는 하나의 법률적용을 원칙으로 하여 관련 규칙이 정비되었다. 잘 알려지다시피 국제적으로 이동한 노동자가 사회보장의 권리를 잃게 되면, 그것은 결과적으로 자유로운 노동이동을 저해하게 된다는 판단에서 '정합화'가 추진되었다.

이러한 문제에 대하여 앞서 서술했던 1980년대 후반부터 1990년대에 걸친 움직임 중에는 '조화화(調和化)' 혹은 '수렴화'가 본격적으로 모색되기 시작하였다. '조화화'란, 각 가맹국의 제도에 대한 직접적인 수정을 강제함으로써 유럽 사회정책이 되도록 제도를 구축한다는 것을 말한다. 실제로 로마조약의 발효와 함께 '조화화'를 위한 움직임이 시작되었다고 할 수 있으나, 현실에서는 '정합화'가 시도되었기 때문에 '조화화'에 관한 성과는 극히 한정되었다. 이에 대해 사회헌장이나 '사회정책에 관한 합의'는 틀림없이 '조화화'의 방향성을 명확하게 한 것이었다고 말할 수 있다. 노동력의 자유로운 이동이 확보되면 노동자는 더 좋은 사회보장을 찾아 이동하는 경향이 있다고 볼 때 '조화화'는 한층 '통일화'로 이어질 것이다.

그러나 현실에는 임금 등의 노동조건이나 취업기회에 좌우되는 측면도 있고, 또 사회보장의 좋고 나쁨이 부담의 크고 작음으로 연동되는 측면이 있기 때문에, 그러한 형태로서는 움직임이 추진되지 못한다. 또 가맹국의 정치적 의지에도 크게 영향을 받기 때문에 그 후의 '조화화'를 위한 걸음은 평탄하다고는 결코 말할 수 없다. 더욱이 향후의 '조화화'에 대한 전망에 있어서는, 최저수준의 보장인가 그렇지 않으면 그 이상의 어떠한 동일 수준의 보장인가라고 하는 것이 최대의 논점이라 할 수 있다. 또 '조화화'에 관련해 '수렴화' 개념도 이용되지만, 어느 정도의 '수렴'을 기다려 '조화화'를 추진할 것인지, 아니면 통일적인 이념과 수준을 설정해서 매우 강력하게 '조화화'를 추진할 것인지의 사안도 큰 논점이 된다. 그렇지만 통합이 어떻게든 진행되고 있는 중에는 방향성으로서 '조화화'를 부정하는 것도 쉽지는 않다.

또한 '조화화'의 출발점이 정보수집를 위한 네트워크 구축이었다는 사실은 흥미롭다. 그 성과는 사회보장의 국제비교표로 계속 교환되고 있으며, 그것을 기초로 더 좋은 사회보장을 위한 가맹국 간 경쟁이 촉구되어 왔다고 할 수 있다.

그런데 이러한 '조화화'를 둘러싼 움직임에 관련하여 간과할 수 없는 또 하나의 측면은 사회보장의 대상의 확대이다. 구체적으로는 2000년 12월의 EU기본권헌장에 따라서 노동자를 대상으로 한 사회헌장이 유럽 시민 전반을 대상으로 하는 것으로 발전했다는 점이 주목된다. 그 배경에는 비전형 노동자(atypical workers)라고 하는 개념의 등장에서 나타나듯이 유럽에 있어서도 취업형태의 다양화가 급속히 진행되고 있는 실정에 있음은 말할 나위조차 없다. 사회보장이라고 하는 개념이 임노동관계와 밀접한 관계가 있다고 한다면, 이러한 움직임은 그야말로 유럽 SSN의 형성이라고 의미를 부여할 수 있다.

이상과 같이 유럽에 있어서의 '정합화'와 '조화화'의 움직임을 되돌아보았을 때, 그것이 현대의 다른 지역, 특히 이 글의 관심 대상인 동아시아에 어떤 교훈을 주고 있는가?

첫째, 유럽의 경험은 국가 단위에서의 제도가 확립된 다음에 공통화를 실현하기는 역시 대단히 어렵다는 사실을 알려주고 있다. 생산요소, 특히 노동력의 국제이동을 촉진하는 의미에서 '정합화'가 추진되었다고 하는 경위가 노동력의 국제적 유동성이 이전과 비교도 할 수 없을 정도로 높아지고 있는 현대에서도 똑같이 답습되어도 좋은 것일까? 오히려 처음부터 '조화화'를 추진하는 대책이 필요하지 않을까? 그러한 의미에서 탈국가적 기관에 의한 정보수집능력을 강화하고 정보에 기초한 비교 및 경험교류를 촉진하는 APEC의 CBN에 의한 노력이 주목을 받고 있다. 정보수집에 기초한 이른바 우수 사례 같은 것을 가맹국에게 적극적으로 제시함으로써 '조화화'가 단번에 진행될 가능성이 있다. 물론 이때에 우수 사례가 도입되도록 하기 위한 재원의 확보가 필요하다는 점에서는 각국마다 큰 편차가 생길 우려가 있다. 이 점이야말로 제도구축이라는 의미에서의 국제기관이나 선진 각국에 의한 원조가 마땅히 활용되어야 할 것이다. 두말할 것 없이, 이상은 앞 절에서 기술한 두 번째의 문제와 밀접하게 관련되어 있다.

둘째, 유럽의 경우는 자본주의경제, 시장경제의 발전에 수반되어 사회보장, SSN의 정비가 추진되어 왔지만, 경제의 발달과 SSN의 정비와는 상호 규정적인 측면, 즉 SSN의 정비에 의해서 경제의 발달이 촉진되는 측면이 있다. 만약 그렇다고 한다면, 경제발전 단계의 차이를 염두에 두고 SSN을 정비할 필연성은 없지 않는가? 외국인 노동자가 저변 노동을 떠맡고 있다고는 단정할 수 없게 되었다. 예를 들어 일본의 숙련기술자가 정년 퇴직 후에 아시아에서 재취직할 경우가 늘고 있는 것에 대해서는 앞에서 다루었지만 후발의 아시아 각국에서 일본 혹은 그 이상의 수준으로 SSN가 정비되면, 이러한 움직임이 더욱 더 강해져서 능력 있는 인재가 동아시아 전체의 발전에 큰 기여를 하게 될 것이다.

셋째, 아시아의 SSN에 관해 인포멀 부문에 대한 적용이 하나의 큰 과제로서 제기되어 왔지만, 유럽에서는 기본권헌장에 나타나 있는 것처럼 이미 비전형 노동을 대상에 포함시킨 SSN의 제도설계가 시작되고 있으며, 그러한 성과를 대규모의 인포멀 부문을 가지고 있는 아시아 각국·지역에 있어서도 즉시 도입하는 것은 가능하지 않을까? 또한 도약판으로서 SSN을 구체화시키는 방향 설정 속에서, 아시아를 포함한 개발도상 지역에서는 성장정책과 연결된 형태로만 검토되어 온 종래의

인포멀 부문의 대책이 더 폭넓은 정책론으로서 의논될 가능성이 높아
지고 있다.

5. 맺으면서

근대에 들어와서 국내의 국지적 시장권이 확대하여 국민경제를 형
성하였고, 이것이 주권국가를 재정적·경제적으로 유지하는 것이 과제
로 되었기 때문에, 세계경제의 실상은 국제경제, 더 정확하게는 '제국'
제경제('帝國'際經濟)가 되었다. 그러나 오늘날은 세계경제가 국민경제
에 해당하는 셈이 되고 있고, 그중에는 여러 가지 범위와 성격을 가진
'국지적' 시장권이 다수 형성되어 가끔 중층적으로 엮여지는 경우가
많다. 바꿔 말해, 세계시장이라는 것은 아직도 형성과정 위에 있으며,
NAFTA나 EU, APEC에서의 보골선언(1994년)의 움직임, AFTA, 최근
급증하고 있는 FTA/EPA, 또 환황해경제권 등에 관한 노력 등 '국지적'
시장권의 형성이 도처에서 이뤄지고 있음을 알 수 있다. 게다가 자주
지적되는 바와 같이 이러한 움직임은 과거의 블록경제와는 다르며 지
역한정적인 것이기는 하지만 꼭 폐쇄적인 것은 아니다.

그러면 세계경제에서 이러한 시장의 확대는 어떠한 문제를 내포하
고 있는 것일까? 최소한 염두해야 할 것은, 국민경제의 경우가 그러했
던 것처럼 세계경제에 있어서도 한편에서는 생산력의 비약적 증대가
이뤄졌음에도 불구하고 다른 한편에서는 격차의 확대라는 결과가 초래
되었다는 점이다. 예를 들면 일인당 GDP(구매력 평가)가 가장 높은 5개
국의 평균과 최저 5개국의 평균을 비교하면, 1950년에는 1:19였던 것
이 1992년에는 1:37로 격차가 확대되었고, 2001년 시점에서는 1:60이
되어 그 차이는 더욱 벌어지고 있다. 또 격차의 크기를 나타내는 일반

적인 지표로서 지니계수가 잘 알려져 있는데, 각국 내의 사람들의 소득
수준이 균일하다는 가정하에 세계의 지니계수는 0.707(1999년 시점)이
며, 일국 내에서는 도저히 생각할 수 없을 만큼의 큰 격차가 존재하고
있음을 알 수 있다. 또한 이와 같이 가정하지 않을 경우 지니계수는
0.794가 되어 국별 격차보다 개인별 차이가 크다는 사실, 대략 세계인
구의 1할이 세계소득의 9할을 획득하고 있다는 사실, 세계에는 현재
하루에 1달러 이하의 소비수준에 있는 절대적 빈곤자가 12억 명이나
있다는 것도 잊어서는 안 된다. 지역에 따라서는 그러한 절대적 빈곤자
가 감소될 가망성이 낮은 지역이 있다는 것에도 유의할 필요가 있을
것이다.

　이러한 세계수준의 상황은 동아시아의 SSN을 고찰할 때에도 참고할
필요가 있다. 끝으로 본론에서 전개했던 논점을 다시 정리하면 다음과
같다.

　첫째, 국가적 사회보장과 복지국가를 책임지고 있는 정치권력은 세
계경제에는 존재하지 않는다는 점을 고려해야 한다. 국내의 격차라면
정치사회의 불안정화를 저지하기 위해서라도 격차의 시정·해소에 강
한 동기가 작용하는 데 비해서, 세계경제에서 중층적으로 나타나고 있
는 격차에 대해서는 세계경제를 통합할 수 있는 주체가 존재하지 않기
때문에 시정·해소를 위한 책임을 지려고 하는 움직임이 기본적으로 약
하다고 볼 수 있다. 과연 그렇다고 해서 즉시 세계정부와 같은 것을
생각해야 할 필요가 있을까? EU의 경험이 가르쳐준 것은 국민국가를
초월한 정치권력의 창조는 오히려 결과로서 검토되어야 한다는 점이
다. 이러한 의미에서 UN 시스템 등을 통하여 우리들이 인간본연의 자
세에 관해 인류공통의 목표·이념을 형성해 온 과정을 향후에도 소중하
게 다룰 필요가 있을 것이다. 인권, 인간개발(Human Development), 인간
안전보장(Human Security)은 이것들을 결과적으로는 부정하는 일이 설

사 발생한다 하더라도, 처음부터 부정하는 사고가 용납되기는 매우 어려워지고 있다. 이러한 합의형성을 가져다준 과정 자체를 중시하는 자세가 필요하다.

둘째, 적어도 의식의 수준에서는 세계적으로 합의가 이뤄지고 있는 위와 같은 목표·이념의 내용에 대해서 확인하는 것이다. 시장경제의 결과로서 불평등이 발생하는 것은 거기에 참가하는 주체가 동질이 아니라는 점, 교육수준·운동능력·성·연령 등에서 서로 다르다는 점에 주된 원인을 찾을 수 있다. 즉, 시장경제에의 적응성이라는 점에서는 개인차가 있겠지만 중요한 것은 그럼에도 불구하고 인간으로서는 평등하다는 사고가 위에서와 같은 목표·이념에서 관철되고 있다는 점이다. 이러한 사항 등이 고려되지 않으면 절대적 빈곤자의 문제는 계속 방치될 것이다. 순수한 시장주의의 사고에서 생각해 보면, 이것은 부적격자의 생존이 되는 셈이지만, 가령 시장경제를 전제로 하는 경우에도 우리들이 염두해야 할 것은 일찍이 아담 스미스가 제기했던 것처럼 공감을 얻는 범위에서의 사리사욕의 추구라는 의미에서의 시장경제이다. 따라서 '인간으로서의 평등'은 누구나가 타인의 공감을 얻을 수 있는 규범으로서 규정될 필요가 있을 것이다.

셋째, 위와 같은 목표·이념을 전제로 했을 경우에, 국가단위에서 보장을 생각하는 의미가 재검토되어야 한다는 점이다. 글로벌화가 진행되는 사회 속에서, 예를 들어 일본인이 받는 사회보장과 한국인이 받는 사회보장, 그리고 스웨덴 사람이 받고 있는 사회보장에 큰 차이가 있다면, 그 차이는 조기에 해소될 필요가 있다. 현재로서는 사회보장의 재원이 국민의 세금수입을 바탕으로 하고 있는 이상, 사회보장이 해당국의 경제사회 수준에 합치되기 마련이라고 보는 것이 기본적인 사고이며 그 나름대로 합리성이 있다고 할 수 있다. 그렇지만 각각의 국민경제를 구조적으로 뒷받침하고 있는 것은 이미 국민만이 아닌 시대가 되었다. 외국의 기업이나 외국의 노동자에 의해 유지되고 있는 각 장면은 얼마든지 존재한다. 그렇다면 사회보장을 계속적으로 국가 단위로서 생각해야 할 의미는 없다고 말할 수 있다.

현재 EU의 경험에서 보면 시장경제가 전개되고 있을 때에 사회보장의 틀을 재고할 필요성이 제기되고 있다고 말할 수 있다. 시장경제를 담당하는 주체가 각국의 범위 내에서 활동하던 시기는 이에 대응한 사회보장도 국가단위에서 생각하는 것이 적절했다. 그러나 국가를 초월한 경제활동이 전개되면, 초월한 범위에 맞게 생각할 필요성이 대두된다. EU의 사회헌장은 확실히 시장경제가 유럽 규모로 성숙한 것과 관계가 깊다고 할 수 있다. 시장경제의 전개에 대응하는 형태로 결과의 불평등(결과로서 나타나는 불평등)이 시정되는 틀이 고려될 필요가 있으며, 그러한 의미에서 동아시아에서도 국가단위의 사회보장의 틀을 구축하고 이와 병행하여 동아시아 지역 판(版) 사회헌장과 같은 것을 고려할 필요가 있을 것이다. 또한 이러한 발상이 없으면 세계 전체에 대한 지니계수가 시사하고 있는 바와 같이, 가난한 나라에서 빈곤자가 더욱 더 많이 존재하고 있는 현실임에도 불구하고 그러한 국가에게 국가단위의 시책으로 맡겨두는 상황이 계속되면, 이 문제는 전혀 해소되지 못할 것이다.

근대에 형성되어진 '국민경제' 간 격차는, 동아시아에서 전형적으로 나타나듯이, 시장메커니즘을 활용한 정부주도의 공업화에 의해서 부분적으로는 시정되고 있다. 그러나 부분적이라고 한정시킨 것처럼, 그러한 체제와 정책이 역사를 초월하여 모든 개발도상국 경제에 적합하리라고는 생각되지 않는다. '동아시아의 기적'은, 이러한 의미에서 역사적 혹은 지리적인 한정성을 가지고 있다고 생각된다. 다른 말로 하면 아직도 개발에서 뒤처진 지역과의 사이에 형성되고 있는 경제적 격차, 그리고 그러한 지역에서 집중적으로 발생하고 있는 빈곤문제는 '동아시아 기적'의 경험만을 가지고는 해결할 수 없을 것이다. 한편 국내적인 격차문제에 있어서 유럽에서는 사회주의, 사회개량주의의 사고가 제기되었다. 그러나 결과의 평등(결과로서 나타나는 평등)을 우선한 나머지 자유도를 상실하고 경직된 관료주의가 만연했던 사회주의는, 자주관리 등의 도입이 시도되었지만 최종적으로 붕괴했다. 결과의 불평등을 사후적으로 시정하려던 사회개량주의도 결국은 '큰 정부'화(사회보장·복지에 수반된 정부의 재정부담 증가 등)로 이어졌고 일부를 제외하고는 그 전환, 즉 시장경제화로 움직이기 시작했다. 그 과정에서 제기되고 있는 '제3의 길'론(論)도 시장 메커니즘을 활용한 사회권보장에 관한 사고라고 말할 수 있으며 시장메커니즘에 부정적인 것은 아니다. 한편 신흥공업지역에서는 앞에서 기술했던 것과 같이 최근에 간신히 결과의 불평등을 사후적으로 시정하는 움직임이 일어나고 있다. 그러나 그 반면에서 '생산적 복지'론(김대중 전 대통령)으로 대표되듯이, 유럽의 사회개량주의의 부(負)의 측면에서 배우려는 움직임도 나타나고 있다.

마지막으로, 정보혁명이 진전되면서 우리들의 생활공간은 좋든 싫든 세계경제의 일부가 되어 있으며, 한편으로는 각각의 생활공간에서 발생하는 여러 가지 문제가 더욱 근대국가의 틀을 기본으로 하여 대처되고 있다는 점을 덧붙이고자 한다. 이 말은 결코 세계정부와 같은 정치권력이 즉시 필요하다는 의미는 아니다. 오히려 더욱 현실적으로는 지금까지 축적해 온 정책협조나 지구적인 문제들에 대한 인식의 공유화를 더욱 지속하여, 인권·인간개발·인간안전보장이라고 하는 인류가치의 실현을 국가로 하여금 정책으로서 받아들이도록 하는 프로세스를 더욱 확실하게 해야 할 것이다.

░ 참고문헌

宇佐美耕一 編. 2005. 『新興工業國の社會福祉』. 東京: アジア経濟研究所.

OECD 編. 2005. 『世界の社會政策の動向』. 東京: 明石書店.

大澤眞理 編. 2004. 『アジア諸國の福祉戰略』. 京都: ミネルヴァ書房.

社會政策學會 編. 2002. 「グローバリゼーションと社會政策」. 社會政策學會
　　　　誌第8号. 東京: 法律文化社.

寺西重郎. 2003. 『アジアのソーシャル·セーフティ·ネット』. 東京: 勁草書房.

中野 聰. 2002. 『EU社會政策と市場経濟』. 埼玉: 創土社.

Meulders, D. et al. 1994. *Atypical Employment in the EC*. Dartmouth.

(각주에 실린 자료는 생략함)

지은이(집필순)

■ 야마다 토시오(山田鋭夫)
나고야대학 대학원 경제학연구과 수료, 경제학박사
현재, 규슈산업대학 경제학부 교수, 나고야대학 명예교수
주요 저서: 『レギュラシオン・アプローチ』(藤原書店, 1991), Japanese Capitalism
　　in Crisis(eds. with Robert Boyer, Routledge, 2000)

■ 히라카와 히토시(平川 均)
메이지대학 대학원 경영학연구과 수료, 경제학박사
현재, 나고야대학 경제학연구과 국제경제정책연구센터 교수
주요 저서: 『NIES』(同文舘出版, 1992), 『東アジア共同体を設計する』(공저, 日本経
　　濟評論社, 2006).

■ 이태왕(李泰王): 엮은이
경북대학교 무역학과 졸업
오사카시립대학 대학원 경제학연구과 수료, 경제학박사
삼성경제연구소 선임연구원 및 삼성상용차 교육과장
현재, 아이치대학 경제학부 교수
주요 저서: 『기적과 환상』(공역, 도서출판 한울, 1991), 『ヒュンダイ・システムの
　　研究』(中央経濟社, 2004).

■ 이시카와 코이치(石川幸一)
도쿄외국어대학 졸업, 일본무역진흥기구(JETRO) 해외조사부장
현재, 아시아대학 아시아연구소 교수
주요 저서: 『新・東アジア経濟論』(공저, ミネルヴァ書房, 2003), 『ASEANの経濟發
　　展と日本』(공저, 日本評論社, 2004).

■ 츠츠미 마사히코(堤 雅彦)
콜롬비아대학 대학원 국제관계학과 수료

현재, 일본내각부 계량분석실 참사관보좌

주요 저서:『日本のFTA戰略』(공저, 日本経濟新聞社, 2002),『開發経濟學』(공저, 慶應大學出版會, 2005).

■ 곽양춘(郭洋春)

릿쿄대학 대학원 경제학연구과 수료

현재, 릿쿄대학 경제학부 교수, 경제연구소 소장

주요 저서:『アジア経濟論』(中央経濟社, 1997),『環境平和學』(공저, 法律文化社, 2005).

■ 무로도노 치슈(室殿智秀)

시가대학 경제학부 졸업, 토요타 그룹 Denso 인터내셔널 아시아 사장

현재, 아시아 퍼시픽 자동차산업 컨설턴트

■ 류기천(柳基千)

서울대학교 경제학과 졸업 및 동 대학원 경제학과 수료

현재, 한국자동차산업연구소 연구위원

주요 저서:『WTO로 가는 중국』(공저, 박영률출판사, 2002).

■ 궈옌칭(郭燕靑)

중국 지린(吉林)대학 대학원 경제학과 수료, 경제학박사

현재, 랴오닝(遼寧)대학 공상관리학원(비지니스 스쿨) 교수

주요 저서:『経濟科技論与後發優勢』(中國経濟出版社, 2001),『技術轉移与區域経濟發展』(経濟管理出版社, 2004).

■ 사토 모토히코(佐藤元彦): 엮은이

게이오대학 경제학부 졸업, 히로시마대학 대학원 사회과학연구과 수료

현재, 아이치대학 경제학부 교수, 학부장

주요 저서:『第四世代工業化の政治経濟學』(新評論, 1998, 공저),『脱貧困のための國際開發論』(築地書館, 2002).

한울아카데미 899

아시아 자유무역론
FTA와 아시아통합의 진로
ⓒ 이태왕, 2006

엮은이 | 이태왕·사토 모토히코
펴낸이 | 김종수
펴낸곳 | 도서출판 한울

편집책임 | 안광은
편   집 | 김은현

초판 1쇄 인쇄 | 2006년 10월 23일
초판 1쇄 발행 | 2006년 11월 3일

주소 | 413-832 파주시 교하읍 문발리 507-2(본사)
          121-801 서울시 마포구 공덕동 105-90 서울빌딩 3층(서울 사무소)
전화 | 영업 02-326-0095, 편집 02-336-6183
팩스 | 02-333-7543
홈페이지 | www.hanulbooks.co.kr
등록 | 1980년 3월 13일, 제406-2003-051호

Printed in Korea.
ISBN 89-460-3623-0   93320(양장)
ISBN 89-460-3624-9   93320(학생판)

* 가격은 겉표지에 있습니다.
* 이 도서는 강의를 위한 학생판 교재를 따로 준비하였습니다.
  강의 교재로 사용하실 때에는 본사로 연락해 주십시오.